Sven Felix Kellerhoff/Wieland Giebel (Hrsg.)
Als die Tage zu Nächten wurden

Sven Felix Kellerhoff/Wieland Giebel (Hrsg.)

Als die Tage zu Nächten wurden

Berliner Schicksale im Luftkrieg

Giebel Verlag in der BERLIN STORY

Die Deutsche Bibliothek - CIP Einheitsaufnahme

Kellerhoff, Sven Felix:
Als die Tage zu Nächten wurden: Berliner Schicksale im Luftkrieg
Sven Felix Kellerhoff/Wieland Giebel (Hrsg.)
1. Auflage – Berlin: Giebel Verlag 2003
ISBN 3-929829-12-6

1. Auflage, April 2003
© Berliner Morgenpost und Giebel Verlag
Unter den Linden 10, 10117 Berlin, Tel./Fax: (030) 20 45 38 42
Umschlag (unter Verwendung eines Fotos von Ullstein Bild:
1940, Zweiter Weltkrieg – Erste britische Nachtangriffe auf Berlin)
und Satz: Kathrin Hirthammer
Redaktionsassistenz: Kathrin Hirthammer und Nele Lenze
Lektorat: Gabriele Dietz
Druck: DruckVogt, Berlin
ISBN 3-929829-12-6

Inhalt

Anhang

Zu diesem Buch

Am 24. November 2002 veröffentlichte die Berliner Morgenpost folgenden Aufruf: »Manche von Ihnen haben die Bombennächte noch miterlebt, andere kennen die Ereignisse jener Zeit aus Erzählungen von Eltern und Großeltern. Wir möchten gern wissen, wie Sie oder Ihre Verwandten diese Zeit erlebt haben.« Auf diese kurze Aufforderung reagierten innerhalb kürzester Zeit rund 200 Leser. Schon am Sonntag, dem 1. Dezember 2002, erschien eine siebenseitige Beilage der Berliner Illustrierten Zeitung, gewidmet »den Erinnerungen der Berliner an den grauenvollen Bombenkrieg«. Darin wurden dreizehn der eingesandten Berichte, meist in Auszügen, vorgestellt.

Jetzt liegt dieses Buch vor, in dem die Betroffenen ausführlich zu Wort kommen. Fast siebzig Berlinerinnen und Berliner erinnern sich an die Zeit, als der Krieg nach Berlin zurückkehrte. Wir haben die Autorinnen und Autoren zusätzlich um Angaben zu ihrem Lebensweg gebeten – weil das Leben weitergeht und weil wir ein umfassendes Bild vermitteln wollten. Manche Lebensschilderungen gerieten weit ausführlicher, als sie hier abgedruckt sind. Kein Wunder – jedes einzelne Leben wäre ein Buch wert.

Erstaunlich ist, daß sich in den Berichten keine Schuldzuweisungen gegenüber den Alliierten finden. Dafür gibt es eine einfache Erklärung: Das Leiden wurde ertragen, weil die Ursachen auf der Hand lagen. Als die Nationalsozialisten 1940 England bombardierten, war ihr Ziel, das politische und wirtschaftliche Zentrum des Landes zu zerstören und die Moral der britischen Zivilbevölkerung zu erschüttern. Achtzig Prozent der Bomben wurden über London abgeworfen. Bei der Zerstörung Coventrys am 14. November 1940 wurde durch den präzisen Wechsel von Sprengbomben und Brandbomben erstmals ein Stadtzentrum nahezu völlig eingeäschert. In einem Tagesbefehl von Göring am 21. November hieß es: »In den letzten Nächten habe ich euch zwei besondere Aufgaben gestellt. Die Vernichtung der Stadt Coventry und die Zerstörung der Kriegsindustrie in der Stadt Birmingham.«

Trotz achtundsechzig ununterbrochenen Nachtangriffen der Deutschen konnte die Moral der Bevölkerung nicht gebrochen werden. Das wußte man aus dem BBC. In keinem der eingesandten Berichte der Zeitzeugen wird auch nur versucht, die

Frage der Kriegsschuld zu relativieren oder umzudrehen. Die Erinnerungen schildern die Lage der Zivilbevölkerung, der Frauen, Kinder und jungen Menschen.

Erstaunlich ist auch, wie präzise die Erinnerungen sind. Selbst wenn sich manchmal kuriose Details eingeprägt haben, Kleinigkeiten oder scheinbar Unwichtiges, ergibt sich in der Gesamtsicht ein schlüssiges Bild. Neben den heute verfaßten Berichten wurden auch mehrere Briefe in das Buch aufgenommen, geschrieben gegen Ende des Zweiten Weltkriegs. Gerade diese Briefe zeigen, daß die Erinnerungen genau das wiedergeben, was die Menschen damals erlebt und gefühlt haben.

Das ausführliche Vorwort von Sven Felix Kellerhoff stellt historische Zusammenhänge dar. Um den Lesern, die jene Zeit nicht miterlebt haben, über die Erinnerungen der Zeitzeugen hinaus einen Eindruck des Geschehenen zu vermitteln, wird im Anhang des Buchs ein einzelner Luftangriff im Protokoll des Berliner Luftwartkommandos dokumentiert. Eine umfangreiche Übersicht listet sämtliche Angriffe auf Berlin von Beginn bis Ende des Krieges auf. Häufig handelte es sich dabei um Scheinangriffe, die zum Luftalarm führten – im Keller oder Bunker sitzend, wußten die Betroffenen nicht, ob sie verschont bleiben oder alles verlieren würden. Eine kommentierte Bibliographie schließlich weist auf Bücher hin, die zum Thema erschienen sind.

Die Erfahrungen jener Zeit der Bomben auf Berlin sind im Gedächtnis vieler Berliner verankert. »Wenn ich das jetzt so schreibe, ist die Erinnerung daran noch ganz frisch, als ob es vor kurzer Zeit passiert wäre«, hält ein Zeitzeuge fest, und eine Autorin schrieb: »Ich habe darunter gelitten, daß so lange überhaupt nichts darüber öffentlich wurde. Das ist jetzt wie eine Erlösung.«

Herausgegeben wurde das Buch von Sven Felix Kellerhoff, Redakteur der Berliner Morgenpost, zusammen mit Wieland Giebel von der Buchhandlung Berlin Story.

Sven Felix Kellerhoff
Bomben auf Berlin

»Wir können Berlin von einem Ende bis zum anderen verwü-
sten, wenn sich die Amerikaner daran beteiligen. Es wird uns zusammen 400 oder 500 Flugzeuge kosten, Deutschland aber wird
es den Krieg kosten.«[1] Mit diesen Worten überzeugte Arthur Harris, Air Marshal der Royal Air Force (RAF) und Chef ihres Bomber Command, Anfang November 1943 den britischen Premierminister Winston Churchill von seinem bis dahin weitreichend-
sten Plan: Nachdem seine Bomber bereits 19 deutsche Städte so
stark zerstört hatten, daß sie für die Deutschen nur noch eine
Belastung seien, und 19 weitere schwerer beschädigt waren als
Coventry, sollte nun die Zerstörung der Reichshauptstadt den
Widerstand der deutschen Bevölkerung brechen und damit den
Krieg zu einem raschen Ende führen. Anderthalb Dutzend Großangriffe mit jeweils mehreren hundert Bombern, nachts durch
britische »Lancasters« und »Halifax«, tagsüber durch amerikanische »Fliegende Festungen« B-17 und »Liberators« B-24, würden
die Millionenstadt »hamburgisieren«, wie es im Bomber Command seit den verheerenden Attacken auf die Hansestadt Ende
Juli/Anfang August 1943 hieß.

Gemeint war damit: mit gezielten Luftangriffen auf eng bebaute
(und bewohnte) Innenstadtviertel Brände auslösen, denen die Stadt
selbst als Nahrung dienen sollte. Einen Feuersturm erzeugen, der
mit Temperaturen weit jenseits der 1000 Grad alles verzehren würde, was es an brennbaren Materialien gab – das Holz der Dachstühle und die Möbel in den Wohnungen ebenso wie den Asphalt
auf den Straßen und die Kohle in den Vorratskellern. »Hamburgisieren« bedeutete, eine Stadt in eine Ruinenlandschaft zu verwan-
deln. Städte sind das Herz jeder Industriegesellschaft; hier leben
auf engstem Raum zehntausende, manchmal hunderttausende
Menschen. Städte sind, jedenfalls solange sie noch nicht in die
Frontlinie geraten sind, der Ruhepol eines kriegführenden Landes.
Sie sind Heimat; hier leben die Frauen, die Kinder, die Eltern
der Frontsoldaten. Ein Nebeneffekt der Bombardierungen und
wohlgemerkt nicht ihr Hauptgrund war, die Stadt als Standort
von Industrie auszuschalten. Städte sind im Zweiten Weltkrieg
nicht zum ersten Mal Ziel kriegerischer Operationen gewesen. In
der gesamten Kriegsgeschichte standen sie im Mittelpunkt des

strategischen Interesses. Im selben Umfang, in dem die Waffentechnik das zuließ, wurden sie beschossen und gebrandschatzt. Das Bombenflugzeug allerdings erweiterte den potentiellen Radius der Zerstörung und ihren möglichen Umfang enorm. Es gab dem Krieg gegen die Heimatfront eine ganz neue, furchtbare Dimension.

Als »Schlacht um Berlin« ist Arthur Harris' Offensive mit ihren insgesamt 16 Großangriffen durch Bomber der RAF[2] und drei weitere der United States Army Air Forces (USAAF) zwischen dem 18. November 1943 und dem 25. März 1944 im Gedächtnis geblieben – im Gedächtnis der Militärhistoriker, im Gedächtnis der angreifenden Flugzeugbesatzungen, vor allem aber im Gedächtnis der Opfer: der mehr als 800.000 Berliner, die in diesen knapp dreieinhalb Monaten ihr Haus, ihre Wohnung, ihr Dach über dem Kopf verloren, der 16.150 gemeldeten Schwerverletzten und der Angehörigen der rund 7400 Toten unter der Zivilbevölkerung[3]. Insgesamt starben im fünfjährigen Bombenkrieg gegen die Reichshauptstadt mindestens 11.367 Zivilisten[4], nach den offiziellen, aber nicht ganz zuverlässigen Zahlen der Berliner Behörden waren es 18.029 Tote[5].

So grausam, so unvorstellbar diese Zahlen auch sein mögen: Der Bombenkrieg traf Berlin insgesamt weniger hart als andere deutsche Städte. In Hamburg zum Beispiel starben im Feuersturm in der Nacht vom 25. auf den 26. Juli 1943 wahrscheinlich rund 31.000 Menschen[6], in Dresden in der Nacht vom 13. auf den 14. Februar 1945 etwa 35.000 Zivilisten[7]. In Pforzheim kam am 24. Februar 1945 beinahe jeder dritte Einwohner ums Leben: 20.277 von rund 65.000. Auch gemessen an den zerstörten Gebäuden wurden andere deutsche Städte, wie Düren (zu 99 Prozent zerstört – nur 13 von 9322 Gebäuden in der Innenstadt blieben stehen), Paderborn (zu 95 Prozent zerstört) oder Würzburg (90 Prozent der Altstadt und 82 Prozent der gesamten Stadt zerstört), weitaus härter getroffen als Berlin. Auch Kassel, Lübeck, Potsdam, Darmstadt, Osnabrück und Köln trugen im Vergleich schlimmere Schäden davon und hatten relativ gesehen höhere Opferzahlen zu verkraften als Berlin.

Das lag freilich nicht an irgendeiner Form von Zurückhaltung der alliierten Bomberstaffeln bei den Angriffen auf die Reichshauptstadt. Berlin hatte keinen großen mittelalterlichen Altstadtkern mehr, und das wurde zum Glück für die Stadt und ihre Millionen verbliebenen Einwohner. In der Boomzeit des ausgehenden 19. Jahrhunderts war die gerade erst zur deutschen Metropole aufgestiegene Stadt so gründlich umgebaut worden, daß die teuflische Kombination von Spreng- und Brandbomben nicht soviel leicht entflammbares Material fand wie in anderen Städten. Während etwa in Lübeck viertelweise Fachwerkhäuser wie Zunder brannten, widerstanden in Berlin die gemauerten Haus- und Ziegelsteinwände vieler Mietskasernen den Flammen. Die breiten Straßen, die Parks, die Kanäle taten ein übriges, um den Zusammenschluß der vielen hundert Einzelbrände zum alles verzehrenden Feuersturm zu verhindern. Hinzu kam, daß die »Schlacht um Berlin« im Winter 1943/44 geführt wurde – als erstens die Temperaturen sehr viel geringer waren als im Hochsommer 1943 beim Angriff auf Hamburg und zweitens die Technik der Brandlegung aus der Luft noch nicht so vollkommen war wie im Frühjahr 1945, als Pforzheim, Dresden und andere Städte untergingen.

In einzelnen Vierteln Berlins kam es zwar sehr wohl zu verheerenden Großbränden, so in der ersten Phase der »Schlacht um Berlin« im Hansaviertel, von dessen alter Pracht nur sehr wenig übrig blieb. Theo Findahl, Korrespondent norwegischer Zeitungen in Berlin und einer der wenigen neutralen Ausländer, die den Bombenkrieg vom ersten bis zum letzten Tag erlebten und später detailliert berichteten, schrieb nach dem Angriff in der Nacht vom 23. auf den 24. November 1943 in sein Tagebuch: »Das ganze Hansaviertel steht in Brand. Ich muß nach Hause, um zu sehen, ob irgend etwas gerettet werden kann. In der Altonaer Straße ist die Wasserleitung geborsten, die Straße gleicht einem Binnensee. Unmöglich, auf diesem Weg zum Hansaplatz vorwärts zu kommen. Der Tiergarten ist wie ein Dschungel. Zweige und Stengel schlagen einem ins Gesicht, während man über die umgestürzten Baumstämme vorwärts tastet. Die Händelallee – ein einziges Flammenmeer. Ich gehe weiter, biege in die Klopstockstraße ein. Die Straße ist heiß wie ein Backofen. (…) Ein glühender Wind peitscht durch die Straßen, das Haus ist ein einziger Feuerwirbel. (…) Das Beste ist, so schnell wie möglich kehrt zu machen und wieder in den Park zurückzukommen, wo die Luft nicht ganz so beißend ist von Ruß und Rauch wie hier – schnell weg von dieser Stelle, die drei Jahre lang unser Zuhause gewesen ist!.«[8]

Luftkrieg gegen die Bevölkerung

Weniger als acht Jahre hat es gedauert vom ersten gesteuerten Motorflug eines Menschen bis zum ersten Bombenabwurf. Am 17. Dezember 1903 erhob sich der Flugapparat der Gebrüder Wright erstmals in die Luft; am 1. November 1911 schleuderte der Leutnant der italienischen Kolonialarmee Giulio Cavotti zum ersten Mal einen Sprengkörper auf feindliche Truppen: Er ließ bei einer Oase nahe Tripolis aus seinem einmotorigen »Aeroplano« eine Handgranate auf eine Gruppe rebellischer Araber fallen. Laut dem Bericht der italienischen Armee hatte dieser Angriff »wundervolle Auswirkungen auf die Moral der Araber«.[9] Eine neue Waffe war geboren.

Schon im Ersten Weltkrieg wurden Städte hunderte Kilometer hinter der Frontlinie zum Ziel von Luftangriffen. Die erste europäische Metropole, auf die Bomben fielen, war London. Zunächst, ab Januar 1915, aus deutschen Luftschiffen, ab Mai 1917 dann zusätzlich von den ersten schweren, strategischen Bombenflugzeugen aus. Den nach britischen Angaben insgesamt 5806 meist kleinen Bomben, die von kaiserlichen Zeppelinen auf London, Liverpool, Birmingham und andere Städte abgeworfen wurden, fielen 557 Menschen zum Opfer, 1358 wurden verwundet, der Sachschaden betrug 1,5 Millionen Pfund. Die Bombenflugzeuge warfen bedeutend mehr tödliche Last ab, allein die im Mai 1917 aufgestellte deutsche »Riesenflugzeug-Abteilung 501« brachte in 22 Angriffen 112 Tonnen Bomben ins allerdings weitgefaßte Ziel. Auch die Gegner der Deutschen attackierten die Zivilbevölkerung; in Karlsruhe starben bei Angriffen französischer Flieger 30 Zivilisten, in Freiburg sogar 110.[10] Britische Flugzeuge attackierten im Ersten Weltkrieg auch deutsche Städte – gemessen an Aufwand und eigenen Verlusten objektiv mit geringen Auswirkungen, in der Wahrnehmung der britischen Verantwortlichen jedoch waren diese Angriffe außerordentlich erfolgreich. Winston Churchill träumte schon 1918 als Rüstungsminister von einem Angriff mit tausend Bombern auf Berlin. Worum es dabei hätte gehen sollen, wußte Churchill genau: »Vielleicht wird es sich das nächste Mal darum handeln, Frauen und Kinder und die Zivilbevölkerung überhaupt zu töten.«[11] Die Vorstellungen des italienischen Generals Douhet, von Churchill und später »Bomber« Harris lassen sich knapp zusammenfassen: Sie wollten mit einem »Moral bombing«

die Kriegsbereitschaft der Zivilbevölkerung zerstören und durch ein Zusammenbrechen der Heimatfront das Sterben an der Front abkürzen.

Immerhin führten die Erfahrungen mit den ersten Zivilbombardements aus der Luft im Ersten Weltkrieg dazu, daß die seit 1907 gültige Haager Landkriegsordnung im Februar 1923 durch »Regeln für die Luftkriegsführung« ergänzt wurde, die allerdings kein Staat ratifizierte und die daher niemals formell in Kraft traten. In Artikel 23 dieser Regeln heißt es: »Das Luftbombardement, das den Zweck hat, die Zivilbevölkerung zu terrorisieren, oder das Privateigentum, das keinen militärischen Charakter hat, zu zerstören oder zu beschädigen oder Nichtkombattanten zu verletzen, ist verboten.«[12]

Interessiert hat dieses völkerrechtliche Verbot allerdings niemanden. Zwischen den Weltkriegen machten die Briten »gute« Erfahrungen mit Luftbombardements, vor allem bei den häufigen Aufständen in den Kolonien. Bomben erwiesen sich hier als vorrangig »moralische« Waffe, die das Selbstvertrauen der Bombardierten nachhaltig schädigten, selbst wenn die Zerstörungen durch die Sprengkörper nicht immer den Einsatz des Materials rechtfertigten. Jedenfalls war Großbritannien das einzige Land, das in den zwanziger Jahren über eine eigenständige, systematisch ausgebaute Luftwaffe verfügte. Deutschland waren Entwicklung und Besitz jeglicher Kampflugzeuge durch den Versailler Vertrag verboten, die USA bauten getrennt in Armee und in Marine taktische Luftstreitkräfte auf, durchaus mit dem Ziel des Fernbombardements im Hinterland des Feindes, niemals jedoch das des Angriffs auf die Moral der feindlichen Zivilbevölkerung.

Genau dieses Ziel propagiert 1921 der italienische General und Kriegstheoretiker Giulio Douhet, in seinem Buch »Luftherrschaft«.[13] Er vertrat den Standpunkt, daß Angreifer aus der Luft sich stärker auf zivile als auf militärische Ziele konzentrieren und auch die Städte des Feindes »erbarmungslos bombardieren« sollten. »Es würde bald der Augenblick kommen«, schrieb er, »da die Bevölkerung, um dem Schrecken und dem Leid Einhalt zu gebieten, getrieben von ihrem Selbsterhaltungswillen, sich erheben und die Beendigung des Krieges verlangen würde – und zwar bevor ihre Armee und ihre Marine überhaupt Zeit zur Mobilmachung hätten.«[14] Ähnliche Überlegungen verfolgten in Großbritannien die führenden Offiziere der RAF, zum Beispiel

Air Chief Marshal Hugh Trenchard[15], und der spätere Premierminister. »Gefüttert« von den RAF-Verantwortlichen, glaubte Churchill an die herausragende Bedeutung strategischer Bombardements auf die feindliche Zivilbevölkerung. Kritische Stimmen, die warnten, angreifende Flugzeuge würden ihre Ziele angesichts der Verbesserung der Jagdflugzeuge und der Flugabwehrkanonen nie oder nicht in ausreichender Zahl erreichen, kanzelte der britische Premierminister Baldwin ab: »Der Bomber kommt immer durch!«

Die Erfahrungen aus dem ersten »modernen« Krieg in Europa in den dreißiger Jahren schienen diese Erwartung zu bestätigen: Im Spanischen Bürgerkrieg von 1936 bis 1939 unterstützten Italien und Deutschland die aufständischen Falangisten des Generals Franco, während die Volksfrontregierung in Madrid von der Sowjetunion mit Waffen versorgt wurde. Tausende Freiwillige aus aller Herren Länder, die in Spanien den Kampf gegen den Faschismus aufnehmen wollten, kämpften auf verlorenem Posten, weil sie der modernen Waffentechnik vor allem der deutschen »Legion Condor« nichts entgegenzusetzen hatten. Zum Symbol des Krieges wurde der Angriff auf die baskische Kleinstadt Guernica am 26. April 1937. Mit Spreng- und Brandbomben wurden ganze Viertel dem Erdboden gleichgemacht. Die Volksfrontregierung machte diesen Angriff in einem weltweiten Propagandafeldzug bekannt. Pablo Picasso schuf sein Bild »Guernica«, das zu einem Mahnmal gegen den Krieg und für den Pazifismus wurde und heute in einer Kopie die Wandelhalle des UN-Sicherheitsrates in New York schmückt. Allerdings war der Angriff auf Guernica keine gezielte Probe für den Luftkrieg gegen zivile Ziele, auch wenn diese Legende jüngst wieder auf Grundlage lange bekannter Quellen vom Magazin »Der Spiegel« aufgewärmt wurde.[16] Ein Kriegsverbrechen war das Bombardement trotzdem und zweifelsohne völkerrechtswidrig, weil das Eingreifen zweier Mächte in einen Bürgerkrieg selbstverständlich nicht zu rechtfertigen ist.

Als Adolf Hitler am 1. September 1939 den Zweiten Weltkrieg begann, galt die entgegen dem Versailler Friedensvertrag aufgebaute deutsche Luftwaffe als die stärkste der Welt. Sie war allerdings ausschließlich für taktische Aufgaben ausgebildet und ausgerüstet: auf die Unterstützung der deutschen Truppen bei ihrem Vormarsch, auf die Zerstörung von Verkehrsknotenpunkten im

Hinterland und auf Angriffe gegen Industrieanlagen. Die deutschen Bomberflotten waren lediglich mit mittelgroßen, zweimotorigen Flugzeugen sowie mit den für Präzisionsangriffe entwickelten Sturzkampfbombern ausgerüstet. Viermotorige, schwere Bomber, die 1939 in Großbritannien und den USA längst dem Entwicklungsstadium entwachsen waren, gab es nicht einmal als Prototypen. In der offiziellen »Dienstvorschrift über die Luftkriegsführung« wurden drei Ziele der deutschen Luftwaffe benannt: der Kampf gegen die feindlichen Luftwaffen, das Eingreifen in die Operationen und Kampfhandlungen zu Lande und zur See, schließlich der Kampf gegen die Kraftquellen der feindlichen Armee, verbunden mit der Unterbrechung der Verkehrswege aus ihnen zur Front. In der Dienstvorschrift heißt es außerdem: »Der Angriff auf Städte zum Zwecke des Terrors gegen die Zivilbevölkerung ist grundsätzlich abzulehnen. Erfolgen trotzdem Terrorangriffe durch einen Gegner auf schutz- und wehrlose Städte, so können Vergeltungsmaßnahmen das einzige Mittel sein, den Gegner von dieser brutalen Art der Luftkriegsführung abzubringen. Die Wahl des Zeitpunktes wird vor allem durch das Vorausgehen eines feindlichen Terrorangriffes bestimmt. Der Angriff muß in jedem Fall klar den Vergeltungscharakter zum Ausdruck bringen.« In einer anderen Dienstvorschrift für die deutsche Wehrmacht heißt es unmißverständlich: »Für die Truppenführung sind alle Kriegsvölkerrechtsabkommen von Wichtigkeit, also auch solche, die zwar ohne rechtliche Bindung blieben (...) wie der Entwurf eines Luftkriegsabkommens vom Februar 1923.«[17]

Soweit die Theorie. Wie sah die Realität aus? Schon in den ersten Tagen des Feldzuges gegen Polen wurde Warschau zum Ziel deutscher Bomber. Als auch Mitte September die polnische Hauptstadt noch nicht kapituliert hatte, flog die Luftwaffe Angriffswelle um Angriffswelle, obwohl der Einsatz taktischer Bomber gegen strategische Ziele aus militärischer Sicht ineffizient war. Für die Bevölkerung allerdings machte das keinen Unterschied: Systematisch wurden Spreng- und Brandbomben auf die eingekesselte, schutz- und wehrlose Stadt geworfen. Der Luftkrieg gegen Warschau war ein klarer Verstoß der Luftwaffe gegen ihre eigenen Richtlinien. Ein Anlaß für Vergeltung lag nicht vor. Mehr noch: In Kreisen der deutschen Luftwaffe wurde ganz offen über die bewußte Zerstörung gegnerischer Städte nachgedacht – und dieses Nachdenken wurde auch in die Realität umgesetzt, zum Beispiel in Belgrad. Die jugoslawische Hauptstadt war im Frühjahr 1941 sogar zur »offenen«, das heißt zur militärisch nicht verteidigten Stadt erklärt worden. Trotzdem wurde sie angegriffen. Im Bericht des eingesetzten Kampfgeschwaders hieß es: »Die Wirkung ist nach Luftbild- und Erddarstellung hervorragend gewesen. Die 50-kg-Sprengbombe hat sich für die Zerstörung eines großen Stadtteils im Verein mit der Brandbombe hervorragend bewährt.«[18]

Zu diesem Zeitpunkt war der Luftkrieg gegen die Zivilbevölkerung bereits eskaliert. Am Abend des 24. August 1940 fielen erstmals deutsche Bomben auf London. Allerdings versehentlich: Zwei Maschinen, die sich verflogen hatten, entledigten sich ihrer tödlichen Fracht zufällig über der britischen Hauptstadt. Die RAF antwortete mit vier Angriffen auf Berlin binnen der folgenden elf Nächte. Sie richteten zwar keine großen Schäden an, doch die psychologische Wirkung war enorm. Für Hitler waren die britischen Bombenabwürfe der Anlaß, den Luftkrieg seiner Bomber offiziell auf zivile Wohngebiete in Großbritannien auszudehnen. Am Abend des 4. September 1940 sprach der »Führer« im Sportpalast in Berlin: »Wenn die britische Luftwaffe zwei- oder drei- oder viertausend Kilogramm Bomben wirft, dann werfen wir jetzt in einer Nacht 150.000, 180.000, 230.000, 300.000, 400.000, eine Million Kilogramm. Wenn sie erklären, sie werden unsere Städte in großem Maße angreifen – wir werden ihre Städte ausradieren!«[19] Coventry, Liverpool und die Innenstadt von London wurden von deutschen Bomben verwüstet, die Zahl der Luftkriegstoten in Großbritannien überstieg die Marke von zehntausend – doch »ausradiert« wurden schließlich nicht britische, sondern deutsche Städte und Gemeinden.

Luftschlacht um Berlin

Berlin war vom ersten bis fast zum letzten Tag des Zweiten Weltkrieges das Ziel alliierter Flugzeuge. Immerhin war die Hauptstadt zugleich die größte und wichtigste Industriemetropole, in ihrer Bedeutung vergleichbar nur mit der Schwerindustrie im Ruhrgebiet. Der Krieg war gerade zwölf Stunden alt, da heulten zum ersten Mal die Luftschutzsirenen über Berlin. Um 18.55 Uhr am 1. September 1939 flogen zwei polnische Flugzeuge auf den östlichen Stadtrand der Reichshauptstadt zu. Nach fünf Minuten widerriefen die Behörden den Alarm. Noch konnte sich kein Berliner etwas unter »Bombenkrieg« vorstellen. Der erste Luftalarm blieb folgenlos; von Bombenabwürfen der beiden Flugzeuge ist nichts bekannt. Ebensowenig bei den Anflügen britischer Bomber auf Berlin im Herbst 1939 – noch ließ die RAF lediglich Flugblätter vom Himmel regnen.[20] Nur noch einmal, am 9. September 1939, warnten in diesem ersten Kriegsjahr die Luftschutzsirenen die Berliner. Wieder war es ein Fehlalarm. Die ersten britischen Bombenangriffe trafen nicht Berlin, sondern das Ruhrgebiet – in der Nacht vom 16. auf den 17. Mai 1940 griffen 99 RAF-Flugzeuge Industrieanlagen an. Noch richtete sich der Luftkrieg nicht gegen die Zivilbevölkerung, sondern gegen militärische oder industrielle Ziele. Im Sommer 1940 fiel dann zum ersten Mal eine Bombe auf Berlin: In der Nacht vom 7. auf den 8. Juni flog ein einzelnes französisches Langstreckenflugzeug von Norden her über die total verdunkelte Stadt. Einige wenige Bomben fielen. Es handelte sich um einen symbolischen Angriff, den ein französisches Kommuniqué am 10. Juni als »Vergeltung« für einen deutschen Angriff auf Paris erklärte. Luftalarm wurde nicht ausgelöst. Nennenswerte Schäden gab es nicht.[21]

Das änderte sich mit dem ersten Angriff einer geschlossenen britischen Formation am 25. August. 22 Tonnen Bomben warfen 29 RAF-Bomber in dieser Nacht ab – wiederum als Vergeltung, und zwar für den ersten deutschen Luftangriff auf London. Wieder blieben die Schäden gering, trotzdem strömten hunderte Berliner am folgenden Morgen zu den wenigen beschädigten Häusern in Wartenberg, Rosenthal, aber auch in der Innenstadt. Die Reaktion hat der US-Journalist William L. Shirer in seinem Tagebuch festgehalten: »Die Berliner sind wie vor den Kopf geschlagen. Sie haben nicht damit gerechnet, daß so etwas je passieren könnte. Zu Beginn des Krieges hat Göring ihnen versichert, es werde nie geschehen (...) Sie haben ihm geglaubt. Um so größer ist jetzt ihre Desillusionierung. Man sieht es ihnen am Gesicht an.«[22]

Ab jetzt eskalierte der Bombenkrieg. Die Luftwaffe griff gezielt Wohngebiete in London und anderen britischen Städten an, die RAF antwortete mit Gegenschlägen. In Berlin häufen sich die Luftalarme – im Herbst 1940 heulten durchschnittlich alle drei Nächte die Sirenen. Noch immer notierten die Beamten der Luftschutzleitstelle gelegentlich hinter ihren Eintrag: »Flugblattabwurf«.

Aber immer öfter mußten sie auch vermerken, welche Stadtteile getroffen, welche Schäden angerichtet wurden. Die erste britische Bomberoffensive Ende August bis Ende November 1940 forderte rund 500 Tote und zerstörte etwa 1600 Wohnungen total. Museumsinsel, Zeughaus und Charité erhielten erste Treffer. Fast fünf Stunden dauerten die Luftalarme nun häufig. Für die Berliner bis dahin unvorstellbar: Sie wurden in ihrer Heimat zum Ziel, waren im eigenen Haus nicht mehr sicher. Doch zu einem Aufstehen der Menschen gegen den Krieg, wie General Douhet es vorausgesagt hatte, kam es nicht. Zumal die Angriffswelle bald wieder abzuflauen schien: In den folgenden Monaten blieb es recht ruhig – mit Ausnahme der Woche vor Weihnachten. Zwischen dem 15. und dem 21. Dezember 1940 heulten die Sirenen fünf Mal.[23]

Erst am 13. März 1941 griffen britische Bomber wieder an. In Schöneberg und Wilmersdorf brannten unzählige Häuser, S-Bahngleise wurden zerrissen. Ein weiterer Angriff folgte am 23. März. Spätestens jetzt wurden für die Berliner Luftalarme und Ruinen mitten in der Stadt zur Routine und zum gewohnten Anblick. In der Nacht vom 9. auf den 10. April 1941 fiel das erste herausragende Baudenkmal den Bomben zum Opfer: Knobelsdorffs Staatsoper Unter den Linden brannte komplett aus. In der Nacht vom 7. auf den 8. September 1941 trafen erstmals zahlreiche Bomben den Potsdamer Platz. Auf Lichtenberg und Pankow fiel ein ungebräuchlicher Typ von Brandbomben, der, statt ausgemustert zu werden, von der RAF lieber auf deutsche Städte geworfen. Am Pariser Platz tötete eine einzige 1800-Kilogramm-Luftmine Dutzende Menschen.[24]

Im Jahr 1942 nahm die Zahl und Intensität der Angriffe ab – jedenfalls was Berlin angeht: Nur acht Mal heulten die Sirenen. Noch einmal stieg bei vielen Berlinern die Zuversicht: In Afrika besiegte Rommel die Briten, in Rußland stieß die Wehrmacht bis nach Stalingrad vor, im Westen wurden die USA wegen des japanischen Vormarsches im Pazifik davon abgehalten, eine britische Invasion in Dieppe an der Kanalküste zu unterstützen, die daraufhin ohne größere Probleme zurückgeschlagen wurde. Doch schon im Januar 1943 wurde deutlich, daß alle Hoffnung verfrüht war: Stalingrad mußte kapitulieren, eine Viertelmillion Soldaten waren gefallen oder gerieten in Kriegsgefangenschaft. Rommel war von General Bernard Montgomery aus Libyen vertrieben worden, sein glorreiches Afrikakorps wurde nun von Briten und Amerikanern in die Zange genommen. Und an der Heimatfront verschärften die Alliierten den Luftkrieg. Am 16. und 17. Januar 1943 nahm das Bomber Command mit zwei großen Aktionen die Angriffe auf die Reichshauptstadt wieder auf. Drei weitere Attacken im März sowie 13 im Mai und Juni ließen Luftalarm zur beinahe alltäglichen Erfahrung werden. Immer mehr Häuser versanken in Trümmern.

Im November 1943 begann Air Marshal Arthur »Bomber« Harris, der Chef der strategischen Luftstreitkräfte Großbritanniens, die Luftschlacht um Berlin. Allein vom 22. bis 26. November starben 3758 Berliner, 9907 wurden verwundet, fast eine halbe Million ausgebombt. Gleich beim ersten Angriff brannte das Schloß Charlottenburg fast völlig aus. Es gab ein klares Ziel: Wie in Hamburg sollte ein Feuersturm entfacht werden, der ganze Stadtteile verzehrt. Das gelang zwar nicht, aber einzelne Viertel, etwa rund um den Hansaplatz, wurden in diesen Schreckensnächten fast gänzlich vernichtet. Seit März 1944 kamen zu Nachtangriffen auch Attacken am Tage hinzu. Gleich 702 amerikanische »Fliegende Festungen« und »Liberators« bombardierten am 6. März zwischen 13 und 14 Uhr die Reichshauptstadt. 86 Zivilisten starben, 57 wurden verletzt. Doch insgesamt war die »Schlacht um Berlin« ein Fehlschlag, die Verluste der Angreifer kletterten in unerträgliche Höhen. Und die Menschen in der deutschen Hauptstadt dachten gar nicht daran, sich entsprechend den Theorien des Generals Douhet zu verhalten und das NS-Regime zu stürzen.

Nach einer Phase relativer Ruhe im Frühling und Sommer 1944 – die alliierten Bomberstaffeln unterstützten in dieser Zeit die Invasion in Frankreich – stand Berlin ab Herbst 1944 wieder ganz oben auf der Zielliste. Am 6. Oktober zum Beispiel griffen 375 US-Bomber Teile von Spandau, Tegel und Charlottenburg an. Längst funktionierte in der Stadt viel von der scheinbar selbstverständlichen Infrastruktur nicht mehr. Öffentliche Verkehrsmittel fielen teilweise wochenlang, teilweise bis Kriegsende aus; Kanalisation, Strom und Gas mußten immer öfter abgestellt werden. Die Krankenhäuser waren völlig überlastet, zumal viele Ärzte und ausgebildete Schwestern in den Lazaretten an der Front Dienst tun mußten. Die Nahrungsversorgung wurde immer schwieriger, immer mehr Ausgebombte mußten bei Verwandten oder Fremden unterschlüpfen. Kinder wurden zu Tausenden aufs vor Bomben vergleichsweise sichere flache Land geschickt.

Doch kein Horror, der sich nicht noch steigern ließe. Anfang 1945 wurde Berlin fast täglich, manchmal sogar mehrfach an einem Tag attackiert.[25] Am 3. Februar sanken die Berliner Altstadt an der Spree, das Zeitungsviertel an der Kochstraße, das Stadtschloß, der Anhalter Bahnhof und die dazwischen gelegenen Quartiere in Trümmer, am 18. März das Gebiet rund um den Stettiner und den Schlesischen Bahnhof (heute Ostbahnhof), das Rote Rathaus, die Museumsinsel und das Kronprinzenpalais. Am 14. April 1945, drei Viertel Deutschlands waren bereits von den Alliierten besetzt, zerstörte dann ein letzter britischer Großangriff das bis dahin weitgehend verschonte Barock-Kleinod Potsdam. Zwei Tage später stellten RAF und USAAF den Luftkrieg gegen Deutschland offiziell ein: Es gab einfach keine Ziele mehr. Die Zerstörungen gingen trotzdem weiter; im Endkampf um die Reichshauptstadt fielen zahlreiche weitere Gebäude den sowjetischen Kanonen und Schlachtfliegern zum Opfer. Hierbei handelte es sich allerdings um kriegsvölkerrechtlich nicht zu beanstandene Folgen eines ebenso verzweifelten wie sinnlosen Verteidigungskampfes.

Die Technik der Zerstörung

Luftkrieg ist mehr als der Abwurf von Sprengstoff. Drei Bedingungen müssen erfüllt sein, um den Luftkrieg zu einer furchtbaren Waffe zu machen: Erstens müssen die Bomben ins Zielgebiet gebracht werden. Zweitens müssen die Ziele möglichst genau getroffen werden. Drittens müssen die Bomben so ausgewählt und eingestellt sein, daß die »erwünschte« Wirkung erzielt wird. Heutzutage, da jedes neuere Taxi über Satellitennavigation verfügt und der Luftraum über Europa 24 Stunden am Tag, sieben Tage in der Woche mit Radargeräten exakt überwacht wird, kann man sich kaum vorstellen, wie schwierig es vor sechzig Jahren gewesen ist, eine Stadt wie Berlin aus der Luft auszumachen.[26]

Radargeräte wurden im Zweiten Weltkrieg überhaupt erst entwickelt; bodengestützte Lenksysteme mittels Leitstrahlen wurden zwar seit 1939 von beiden Seiten eingesetzt, waren aber leicht zu stören und konnten sogar dem feindlichen Jäger den Weg zu den angreifenden Bombern weisen. Ebenfalls schwierig war die

Navigation auf Sicht: Deutschlands Städte wurden Nacht für Nacht verdunkelt; das sparte nicht nur Strom, den die Rüstungsindustrie brauchte, sondern reduzierte auch die Anhaltspunkte für alliierte Flieger. Sie konnten, zumindest in den ersten Kriegsjahren, orientiert am Gestirn navigieren (und ihre Zielgebiete oft um Dutzende, manchmal hunderte von Kilometern verfehlen) oder sich in klaren, wolkenlosen Vollmondnächten auf ihre Augen verlassen und Flußläufen folgen (was sie oft vor größeren Städten in schwere Flakstellungen führte und die trägen Bomber zur leichten Beute für deutsche Jagdflugzeuge machte).[27]

Bald faßte die RAF ihre besten Piloten in speziellen Einheiten zusammen, den »Pfadfindern«. Sie flogen dem Gros der Bomberstreitmacht in kleinen, zweimotorigen Maschinen aus Holz, den gefürchteten und für das seinerzeitige Radar kaum erkennbaren »Mosquitos«, voraus. An Bord hatten sie besonders versierte Navigatoren und besondere Leitsystem, z.B. das primitive Bodenradar »H2S« oder die Lenksysteme »GEE« und »Oboe«. Über dem Zielgebiet warfen die Pfadfinder dann spezielle Leuchtbomben, die an Fallschirmen zu Boden schwebten, das Zielgebiet in verschiedenen Farben markierten und den schweren Bombern den Weg wiesen.

Das Stadtgebiet zu finden war nur die erste Hürde für die angreifenden Piloten. Nun mußten sie über einer Stadt wenigstens einigermaßen genau das exakte Ziel ansteuern; einen Feuersturm konnte man nur auslösen, wenn möglichst alle Brandbomben in einem eng umgrenzten, feuergefährdeten Gebiet einschlugen. Zwar bot die Reichshauptstadt mit ihren insgesamt gut 900 Quadratkilometern Fläche ein »dankbares« Ziel für die britischen Bomberverbände; »durch die schiere Größe der Stadt traf man immer noch Berlin«[28]. Jedoch sollten Bomben, die für Siemensstadt bestimmt waren, nicht in Köpenick fallen. Hier wie dort säten sie zwar Tod und Verderben, aber militärisch war zum Beispiel ein zerstörtes Siemenswerk, waren zertrümmerte Wohnungen der Mitarbeiter und verbrannte Baracken der Zwangsarbeiter bedeutend wichtiger als hunderte ruinierte Wohnhäuser in einem Außenbezirk. Also warfen weitere Vorausbomber andere Typen von Leuchtbomben ab. Darunter waren große, schwere, tropfenweise abbrennende Ladungen, die den zynischen Spitznamen »Christbäume« bekamen. In ihrem Licht konnten die Bombenschützen auch aus mehreren tausend Metern Höhe das

Bild am Boden einigermaßen mit vorher von Aufklärungsflugzeugen gemachten Aufnahmen vergleichen. Meistens wurden signifikante Punkte als Hauptziele angegeben – eine besonders typische Kirche mit einem ungewöhnlich geformten Friedhofsareal zum Beispiel, eine Flußbiegung oder ein Kopfbahnhof. Bei einem Angriff von mehreren hundert Bombern galt schon ein Einschlag im Umkreis von einem Kilometer um den Zielpunkt als »Treffer«.

Ein für die Planer im Bomber Command besonders ärgerliches Faktum war das »Zurückkriechen« des Bombenteppichs. Während die ersten Maschinen einer Angriffsformation oft noch relativ nah am Zielpunkt ihre tödliche Fracht entluden, neigten die Schützen der nachfolgenden Flugzeuge dazu, ihre Bomben zu früh abzuwerfen, statt bis über das bereits lichterloh brennende Hauptzielgebiet zu fliegen. Damit »kroch« die Schneise der Zerstörung immer weiter gegen die Flugrichtung und verlor so an Vernichtungskraft. Nachdem die Kommandeure dieses Phänomen erkannt hatten, reagierten sie, indem die Zielmarkierer über die eigentlichen Hauptziele hinwegflogen und direkt hinter ihnen die Markierungsbomben abwarfen. So wuchs die Wahrscheinlichkeit, genügend Bomben ins eigentliche Ziel zu bringen – beispielsweise eine Fabrikanlage, einen Hafen oder, besonders oft, ein dicht besiedeltes Wohnviertel.

Ebenso wichtig wie das Vordringen ins Zielgebiet und die ausreichende Genauigkeit beim Abwerfen der Bomben war ihre Wirkung. Mit Sprengbomben konnte man im Zweiten Weltkrieg eine Stadt nicht zerstören und kann es bis heute nicht. Nur Brandbomben waren damals in der Lage, ein wirklich verheerendes Ergebnis zu erzielen. Brandbomben sind eine bestialische Waffe. Eigentlich sind gar nicht sie es, die eine Stadt zerstören. Brandbomben sind nur die Zünder. Sie sollen so lange wie möglich so hohe Temperaturen wie möglich erzeugen, um die brennbaren Materialien, die in einer Stadt in ungeahnten Massen vorhanden sind, anzustecken. Jedoch mußten zuerst diese brennbaren Materialien für die Brandbomben zugänglich gemacht werden. Also entwickelte die RAF eine fürchterlich effiziente Methode, Städte in Brand zu stecken: Mit kleinen und mittelgroßen Sprengbomben wurden die Dächer der Häuser zerstört; Brandbomben fielen in die verwüsteten Wohnungen, das Feuer, das sie entfachten, fand dort reichlich Nahrung. Außerdem wurden überschwere Luftminen von vier- oder sogar achttausend Pfund Gewicht eingesetzt, die sogenannten Wohnblockknacker. Kein Haus, das von einer solchen Bombe getroffen wurde, blieb stehen. Oft rissen die zusammenbrechenden Trümmer eines voll getroffenen Gebäudes sogar noch die umliegenden Häuser mit ein.

In vielen Zeitzeugenberichten, auch in diesem Buch, ist von Phosphor die Rede, von Kanistern, aus denen flüssiges Feuer floß oder vom Himmel »herabregnete«. Feuer, das man nicht löschen konnte. Doch in Wirklichkeit spielten Phosphorbomben bei der Zerstörung der deutschen Städte eine relativ geringe Rolle. Es gab sie tatsächlich; eingesetzt wurde im Sommer 1941 ein neuer Typ von Brandbomben aus Blech, in denen eine Mischung aus verschiedenen Ölsorten und Kunstharz mit etwas Phosphor entzündet wurde. Sie sollten Großbrände in deutschen Wäldern und auf Getreidefelder auslösen, um die Nahrungsversorgung zusammenbrechen zu lassen. Doch was in den Bombenlabors der RAF gut funktioniert hatte, versagte bei der Anwendung. Also stellte die RAF die weitere Produktion dieser Bomben ein – und »entsorgte« die Lagerbestände bei den nächsten Angriffen auf deutsche Städte. Im Bericht des Berliner Polizeipräsidiums vom 8. September 1941 über den Angriff der vorangegangenen Nacht hieß es, die Briten hätten mit Phosphor gefüllte Kanister abgeworfen, die jedoch von beherzten, leidgeprüften Berlinern gelöscht worden seien.[29]

Als viel »wirkungsvollere« Brandbombe erwies sich die Thermitstabbrandbombe aus verschiedenen Leichtmetallen. Sie war in der Regel (es gab verschiedene Typen und Weiterentwicklungen) vier Pfund schwer, bestand aus einer Magnesium-Zink-Hülle mit einem Stahlkopf und einer Füllung aus zusammengepreßtem Aluminiumstaub. Die 54 Zentimeter langen und vier Zentimeter durchmessen Stäbe wurden bündelweise aus speziellen Kanistern in den Bombenschächten abgeworfen, fielen senkrecht zu Boden und explodierten beim Aufschlag mit einem lauten Knall und einer bis zu 30 Meter langen Stichflamme. Danach brannten der Metallstaub und die Legierungshülle in vier bis fünf Minuten mit extrem hohen Temperaturen ab und waren weder durch Wassernebel aus Schläuchen zu löschen noch durch Ersticken der Flamme – das Feuer fraß sich leicht durch alle Arten von Brandschutzdecken. Einzig schnelles und vollständiges Abdecken mit Sand oder Wasser konnte eine solche Bombe löschen. Was bei einzeln fallenden Stäben vielleicht noch möglich gewesen

wäre, erwies sich bei den vielen zehntausend, oft sogar hunderttausenden solcher Brandbomben als absolut ausgeschlossen.[30]
80 Millionen dieser Brandbomben wurden auf Deutschland abgeworfen; sie und nicht Phosphorbomben vernichteten eine tau-
sendjährige Stadtkultur.

Woher aber kam die Phosphorangst, die sich in Zeitzeugenberichten spiegelt? Historiker vermuten, daß die Angst vor dem
»flüssigen Feuer«, das vom Himmel regnet, ausgelöst wurde durch
die Leuchtbomben, eben die »Christbäume«. Sie brannten tropfenweise ab und waren zwar völlig ungefährlich, wenn sie am Boden
aufschlugen, gaben aber ein gespenstisches Schauspiel am Himmel ab. Gestützt wird diese Erklärung durch die Tatsache, daß
die verbreitete Angst vor Phosphorbomben nicht im Herbst 1941
ausbrach, als diese tatsächlich in größerer Zahl eingesetzt wurden, sondern erst im März 1943, als die RAF über Essen erstmals
»Christbäume« benutzte. Zu diesem Zeitpunkt wurden Phosphorbomben kaum mehr verwendet, weil sich die Stabbrandbomben als in jeder Hinsicht »effektiver« erwiesen hatten.

Die Erfahrung der Opfer

Welche Folgen hatte der Luftkrieg über die schiere Zerstörung
von 161 deutschen Städten und mehr als 850 kleineren Gemeinden hinaus? Entgegen allen Konzepten des »Moral bombing«, ob
sie nun von General Douhet, Winston Churchill oder »Bomber«
Harris formuliert worden waren, erhob sich die deutsche Zivilbevölkerung nicht gegen das Regime.[31] Das hatte nicht nur und
wahrscheinlich nicht einmal vorrangig mit dem Spitzelsystem zu
tun, das sich aus tausenden Gestapo-Mitarbeitern, vor allem aber
aus zehntausenden »Blockwarten« und hunderttausenden De-
nunzianten zusammensetzte. Viel wichtiger war die gemeinsame
Opfererfahrung. Vor den Bomben der »Lancaster« und der »Flie-
genden Festungen« waren alle Berliner gleich – bis auf die wenigen Privilegierten, die über eigene Bunker verfügten. Alle anderen mußten allnächtlich bereit sein, sich vor den großen öffentlichen Betonburgen anzustellen, von denen am Humboldthain
einer noch zu sehen ist, oder den vielen kleineren Schutzräumen,
die in U-Bahntunneln, neben dem Sportpalast oder einfach an
der nächsten Straßenkreuzung hingeklotzt waren.[32] Die weitaus
meisten Berliner erlebten und überstanden den Bombenkrieg in

den Luftschutzkellern ihrer Häuser, meistens notdürftig verstärkten und manchmal mit gasdichten Türen ausgestatteten Räumen knapp unter der Erde. Die Opfererfahrung stabilisierte das Regime, statt es zu schwächen. Das »Moral bombing« hat im Zweiten Weltkrieg das Gegenteil seines eigentlichen Ziels erreicht – auch wenn »der Chef des Bomber Command, Arthur Harris, bis zu seinem Lebensende der Ansicht war, man könne einen Krieg aus der Luft gewinnen, wenn man nur genügend Zivilisten massakriere.[33]«

Doch setzte sich selbst bei den meisten der verbitterten Zeitzeugen und Opfer der Bombenangriffe im Laufe der Nachkriegsjahre die Erkenntnis durch, daß letztlich Hitler und sein Krieg die Ursache für die unvorstellbare Zerstörung ihrer Heimat waren. Es spricht viel dafür, daß es gerade die Opfererfahrung im Luftkrieg war, die zu dem bemerkenswerten Rückgang von Kriegsbegeisterung in Deutschland führte.[34] Schon im Sommer 1950 formierten sich gewaltige Anti-Kriegs-Demonstrationen in Westdeutschland, die nichts mit den ideologisch motivierten Aufzügen in der sozialistische Diktatur DDR zu tun hatten. Als Pläne für eine Wiederbewaffnung der Bundesrepublik ruchbar wurden, bildete sich eine mächtige Bewegung unter dem Motto »Ohne mich!«, die Ende der fünfziger Jahre noch zunahm, als über eine mögliche Atombewaffnung der jungen Bundeswehr diskutiert wurde.[35] Parallel dazu gab es zwar auch einen Kult des Selbstmitleids, doch er blieb als gesamtgesellschaftliches Phänomen auf wenige Jahre beschränkt und spielt heute nur noch an rechten Stammtischen eine Rolle.

Wahrscheinlich liegt in der Erfahrung des Luftkrieges die Erklärung für die wohl einzige richtige Feststellung in Daniel Goldhagens viel gekauftem und diskutiertem, aber wenig gelesenem Buch »Hitlers willige Vollstrecker«: »Die politische Kultur der Deutschen hat sich in den fünfzig Jahren seit dem Zweiten Weltkrieg offensichtlich verändert.«[36] In keinem anderen Land hat die Friedensbewegung der frühen achtziger Jahre derartig große Teile der Gesellschaft erfaßt; kaum in einem anderen Land wurde so intensiv gegen den ersten Golfkrieg 1991 wie gegen seine Wiederholung 2003 demonstriert. Es geht nicht um die Frage, ob diese Friedensproteste sachlich gerechtfertigt waren oder sind; es geht darum, daß ein einst als expansionistisch bekanntes und für sein Säbelrasseln gefürchtetes Volk binnen weniger Jahrzehnte zum Hort eines manchmal vielleicht naiven, manchmal von kommunistischen Diktaturen mißbrauchten, aber fast immer subjektiv ehrlichen Pazifismus wurde.

Am Anfang des 21. Jahrhunderts haben zwei spektakuläre Bucherfolge in Deutschland die Aufmerksamkeit auf die Leiden der deutschen Opfer im und nach dem Zweiten Weltkrieg gelenkt: Günter Grass' Novelle »Im Krebsgang« hat das Thema Vertreibung wieder ins Bewußtsein der Öffentlichkeit gerückt. Es stellt zwar entgegen geläufigen Behauptungen keinen Tabubruch dar, doch war die Vertreibung von zwölf Millionen Deutschen aus Osteuropa angesichts der deutschen Verbrechen des Holocaust in den vergangenen Jahrzehnten in den Hintergrund getreten. Fast ohne falschen Tonfall wurde im ersten Halbjahr 2002 über die unschuldigen Deutschen zugefügte Gewalt diskutiert. Völlig überraschend hat diese Debatte im Spätherbst des vergangenen Jahres eine Fortsetzung gefunden, als das Buch »Der Brand« von Jörg Friedrich erschien. Binnen weniger Wochen wurden weit über 100.000 Exemplare verkauft; unvoreingenommene Rezensenten lobten einmütig Sprachmacht und Darstellungskraft des Autors. Cora Stephan brachte es auf die Formel: »Vorrechnen ohne aufzurechnen.«[37]

Ein weiterer wichtiger Grund für das erneute Interesse an diesem Thema ist die fortgeschrittene Zeit. 70 Jahre nach der Machtergreifung Hitlers, 60 Jahre nach Stalingrad und den furchtbaren Bombennächten ist absehbar, daß die letzten Augenzeugen dieser Ereignisse nicht mehr lange leben werden. Im Jahr 2010 wird es kaum mehr jemanden geben, der aus eigener Anschauung über die Angst im Luftschutzkeller oder über die Leiden der Vertreibung berichten kann. Ebensowenig wird es dann noch Menschen geben, die über ihre Qualen als KZ-Häftlinge oder als Zwangsarbeiter den nachwachsenden Generationen Bericht erstatten können. Jetzt, am Beginn des 21. Jahrhunderts, zeigt sich, daß man sehr wohl beider Arten von Opfern angemessen gedenken kann – der des Nazi-Regimes wie der vielen unschuldigen Deutschen, die durch den von Hitler vom Zaun gebrochenen Weltkrieg durch Vertreibung oder durch Ausbombung ihre Heimat verloren. Für die heute jungen Generationen hat die Beschäftigung mit dieser Vergangenheit nicht mehr das unmittelbar Bedrängende der Achtundsechziger, die sich mit der Täter- und Opferrolle der eigenen Eltern auseinandersetzen mußten.

Ist das schlecht? Droht nach »übermäßiger« Beschäftigung die Gleichgültigkeit gegenüber der Vergangenheit? Sicher wird das unvermeidliche »Aussterben« der Zeitzeugen das Interesse am Dritten Reich, an seinen Verbrechen und den Folgen für die Deutschen irgendwann schwinden lassen. Gerade deshalb ist es wichtig, den Zeitzeugen die Gelegenheit zur persönlichen und zugleich öffentlichen Beschäftigung mit ihrem Leben und ihrem Leiden zu geben. Genau das unternimmt das vorliegende Buch.

---

[1] Arthur Harris an Winston Churchill, 3. November 1943, PRO PREM 3/14/1; vgl. Boog, Horst: Strategischer Luftkrieg in Europa und Reichsluftverteidigung von 1943 bis 1944. In: Militärgeschichtliches Forschungsamt (Hrsg.): Das Deutsche Reich und der Zweite Weltkrieg. Bd 7: Das Deutsche Reich in derDefensive. Stuttgart - München 2001, S. 1 - 415, S. 66 u. S. 75.

[2] Vgl. Boog, Strategischer Luftkrieg, S. 77. Vgl. Demps, Laurenz: Die Luftangriffe auf Berlin. Ein dokumentarischer Bericht. Teil I. In: Jahrbuch des Märkischen Museums IV Berlin 1978, S. 27 - 68, S. 57.

[3] Zahlen nach Demps, Laurenz: Die Luftangriffe auf Berlin. Ein dokumentarischer Bericht. Teil II. In: Jahrbuch des Märkischen Museums, Bd. 8 (1982), S. 7 - 44, S. 23.

[4] Vgl. Friedrich, Jörg: Der Brand. Deutschland im Bombenkrieg 1940 -1945. Berlin 2002, S. 365.

[5] Demps, Teil II, S. 17

[6] Die Opferzahlen für Hamburg schwanken zwischen 30.000 und 50.000. Das Statistische Reichsamt stellte am 9. März 1945 (!) fest, während der elf Tage der »Operation Gomorrha« gegen Hamburg seien 41.450 Menschen in der Stadt ums Leben gekommen. Vgl. Boog, Strategischer Luftkrieg, S. 40.

[7] Zu den Opferzahlen in Dresden vgl. Keil, Lars-Broder/Kellerhoff, Sven Felix: Deutsche Legenden. Vom »Dolchstoß« und anderen Mythen der Geschichte. Berlin 2002 , S. 135 - 152.

[8] Findahl, Theo: Letzter Akt. Berlin 1939-1945. Hamburg 1946, S. 69.

[9] Zit. n. www.algonet.se/~sven-l/engtxt2.html (gesichtet Februar 2003)

[10] Zahlen nach Zentner, Christian: Der Erste Weltkrieg. Daten, Fakten, Kommentare. Rastatt o. J., S. 379 - 397.

[11] Zit. n. Friedrich, Brand, S. 65.

[12] Zit. n. Balke, Ulf: Luftkrieg über Europa. Die Einsätze des Kampfgeschwaders 2. Neuausgabe 2 Bde. Augsburg 1997, Bd. 2, S. 2.

[13] Vgl. Demandt, Alexander: Vandalismus. Gewalt gegen Kultur. Berlin

1997, S. 173 - 175.

[14] Zit. n. Bailey, Ronald H: Der Luftkrieg in Europa. Amsterdam 1981 S. 25f.

[15] Vgl. umfassend zu Strategie, Taktik und Technik der RAF im Internet: http://www.raf.mod.uk/bombercommand/bchome.html mit zahlreichen, sehr informativen, allerdings komplett unkritischen Informationen.

[16] Vgl. Spiegel 3/2003, S. 120f.; Abendroth, Hans-Henning: Guernica. Ein fragwürdiges Symbol. In: Militärgeschichtliche Mitteilungen 41 (1987), S. 11 - 126.

[17] Zit. n. Balke, Luftkrieg, Bd. 2, S. 2f.

[18] Zit. n. Vogel, Detlev: Operation »Strafgericht«. In: Ueberschär, Gerd R.; Wette, Wolfram (Hrsg.): Kriegsverbrechen im 20. Jahrhundert. Darmstadt 2001: Kriegsverbrechen, S. 303 - 308, hier S. 304.

[19] Domarus, Max: Hitler. Reden und Proklamationen 1932 - 1945, 4. Auflage Leonberg 1988, Band 3, S. 1580.

[20] Vgl. Girbig, Werner: ... im Anflug auf die Reichshauptstadt. Die Dokumentation der Bombenangriffe auf Berlin – stellvertretend für alle deutschen Städte. Stuttgart 1970, S. 13f. und Demps. Luftangriffe Teil I, S. 49.

[21] Vgl. Girbig, Anflug, S. 19 - 21; Demps, Luftangriffe Teil I, S. 49.

[22] Shirer, William L: Aufstieg und Fall des Dritten Reiches. Neuausgabe Bindlach 1990, S. 709.

[23] Vgl. Demps, Luftangriffe Teil I, S. 51.

[24] Vgl. Girbig, Anflug, S. 50.

[25] Vgl. Demps, Luftangriffe Teil I, S. 62f.

[26] Vgl. Friedrich, Brand, S. 33 - 49.

[27] Vgl. Bailey, Luftkrieg, S. 24f., S. 55f., S. 92f. und S. 95. Vgl. http://www.raf.mod.uk/bombercommand/background/target.html

[28] Friedrich, Brand, S. 49.

[29] Vgl. Bergander, Dresden, S. 188.

[30] Vgl. Friedrich, Brand, S. 26f.

[31] Vgl. Spiegel 5/2003.

[32] Vgl. Arnold, Dietmar/Arnold, Ingmar: Dunkle Welten. Bunker, Tunnel und Gewölbe unter Berlin. Berlin 6. Aufl. 2002, S. 101 - 145.

[33] Jörg Friedrich im Interview; Welt v. 21.11.2002

[34] Vgl. Görtemaker, Manfred: Geschichte der Bundesrepublik Deutschland. Von der Gründung bis zur Gegenwart. München 1999, S. 29 - 31.

[35] Vgl. Keil/Kellerhoff, Legenden, S. 166f.

[36] Goldhagen, Daniel: Hitlers willige Vollstrecker. Ganz gewöhnliche Deutsche und der Holocaust. Berlin 1996, S. 12; vgl. S. 679.

[37] Literarische Welt v. 23.11.2002.

Sodom und Gomorrha

Ich wurde in Ermangelung einer Wiege am 25. November 1919 in einen Schrippenkorb gelegt. Das war in Niederschönhausen in der Kaiser-Wilhelm-Straße. Der Weltkrieg war verloren, und Kaiser Wilhelm war nach Holland geflüchtet; seine Straße hatte er nicht mitgenommen. Die Deutschen schworen: Nie wieder Krieg! So wurde ein Meineid mein Pate. Auf dem Hof orgelte ein Kriegsinvalide »Preußens Gloria«. Die Nornen legten mir viele weiße Lose in den Brötchenkorb und wiesen den Weg ins ehrbare Bäckerhandwerk, das ich unter Schweiß und verbissenen Tränen bei Vater erlernte. Anfang September 1939 tauschte ich die weiße Kluft gegen den grauen Rock; sechs Jahre begleitete er mich durch halb Europa bis in russische Gefangenschaft im Oderbruch. Als »Flüchtling« im September 1945 boten mir die Amis Arbeit und Brot als Postarbeiter, denn mit dem Backen war es aus: Dreimal hatten sich die Phosphorkanister Vaters Bäckereien ausgesucht. Ich begann zu schreiben, und über den Jugendausschuß in Neukölln landete ich beim »Neuen Deutschland« und der FDJ-Zeitschrift »Neues Leben« in der Kronenstraße. Bau auf! Bau auf! »Es rosten die starken Maschinen ...«. Und dann kam die Blockade West-Berlins – der Mann mit der Baskenmütze, Ernst Reuter, riß mich aus meinen Träumen in die Arbeitslosigkeit. Als freiberuflicher Werbetexter erwarb ich eine feste Anstellung als Assistent von Herrn Ernst Jaster und lernte von ihm alles, was man und was man nicht machen darf in sieben mageren Jahren. 1955 gründete ich die Firma Color-Druck Gerhard Baucke. Mit ihr war ich froh verheiratet: Nach 25 Jahren war silberne Hochzeit, und acht Jahre danach machten meine Kinder weiter.

Ich war im Ruhestand: Müßiggang ist allen Schreibens Anfang. Ich bin ja erst 85 Jahre alt.

Gerhard Baucke

1. März 1943: »Fliegeralarm« heulten die Sirenen von den Dächern der Stadt. Der Vater kam von der Übungsstunde seines Bäckermeister-Gesangsvereins, als die ersten Bomben auf Friedenau fielen. Die Eisenbahnbrücke an der Kaiserallee bot ihm einigen Schutz, aber tatenlos mußte er zusehen, wie das Haus Südwestkorso Ecke Varziner Straße Raub der Flammen wurde. Seine Wohnung, sein Backbetrieb, alles in harter Arbeit erworben in vielen Jahren – in wenigen Stunden war es eine rauchende Ruine.

Vier Wochen später eröffnete er in der Innsbrucker Straße ein neues Geschäft, das im November das gleiche Schicksal ereilte. Vater, Mutter und meine Schwester kamen gottlob mit heiler Haut davon – welch ein Glück im Unglück. Diese Ereignisse erlebte ich nicht als Augenzeuge, sondern erfuhr davon durch Feldpostbriefe auf der Krim und dem Kuben-Brückenkopf. Vater gab nicht auf: In Charlottenburg übernahm er das Geschäft eines im Osten gefallenen Inhabers.

Ende Februar 1944. Ich saß im größten Gefangenenlager, das sich zudem noch selber verpflegte, auf der Halbinsel Krim. Die 17. Armee, etwa 200.000 Soldaten, war eingeschlossen. Die Russen hatten bei Perekop den Sack zugemacht, bevor wir, vom Kuban kommend, die Krim verlassen konnten. Ein zweites Stalingrad schien sich anzubahnen – entsprechend war die Stimmung bei der Truppe. Abend für Abend schloß der Soldatensender Krim sein Programm mit dem Lied »Hörst Du mein heimliches Rufen ...« Unser Ruf ».... holt uns hier raus« kam im Führerhauptquartier nicht an. Dafür kam ein Schreiben an die Kompanie, in dem um Urlaub für den Obergefreiten Baucke ersucht wurde. Begründung: Totalschaden des väterlichen Betriebs. Zwei Tage später flog ich vom Flugplatz Sarabus mit der JU 52 nach Odessa.

Der Urlauberzug fuhr durch die ersten Vororte Berlins, hier war die Welt noch in Ordnung, doch dann die ersten Trümmer, Ruinen. An einer war zu lesen: Unsere Mauern können brechen – unsere Herzen brechen nicht! Aber drei Betriebe innerhalb eines Jahres im Eimer, das ging schon an die Nieren. Vater stand schon wieder vor dem Backofen, allein, kein Geselle, kein Lehrling. Nach Niederschönhausen, wo er vor 25 Jahren sein erstes Geschäft eröffnet hatte, war er vom Schicksal zurückgeworfen worden.

In der Backstube ging ich Vater zu Hand. Wenn er nachts im Keller gesessen hatte, konnte sich der alte Mann am Tag eine Mütze Schlaf gönnen. Bei jedem Fliegeralarm stand ich als Brandwache unter dem Hausdach mit eimerweise Sand sowie Feuerpatsche und beobachtete das Inferno über der Stadt. Am Himmel hatten strahlende Christbäume das Zielgebiet der Bomber abgesteckt, in das nun Verderben fiel. Feuerrot und schmutziggrau der Himmel von Glut und Rauch: Sodom und Gomorrha! Hatten wir soviel Sünde auf uns geladen – ein solches Gericht verdient? O mein Gott, aber doch nicht die Kinder und die Frauen, die da in den Kellern lebendig begraben wurden, verbrannten, erstickten, verbluteten.

Flakscheinwerfer durchschnitten wie Flammenschwerter den Himmel, packten ein Flugzeug. Wie ein winziges Insekt versuchte es, dem Strahlenbündel zu entkommen, in des Dunkels Schutz auszubrechen. Gebannt verfolgte ich mit dem Glas das Schauspiel. Die fürchterliche Tragödie.

Das Donnern und Krachen verebbte, ein langgezogener Heulton gab Entwarnung, jaulend, wimmernd, wie ein schwer getroffener Wolf. In dreieinhalb Jahren Ostfront hatte ich einiges erlebt – das hier hätte ich mir nicht vorstellen können. Doch das Leben ging weiter: Sauerteig auffrischen, Backofen heizen. Zu neuen Leiden ruft ein neuer Tag. Die Wunden der Stadt wurden verbunden. Auf Sonderabschnitte der Lebensmittelkarten gab es Zigaretten, Schnaps und Bohnenkaffee.

Der 20. März 1944 war Frühlingsbeginn. Schnee, Regen, Hagel trieb der Wind durch die Stadt. Ein herrliches Wetter! Heute würden sie nicht kommen. An jenem Abend lernte ich ein junges Mädchen kennen, kaum zwanzig Jahre alt. 1996 feierten wir unsere Goldene Hochzeit. Fünfzig Jahre durften wir in Frieden leben; das hatte es in Deutschland noch nicht gegeben.

Nach meinem Bombenurlaub kehrte ich nicht zur Krim zurück. Eine Malaria brachte mich, trotz der vielen Atebrin-Tabletten, ins Lazarett. So entging ich Ostern 1944 dem Desaster von Sewastopol. Ich habe Glück gehabt. Es war die Bombe auf Vaters drittes Geschäft. Ich glaube, sie hat mir das Leben gerettet und dazu die Frau meines Lebens beschert.

Leben im Keller

Ich bin Jahrgang 1925 und war zur Zeit der folgenden Schilderungen zwischen 17 und 20 Jahre alt.

Renate Baudert

Ich ging noch aufs Lyceum (Mädchen-Gymnasium) und war kurz vor dem Erreichen der Mittleren Reife, als bekannt wurde, daß die Wehrmacht ältere Schülerinnen also sogenannte »Blitzmädel«

zum Nachrichtendienst einzuziehen beabsichtigte. Bei ausführlichen Erkundungen stellte sich heraus, daß ein Einsatz zum medizinischen Dienst wie z.B. eine Schwesternausbildung davor bewahren konnte. Man mußte das mit einer Rot-Kreuz-Binde am Arm erkennbar machen.

Also beschloß ich sehr schnell, Säuglings- und Kinderschwester zu werden, und begann damit – dank einer privaten Beziehung zu dem damaligen Chefarzt – in der Kinderheilanstalt in Hannover. Diese war wegen der großen Luftangriffe bereits 1942 ausgelagert worden in ein Schullandheim in Nienstedt im Deister. Meine Eltern lebten in Berlin. Dort, ebenso wie in Hannover, wurden die Luftangriffe der Alliierten immer massiver. 1944 mehrten sich die Phasen, in denen mich keinerlei Post mehr von zu Hause erreichte, was meine Angst allmählich erheblich steigerte. Im Frühjahr 1944 erbat ich Urlaub und fuhr unter beträchtlichen Schwierigkeiten (funktionierende Fahrpläne gab es auf Grund vieler Zerstörungen nicht mehr) nach Berlin. Meine Eltern lebten. Allerdings hatten sie in ihren Fensterrahmen Pappe statt Glas, und darum wurde erbärmlich gefroren.

Ich wollte nicht mehr zurück in den Deister, aber die Eltern, besonders mein Vater, bestanden darauf. Da ich ziemlich obstinat wurde vor lauter Angst, ließ er sich schließlich soweit erweichen, daß ich, wenn es in Berlin eine gleichwertige Klinik gäbe, die die bisherige Ausbildung anerkennen würde, bleiben dürfte. Es gelang – und so trat ich pünktlich zum dramatischen Folgegeschehen am 1. Januar 1945 meinen Dienst in der Kaiser-Friedrich-Kinderklinik an, dem Kinderkrankenhaus in Wedding.

Damit befand ich mich zum Endstadium des Krieges in Berlin. Das bedeutete sehr schnell Schwerarbeit, denn im Gegensatz zu Nienstedt, wo durch die ohnehin eingeengten Gegebenheiten jedes Kind und Bett an seinem Platz blieb und wir die Flugzeuggeschwader nur über unser Gebiet donnern hörten, mußten die Berliner Kinder bei jedem Alarm in die Luftschutzkeller gebracht werden.

Die gesamte Klinik mit ihren vielen einzelnen Gebäuden war unterirdisch durch Gänge verbunden. Sowohl die Operationsräume als auch alle Versorgungsnotwendigkeiten lagen überwiegend in den Kellern, und der größte Teil des Lebens spielte sich nun dort ab. Bombeneinschläge und nahezu chronischer Schlafmangel steigerten die Nervosität und zehrten an der Kraft. Und doch war das alles noch geringfügig und wurde erst richtig schlimm, als die Hauptkampflinie durch den Einmarsch der Russen näherrückte und es unmittelbar um uns zu krachen begann und die Einschläge sich häuften.

Nun waren wir mit fünfzig Scharlachkindern und fünf Schwestern bzw. Schülerinnen im Kellerquartier festgenagelt. Bei Kerzenlicht und rationiertem Wasser war die reguläre Arbeit an den Kindern enorm erschwert. Tote Kinder wurden vor die Kellertür gelegt und stapelten sich dort. Eines Tages hatte der Chefarzt in einer Gefechtspause irgendwelchen Arbeitern befohlen, eine große Grube im Krankenhausgelände auszuheben. Als der Leichenberg vor unserer Tür – wie bei anderen Stationen ebenso – anwuchs, weil täglich neue Kinder dazukamen, wurde die Anordnung des Chefarztes befolgt. Inzwischen wieder unter schwerem Beschuß, beerdigten wir fünfundsiebzig Kinder an einem einzigen Tag.

Niemand ging mehr hinaus ohne zwingenden Grund. Der ergab sich aber eines Tages, und wir wurden gefragt, wer den Mut hätte, aus den gegenüberliegenden Gebäuden Vorrat zu holen, Zucker, Kartoffelmehl, Fett, Brot und anderes. Ich meldete mich, zusammen mit einer Kollegin. Während um uns die Geschosse einschlugen, rasten wir zu den Kellerfenstern, traten sie ein, stiegen hindurch, wobei ich mir die gesamte Kleidung am Rücken durch das zerbrochene Glas aufriß, griffen alles, was wir tragen konnten, warfen es aus den Fenstern und machten dann denselben unbequemen und gefährlichen Weg zurück.

So etwa war das Leben viele Wochen. Die Russen kamen näher und näher, und eines Tages waren alle Kellergänge durch sie besetzt. Sie versuchten, sich unserer zu bemächtigen. Wegen meiner massiven Abwehr wurde ich mit Karabinern zusammengeschlagen bis zur Bewußtlosigkeit. Der Geistesgegenwart meiner Kolleginnen, die mich mit Fußtritten in diesem Zustand unter ein Kinderbett beförderten und mich dadurch dem Interesse der Soldaten entzogen, verdanke ich vermutlich mein Leben. Sehr viel später zeigten sich die Folgen der Gewalteinwirkungen dann im Röntgenbild.

Es gab aber auch Begegnungen anderer Art mit Russen. Sie hatten Stück für Stück Berlin erobert, und man gewöhnte sich unvermeidlich an ihre ständige Gegenwart. Sehr junge Kerle waren dabei, die manchmal angesichts unserer und der Kinder trostlosen Lage hilfreich waren und verschiedentlich Lebensmittel brachten, wobei ein Sack Roggenmehl zwar sehr kostbar, aber dennoch nutzlos war, weil er ohne Wasser und Strom nicht verwendbar gemacht werden konnte. Aber letztlich wurde er in der großen Not dann doch einfach roh verspeist.

Völlig unerwartet schenkte mir ein Russe eines Tages ein verbogenes, aber noch brauchbares Fahrrad, ein zweiter ein Brot, das sich wegen Nässe und Schimmel als sehr schwer verdaulich erwies, außerdem einen Mehlsack. Da es keine erkennbaren Kampfhandlungen, weder auf der Erde noch aus der Luft gab, teilte ich meinen Vorgesetzten mit, daß ich meine Familie in Zehlendorf besuchen wolle, von der ich seit vielen Wochen nichts mehr gehört hatte. Das wurde zu einem schweren Abenteuer!

Nach den endlosen Wochen des Kellerlebens wirkte die Außenwelt mehr als gespenstisch auf mich. Riesige Trümmerberge, wo einmal Häuser gewesen waren − unglaublicher Schmutz auf den Straßen − tote Pferde, tote Menschen, geplünderte Läden, Hausrat aller Art, Fäkalien und vieles mehr. Bei einem Schuhladen war, wodurch auch immer, sein gesamter Inhalt auf die Straße gekippt worden, die Holzschuhe mit der dreiteiligen Sohle und dem meist roten Leinenstoff, die man in der Mitte schnürte. Im Krieg hatte es sie auf Bezugschein gegeben.

Viele Menschen waren unterwegs und wohl alle auf der Suche nach irgendwem oder irgendwas. Russische Soldaten liefen überall herum. Mühsam kämpfte ich mich voran mit meinem beladenen Fahrrad, an fahren war nicht zu denken. Plötzlich geriet ich in einen Pulk von Menschen und Militär. Ich saß fest und mußte mich dem Geschrei der Russen fügen. Vier von ihnen nahmen mich in die Zange, und sie waren es, die mich zum Brandenburger Tor und hinunter in dessen Keller brachten.

Ich mußte mich auf eine Liege legen und durfte mich nicht bewegen. Zwei Russen bewachten mich mit auf mich gerichteten Gewehrläufen. Ich war ganz ruhig und blickte sie unentwegt an. Ich weiß nicht, was in ihnen vorging, jedenfalls geschah viele Stunden überhaupt nichts. Ich weiß auch nicht, wieviel Zeit vergangen war, als sie begannen, mich mit wilden Worten und ihren Gewehrkolben vor sich her und die Treppe hinaufzutreiben. Dann war ich plötzlich frei! Mein Fahrrad stand noch an einer der Säulen. Ich begann, langsam den Pariser Platz hinunterzugehen, und konnte dabei nur ununterbrochen denken: Schießt doch, schießt doch endlich – denn ich hatte mich zweimal umgedreht und die auf mich gerichteten Gewehre der regungslosen Gestalten gesehen. Aber es geschah nichts.

Als ich in die heutige Glinkastraße einbog, brach ich bei dem ersten Hauseingang regelrecht zusammen, heulte hemmungslos und schlief dann ein bißchen mit dem Kopf auf den Knien. Zeit war weder ein Gefühl noch faß- oder meßbar. Nach endlosen Wegen erreichte ich Zehlendorf und die Wohnung meiner Eltern. Sie lebten. Aber alle fünf Bewohner über ihnen hatten sich beim Einmarsch der Russen in Panik das Leben genommen und waren von meinen Eltern im Vorgarten beerdigt worden.

Erst ein Jahr später setzte das reguläre Beerdigungswesen wieder ein. Die Toten im Vorgarten waren vor genau einer Woche beigesetzt worden, da kam der Familienvater aus russischer Gefangenschaft zurück. Meiner Mutter oblag es, ihm den trostlosen Tatbestand mitzuteilen – es muß entsetzlich gewesen sein. Er blieb für drei Jahre mit in unserer Wohnung, denn seine eigene war inzwischen beschlagnahmt worden. Danach erhielt er sie zurück.

Dann begann der Kampf ums Überleben. Lebensmittelzuteilungen waren ganz gering und oft schlecht. Der Schwarzhandel begann zu blühen, und beim Anstehen nach Brot kursierte der treffende Spruch: Tausche großes Bild von Hitler gegen kleines Brot von Wittler! Dies war der Name der damals führenden Berliner Brotfabrik.

Ich war mitsamt meinem Rad wieder in die Klinik zurückgekehrt, wo das Leben und der Dienst sich sehr langsam wieder normalisierten, manchmal konnte ich mit übriggebliebener Suppe zu den Eltern fahren, wenn ich frei hatte, und konnte so auch ihnen das Leben etwas erleichtern.

Auch die Ausbildung wurde endlich weitergeführt, allerdings wurden 1945 noch keine Examina abgenommen. So mußte ich damit bis 1946 warten, und weil sich daran noch ein Jahr bis zur staatlichen Anerkennung anschloß, war ich besonders spät fertig. Ich habe die Ausbildung korrekt beendet. Aber als auch nach den Kampfhandlungen schier endlos viele Kinder starben, stand mein Entschluß fest – ich wollte in aller Zukunft mit lebenden Menschen arbeiten. So wandte ich mich der Krankengymnastik zu und begann im Sommer 1947 eine neue Ausbildung in der Charité, die damals von Prof. Sauerbruch geleitet wurde.

Das brennende Berlin

Ich bin Jahrgang 1919, war also während der Bombenangriffe 23 bis 25 Jahre alt und arbeitete als Briefträger, Finanzamtsangestellter und zuletzt als Transportbegleiter von Rüstungsgütern im Rahmen der Dienstverpflichtung bei Alkett in Spandau, die damals Sturmgeschütze bauten. Ich wohnte in Charlottenburg, Herderstraße 15. Ich heiratete 1949 und war später Verwaltungsangestellter bei der Bundesversicherungsanstalt für Angestellte (BfA) in Wilmersdorf. Ehrenamtlich engagiere ich mich politisch und gewerkschaftlich. Zur Zeit bin ich mit der Pflege meiner kranken Ehefrau befaßt.

Eberhard Beigel

Ich erinnere mich besonders an die Bismarckstraße, deren Mittelstreifen voller Möbel stand, die schon Feuer gefangen hatten, denn die Häuser zwischen Knie (Ernst-Reuter-Platz) und Opernhaus standen reihenweise in Flammen. Die Bismarckstraße ist damals untergegangen. Vernichtet wurde auch der ganze Wohnblock in der Kohlrauschstraße hinter der Physikalischen Reichsanstalt, die selbst nicht viel abbekam. Der Postzustellbezirk Kohlrauschstraße war damit ausgelöscht. Ich erwähne das, weil ich damals dort als Briefträger tätig war. Die Ecke Schiller-/Grolmanstraße wurde durch eine Luftmine zerstört. Dagegen konnten wir die Brandbomben Ecke Schillerstraße/Herderstraße gegenüber dem Wohnblock der Schauspieler in der Schillerstraße löschen. Der Schauspieler-Wohnblock hat bis heute überlebt.

Oft rannten wir noch während der Angriffe vor der Entwarnung aus den Kellern, um zum Löschen nicht zu spät zu kommen. Wie gefährlich es war, nach der Entwarnung in den Kellern zu bleiben, wußten wir, weil oft der Schutt der Nachbarhäuser, die noch während der Angriffe zusammenstürzten, teilweise auf die Kellerdecken der Nachbarhäuser fiel. Diese stürzten ebenfalls ein und begruben die Bewohner des Hauses unter sich, wenn sie nicht schnell nach der Entwarnung den Keller verließen.

Im Sommer 1944 fuhr ich von Rostock, wo ich bei Verwandten in Urlaub war, mit dem Vorortzug morgens um neun Uhr nach Warnemünde zum Baden. Da ich mich verspätet hatte, erreichte ich grade noch den letzten Wagen. Unmittelbar vor der Einfahrt in Warnemünde gab es plötzlich Fliegeralarm. Und dann waren auch schon die Tiefflieger da: Sie bombardierten den Hafen und das Bahngelände. Wir ließen uns, während es krachte, aus den Waggons fallen und rollten den Bahndamm hinunter. Der vordere Teil des Zuges (Lokomotive, Tender, die ersten drei Wagen) war von Sprengbomben getroffen, entgleist und umgestürzt. Alles war voll Trümmer, Flammen, Qualm. Blutverschmierte Menschenkörper wurden herausgeschleudert – das alles innerhalb von Sekunden oder Minuten.

Diese Angriffe auf Züge waren tägliche Praxis bei Tag und Nacht. Als Transportkurier von Rüstungsgütern war ich von Januar bis April 1945 ständig in ganz Deutschland mit der Eisenbahn unterwegs, die zuletzt drei Tage von Berlin nach Frankfurt am Main brauchte. Die Züge wurden bei angekündigten Bombengeschwadern immer wieder auf Nebengleisen außerhalb der Bahnhöfe abgestellt oder fuhren nachts nicht wegen der Rauchentwicklung und des Feuerscheins der Lokomotive. Ich war am 1. März 1945 beim verheerenden Angriff auf Würzburg dabei. Ich sah das zerstörte Mannheimer Schloß und den Hauptbahnhof von Stuttgart, der nur noch ein Eisenbahnfriedhof von übereinandergestapelten Lokomotiven und Waggons war.

In der Nacht vom 1. auf den 2. Mai 1945 sah ich mit meinem Vater vom ausgebrannten Dach unseres Hauses auf das brennende Berlin: Götterdämmerung – fünf Minuten nach dem Weltuntergang.

Die Chausseestraße brannte

Ich bin Jahrgang 1934. Ende März 1944 wurden wir mit unserer Mutter nach Putlitz/Westprignitz evakuiert, im September 1945 kamen wir zurück, da die Wohnung und Vaters Tischlerei fast unversehrt geblieben waren. Wir zogen 1952 halb legal nach Berlin-West, um drohender Enteignung zu entgehen. Ich studierte an der TU Elektrotechnik, arbeitete bei der AEG als Entwicklungsingenieur für elektrische Triebfahrzeuge und machte ab Juli 1961 eine Ausbildung bei der Feuerwehr München für den höheren Dienst. Von 1963 bis zu meiner Pensionierung 1994 war ich bei der Berliner Feuerwehr als Führungskraft tätig. 1960 habe ich geheiratet, ich habe zwei Kinder und zwei Enkel.

Peter Beyer

Meine Eltern, mein größerer Bruder und ich wohnten zwischen

1931 und Ende 1952 in unmittelbarer Nähe des alten Stettiner Bahnhofs in einem kleineren Mietshaus. Vaters Tischlerei befand sich auf dem hinteren Teil des Grundstücks. Nach meiner Erinnerung wurde 1940 unter anderem damit begonnen, im Keller des Vorderhauses einen Luftschutzraum einzurichten. So wurden zusätzliche Balken zur Abstützung der Decken eingezogen und die obligatorische Kennzeichnung der Trennwand zum Nachbarkeller vorgenommen. Im Sommer 1941 gab es nach einem vorangegangenen kleinen Nachtangriff eine Völkerwanderung zur Liesenstraße im Bezirk Wedding. Dort waren einige Häuser getroffen worden. Man munkelte, daß eigentlich die Stahlbrücken der Eisenbahn getroffen werden sollten.

Mein Bruder, sein Schulfreund und ich im Alter von zehn, neun und acht Jahren, waren so ziemlich die einzigen »Männer« im Hause. Nach der Schule füllten wir die weißen Papiertüten mit der Aufschrift »RLM« (Reichsluftschutzministerium) mit Löschsand und verteilten diese auf allen Podesten, im Dachboden und vor allem in der Tischlerei. Mit sämtlichen erreichbaren Gefäßen zur Wasserbevorratung wurde ebenso verfahren. Im Frühherbst 1942 ist unsere Schule ausgebrannt, und die Schultätigkeit beschränkte sich nur noch auf das tägliche Melden auf dem Schulhof. Da meine Mutter der Ansicht war, daß wir etwas lernen sollten, wurden wir kurzerhand bei der Oma in Dahlwitz-Hoppegarten polizeilich angemeldet und dort zur Schule geschickt. So wurden wir Fahrschüler; mit der S-Bahn über Friedrichstraße nach Mahlsdorf und dann noch eine Station mit dem »ollen Dampfzug«.

Da die Luftangriffe langsam an Heftigkeit zunahmen, blieben wir des öfteren nach der Schule bei der Oma und übernachteten auch dort. Im Spätsommer 1943 waren wir wieder bei der Oma, und es gab nachts Fliegeralarm. Da wir uns inzwischen als alte Hasen ansahen, was die Luftangriffe betraf, begaben wir uns nach draußen. Suchscheinwerfer waren am Himmel, Flakfeuer (Flak: Flugabwehrkanone) war zu hören, ab und zu Leuchtkugeln, wenn eigene Flugzeuge im Visier waren. Trotz dieses Szenarios war nicht zu übersehen, daß sich der Himmel in Richtung Berlin immer mehr in helles Rot verfärbte, was auf eine größere Anzahl von Bränden hindeutete.

Ab und zu gab es bei den Rückfahrten von der Schule nach Berlin Verspätungen, wenn am Tag nach den Luftangriffen in Bahnnähe Einschläge von Blindgängern entdeckt wurden. Die

Reste einer abgeschossenen englischen Maschine lagen wochenlang am Bahndamm in der Nähe des Bahnhofes Biesdorf.

Es muß der 21. November 1943 gewesen sein. Wir sind nach der Schule nicht zur Oma gegangen, sondern nach Berlin zurückgefahren. Nachts gab es wieder Fliegeralarm, an den wir uns schon halbwegs gewöhnt hatten. Aus mir unerfindlichen Gründen war das Telefon, eine Nebenstelle der Tischlerei, nicht abgeschaltet worden. Ein guter Freund, der beim Rettungsamt Berlin beschäftigt war, hatte offenbar mit meinem Vater (Soldat seit dem 1. April 1941) vereinbart, daß er durchklingeln würde, sollte es brenzlig werden. Dies geschah in dieser Nacht. Wir zogen uns an und begaben uns auf die andere Straßenseite zum Eingang einer Tiefbunkeranlage, die zwischenzeitlich fertiggestellt und der Öffentlichkeit zugänglich war. Dieser Bunker wurde aus damaliger Sicht als bombensicher bezeichnet. Jede Menge Durchsagen: »Wer hat die Schlüssel von Straße XX, Haus-Nr. YY des 4. OGs?«, vorwiegend von Frauen und Jungen der HJ mit Luftschutzausrüstung, bestehend aus Helm und Gasmaske. Diese Helfer versuchten verzweifelt, die durch den Abwurf von Brandbomben hervorgerufenen Dachstuhl- und Wohnungsbrände zu löschen.

Als wir nach etwa zwei Stunden den Bunker wieder verlassen konnten, sahen wir die Bescherung. Unsere Chausseestraße brannte – das einzige Haus, das schwarz blieb, war die Nummer 103 – unseres nämlich. Was wir zu dieser Zeit nicht wußten, war, daß die Frauen aus unserem Haus mit den von uns »Männern« bereitgestellten Löschmitteln alle Kleinbrände löschen konnten. Von einer Sprengbombe blieben wir verschont. Alle Frauen beteiligten sich an den Lösch- und Bergungsarbeiten. Mein Bruder und ich waren allein in der Wohnung und hatten ganz schön Schiß, ob nicht das Feuer auch zu unserem Haus überspringen würde. Dies passierte aber nicht! Vorsorglich wurden einige Möbelstücke, die mit ihrer Rückseite an den Außenwänden anlagen, etwas abgerückt, um mögliche Brandübertragungen zu vermeiden. In den Morgenstunden waren einige Besorgungen zu machen. Ein heftiger Wind, vermischt mit Rauch, Asche und Papierfetzen, pfiff durch die Straßen, man konnte sich nur mühsam in der Straßenmitte vorwärts bewegen. Der Brandgeruch ist seit dieser Zeit bei mir gespeichert. Irgendwie kam das Gerücht auf, daß es in einem bestimmten Geschäft Schutzbrillen geben würde – was sich allerdings recht schnell als eine der vielen noch aufkommenden Sch...parolen erweisen sollte. Von der eigentlich zuständigen Berliner Feuerwehr war nichts zu sehen, denn Wohnhäuser waren überhaupt nicht in der Prioritätenliste aufgeführt, abgesehen davon, daß es strafbar war, wenn wegen eines Feuers in einem Wohnhaus ein Feuermelder betätigt worden wäre.

Inzwischen hatte sich die Straße mit aus dem Umland herbeigerufenen Feuerwehrfahrzeugen gefüllt. Auch diese Einheiten durften selbstverständlich nicht eingreifen; es mußte auf Befehl von oben gewartet werden. So sind dann viele Wohngebäude unter Aufsicht der Feuerwehr bis auf die Grundmauern abgebrannt.

Wenn ich mich recht erinnere, kam die RAF (Royal Air Force) in den beiden darauffolgenden Nächten in ähnlicher Stärke, zirka 600 bis 800 Flugzeuge, wieder vorbei. Es waren wohl die ersten drei Großangriffe auf die damalige Reichshauptstadt, zumindest gab es in diesem Zeitabschnitt eine Massierung von Angriffen.

Ich bin dann am Nachmittag des 24. November 1943 reumütig zur Oma gefahren, um dort nicht nur die guten Schmalzstullen mit Mettwurst oder mit selbstgemachten Käse zu essen, sondern auch wieder frische Luft zu tanken. Anfang 1944 bekam die Fahrschülerei eine neue Dimension, denn es gab jetzt auch tagsüber Fliegeralarm, hervorgerufen durch viermotorige Flugzeuge der US Air Force, was automatisch längere Heimfahrten zur Folge hatte. Bei Fliegeralarm blieb die S-Bahn am nächsten Bahnhof stehen, und die Fahrgäste begaben sich schleunigst zum nächsten LSR (Luftschutzraum). Diese bestanden zum großen Teil aus sogenannten Splitterschutzgräben aus Betondielen und einer etwa einen Meter dicken Erdschicht. Diese LSR hatten allerdings einen ganz entscheidenden Nachteil: sie befanden sich in unmittelbarer Nähe der Bahndämme.

Ich bin eines Tages wieder nach der Schule erst zur Oma gegangen, und es gab wieder Fliegeralarm. Im Nachbargarten wurde damals für etwa 25 Personen ein sogenannter Bunker gebaut aus Holzstämmen für die Aussteifung und Decke, wiederum mit einem Meter Erddeckung. Wir hatten im Bunker gerade Platz genommen, als der Feuerzauber auch schon einsetzte. Wie lang es gedauert hat, weiß ich nicht mehr, aber es kam uns auf jeden Fall sehr lange vor. Da ich anschließend nach Berlin fahren mußte, konnte ich die Bescherung sehen. Die Fernbahnlinie nach Frankfurt/Oder war auf mehreren Kilometern mit großer Wucht bombardiert worden, wobei je ein Streifen von eineinhalb Kilometern Breite gleich mit rasiert wurde. Oma wohnte genau an der gedachten Grenzlinie.

Die Tagesangriffe wurden immer intensiver, so daß wir Ende März 1944 aus Berlin nach Putlitz/Westprignitz umzogen (»evakuierten«), wo wir dann bis zum Kriegsende bei Fliegeralarm nicht mehr nachts aufgestanden sind, denn jetzt waren wir ja »alte Hasen«. Bei der Abfahrt aus Berlin war das Hallendach des Lehrter Fernbahnhofs, die Dachschalung, schon weggebrannt.

Im Spätsommer 1944 hatten wir den Auftrag, aus einem kleinen Wäldchen Brennholz zu holen. Wir nahmen zwei alte Fahrräder, gingen durchs Städtchen und mußten ein inzwischen abgemähtes Kornfeld überqueren. Wir waren gerade mitten auf dem Feld, als ein englisches Jagdflugzeug im Tiefflug, etwa 50 bis 100 Meter hoch, über uns wegflog. Wir konnten den Piloten sehen und der uns natürlich auch. Er beachtete uns aber weiter nicht – nachträglich noch herzlichen Dank!

Warum kommen die Männer nicht in den Bunker?

Ich gehöre zum Jahrgang 1933 und war zum Zeitpunkt des von mir geschilderten Geschehens Schülerin, die wegen Schließung der Berliner Schulen jedoch nicht zur Schule gehen konnte. Der Flakbunker (es waren derer zwei; einer war mit Horchgeräten, der andere mit Flugabwehrgeschützen ausgestattet) stand in Friedrichshain. Die Kreisleitung der NSDAP befand sich an der Ecke Am Friedrichshain/Bötzowstraße. Nach Kriegsende war dort die »Tägliche Rundschau« untergebracht, das Sprachrohr der sowjetischen Besatzungsmacht. Mein Vater ist aus dem Krieg nicht heimgekehrt; er blieb vermißt in Rußland.

Rosemarie Biesel

Unsere Familie wohnte in der Oderberger Strasse 3 im Bezirk Prenzlauer Berg. Da in Berlin von 1943 an bis 1945 kein Unterricht stattfand, waren alle Schulkinder evakuiert. Im Dezember nahmen die Luftangriffe auf Berlin so dramatisch zu, daß meine Mutter mich zu meiner Freude bat, nach Berlin zurückzukommen, um bei ihr zu sein. Ich war damals elf Jahre alt und voller Heimweh und hatte viele Briefe an meine Mutter gesendet, in denen ich sie bat, nach Berlin zurück zu dürfen. Endlich erhielt ich diese Erlaubnis und fuhr sofort los. Unser Wohnhaus stand zwar noch, doch die Straßen sahen traurig aus. Viele Häuser waren kaputt. Meine Mutter war Köchin im Kinderhort Friedenstraße am Friedrichshain.

Wir Kinder mußten bei Voralarm bereits den großen Flakbunker aufsuchen. Wenn wir dort nach etwa fünf Minuten Fußweg ankamen, standen oft vor der Tür junge Männer in kleinen Gruppen. Während wir und die meisten Menschen in den Bunker drängten, mußten diese jungen Männer draußen bleiben, um für spätere Aufräumungsarbeiten zur Verfügung zu stehen. Als neugieriges Kind fragte ich laut: »Warum kommen die Männer nicht auch in den Bunker?« Von Polizisten wurde ich sofort aus der Kindergruppe herausgerissen und furchtbar ausgeschimpft. Als Kind hätte ich mich nicht darum zu kümmern. Meinen Beteuerungen, daß mir diese jungen Männer leid täten, hielt man entgegen, daß es »Untermenschen« wären. Ich habe es später meinen Hortkameraden erzählt, die es auf Umwegen den Kindergärtnerinnen mitteilten. Ich wurde daraufhin – elfjährig – mit meiner Mutter zur NSDAP-Kreisleitung zitiert, wo man mich noch einmal tüchtig ausschimpfte und meiner Mutter sagte, daß ihre Stelle ernsthaft gefährdet wäre, wenn sie mich nicht richtig erziehen könnte. Zum Glück hatte meine Mutter keinen weiteren Ärger. Doch nach Beendigung des Krieges erzählte sie öfter davon.

Brandwache in Prenzlauer Berg

Ich bin Jahrgang 1930 und habe nach meiner Rückkehr aus dem Kinderlandsverschickungs-Lager in Zdunska Wola (Polen) am 1. März 1945 eine Ausbildung beim Bezirksamt Prenzlauer Berg begonnen. Zu diesem Zeitpunkt war ich 14 Jahre alt. Der verheerende Bombenangriff, bei dem Teile des Bezirksamtes getroffen und zerstört wurden, fand am 18. März 1945 statt, und zwar in den Mittagsstunden. Das Gelände des Bezirksamtes befand und befindet sich an der Prenzlauer Allee/Nordmarkstraße, nahe dem Krankenhaus Prenzlauer Berg. Mein Vater kam im Herbst 1945 aus russischer Gefangenschaft krank heim; mein Bruder (Jahrgang 1929) fiel 14 Tage vor Kriegsende in Müllrose und ist auf dem dortigen Friedhof in einem Kameradengrab beigesetzt worden.

Horst Biesel

Mit meiner Schilderung des Bombenkriegs verbinde ich kein Haßgefühle gegenüber denjenigen, die ihre Bombenlast über unseren Städte und Dörfer abladen mußten. Hitler hatte den Krieg begonnen, und seine Bomber klinkten ihre Last über London, Coventry, Bristol aus, und zwar vor den Alliierten.

Ich kam im Januar 1945 nach dem Zusammenbruch der deutschen Ostfront aus dem KLV-Lager (Kinderlandverschickung) in Zdunska Wola (früher Wartheland) auf eigene Faust und unter Mithilfe deutsche Soldaten zu meinen Eltern nach Berlin zurück.

Am 1. März 1945 begann ich als Dienstanwärter eine Ausbildung beim Bezirksamt Prenzlauer Berg und war aus diesem Dienstverhältnis heraus verpflichtet, mich an Brandwachen in der Dienststelle zu beteiligen. So auch am Sonntag, den 18. März 1945. Man hatte mich beauftragt, mit dem Fahrrad eine wichtige Mitteilung zum Einsatzstab im Roten Rathaus zu bringen. Schon auf dem Hinweg gab es Voralarm mit dem Hinweis, daß sich feindliche Bomberverbände im Anflug auf die Reichshauptstadt befänden. Nach Erledigung des Auftrags fuhr ich über die Königstraße zum Alex und von dort weiter über die Neue Königstraße und Greifswalder Straße. Es war der direkte Weg, um nach dem Einbiegen in die Danziger Straße das Gelände des Bezirksamtes Prenzlauer Berg zwischen Nordmarkstraße und Prenzlauer Allee zu erreichen. Die erwähnten Bomberverbände zogen sichtbar in geschlossener Staffel am Himmel ihre Bahn, und ich versuchte, Einlaß in das Bezirksamtsgelände zu erlangen. Leider war das Tor im Zaun verschlossen, so daß ich auf einen Hauseingang ausweichen mußte. Das Fahrrad abstellen und mich in den Keller zu begeben, war eine Sache von Sekunden, da luden die Flugzeuge gerade ihre Last an Spreng- und Brandbomben über dem Stadtviertel ab. Heftige Explosionen in unmittelbarer Nähe bewiesen uns, daß das Gelände des Bezirksamtes und des danebenliegenden Krankenhauses getroffen wurden. An diesem Vormittag wurde der Trakt beschädigt, in dem sich der Bezirkverordnetensaal befand. Durch einen Krater, den eine Bombe vor dem Haus aufgerissen hatte, gelangten wir ins Freie. Nun suchten wir Schutz in den Splittergräben auf dem Nordmarktplatz. Diese Schutzgräben standen ausländischen Arbeitern (Zwangsarbeitern nach heutigem Sprachgebrauch) nicht offen. Diese Menschen mußten zusehen, wie sie ihre Haut retteten. Am späten Abend dieses 18. März mußte ich mit der Bitte, Trinkwasserwagen in den

Prenzlauer Berg zu bringen, zum Bezirksamt Weißensee in die Parkstraße fahren. Auf dem Weg dorthin landete ich mit dem Fahrrad in einem kleineren Bombentrichter, den ich nicht erkannt hatte.

Am 11. Februar 1945 versuchte ich nach dem furchtbaren Tagesangriff, der die Berliner Innenstadt stark getroffen hatte, zu einer Verwandten in die Besselstraße durchzukommen, um zu erfahren, ob sie den Angriff unbeschadet überstanden hatte. In der Friedrichstraße brannten Häuser, und viele Menschen versuchten, ihre Habe zu retten. Kurze Sekunden, nachdem ich ein Haus passiert hatte, stürzte dessen brennende Fassade auf die Friedrichstraße. Ich rannte um mein Leben, um weiteren Einstürzen zu entgehen. Ob ich bis zur Besselstraße kam oder meinen Rückweg in die elterliche Wohnung in der Raabestraße unverrichteter Dinge antrat, weiß ich nicht mehr.

Unsere Wohnstraße, nur 17 Häuser, wurde im April 1945 von einer Luftmine getroffen. Die Zerstörung war dementsprechend. Noch heute trägt die Raabestraße deutliche Spuren. Wir wohnten im Hinterhaus; der Luftschutzkeller war im Vorderhaus. Der Luftschutzwart stand noch unter dem furchtbaren Eindruck der Luftmine, als er uns mitteilte, daß unser Hinterhaus getroffen sei. Das bestätigte sich aber nicht; offenbar war der Luftschutzwart von dem Staub und Qualm im Hofraum irritiert gewesen. Nach der Entwarnung versuchten wir Hausbewohner, ein Übergreifen der Flammen auf den Dachstuhl unseres Hauses zu verhindern. Das langanhaltende Heulen der herabstürzenden Luftmine ist noch heute in meinen Ohren, auch erinnere ich mich, daß sich der Kellerfußboden beim Aufschlag der Mine gehoben hat.

Wir liefen durch das brennende Spandau

Ich bin Jahrgang 1932. Zum Zeitpunkt des geschilderten Bombenangriffs war ich 13 Jahre alt – Schülerin. Gerhard Bock, mein Mann, ist Jahrgang 1931, zum Zeitpunkt des Angriffs also war er 14 Jahre alt – auch Schüler. Wir wohnten in Spandau, alle genannten Straßen sind in Spandau. Mein Mann war später Geschäftsführer der Volta-Werke in Waidmannslust, Berlin. Heute leben wir in Kladow, glücklich und zufrieden.

Waltraud Bock

Es war so gegen Mittag, als sich Gerhard Bock und meine Mutter Gertrud Herms – mit mir an der Hand – an der Haltestelle der Straßenbahnlinie 75 in der Streitstraße trafen. Alle wollten wir mit der Bahn Richtung Rathaus Spandau – Gerhard sollte Saat kaufen, meine Mutter wollte mich in der damaligen Ina-Seidel-Schule anmelden. Kaum waren wir am Rathaus angekommen, als die Sirenen anfingen zu heulen! Wohin nun? Gerhard entschied für sich: »Ich gehe ins Rathaus, da ist unser Nachbar Herr Gönne Pförtner, bei dem bleibe ich.« Meine Mutter fand es besser, daß Gerhard zusammen mit uns Richtung Schule lief, in der sich ein öffentlicher Luftschutzkeller befand. So geschah es. Gerade hatten wir rennend den Keller erreicht, als die Aula der heutigen Lily-Braun-Oberschule zerbombt wurde. Eng zusammensitzend, untergehakt und verängstigt, wurden wir mit den Bänken, auf denen wir saßen, in die Höhe gehoben. Der Keller bebte. Am Ende kamen wir mit dem Schrecken davon, stiegen aus dem Keller und sahen die Verwüstung durch die Bombe. Jetzt wollten wir nur noch so schnell wie möglich nach Hause zum Wansdorfer Steig! Wir liefen los. Die Moritzstraße entlang – Polizeigebäude und Pferdestall brannten. Ein Mann hielt etwa sechs verletzte Pferde fest, versuchte sie zu beruhigen. Weiter hasteten wir Richtung Schönwalder Straße, alles um uns herum brannte, mal waren wir auf der rechten, mal auf der linken Straßenseite, immer dort entlang, wo die Häuser noch standen. Irgendwo begegneten wir unserem Ohrenarzt Dr. Karrenstein, fassungslos nach Worten ringend, sagte er: »Frau Herms – alles weg – alles weg – meine Praxis.« Auch Lynarstraße und Schönwalder Straße, wo sich das Restaurant »Zum Sängerheim« meiner Großeltern einmal befand, alles weg – alles brannte. Weiter Richtung Hohenzollernring wurde es ruhiger. Der Kuhstall Schönwalder Straße war getroffen. Dort standen die verwirrten, blutenden und brüllenden Kühe auf dem Hof. Daheim – Wegscheider Straße/Wansdorfer Steig angekommen – welch ein Glück – unsere Häuser waren heil geblieben – und wir auch! Wäre Gerhard jedoch ins Rathaus gegangen, zu Herrn Gönne, hätte das seinen Tod bedeuten können. Das Rathaus wurde an diesem Tag im Eingangsbereich getroffen und Herr Gönne getötet.

Heute sind wir, Gerhard und Waltraud Bock, seit 25 Jahren verheiratet.

»Der Kuhstall brennt!«

Ich bin Jahrgang 1941. Ich habe drei ältere Geschwister. Der geschilderte Bombenangriff war in der Swinemünder Straße, noch vor meiner Geburt. Danach schickte mein Vater die ganze Familie zu seinen Eltern nach Troppau in die Tschechoslowakei. Er sagte, dort ist noch keine Bombe gefallen, dort seid ihr sicher. Ich lebte in der DDR und flüchtete 1961 nach West-Berlin, habe geheiratet und zwei Kinder großgezogen. Heute bin ich Rentnerin und engagiere mich für den Tierschutz.

Elke Bose

Es war 1940, mein Vater hatte Fronturlaub. Meine Familie wohnte in der Swinemünder Straße. Am zweiten Tag seines Urlaubs gab es Fliegeralarm. Alles musste in den Keller. Es war ein ganz schlimmer Angriff. Zwei Häuser weiter befand sich ein Kuhstall. Da kam der Luftschutzwart in den Keller und brüllte: »Der Kuhstall brennt!« Alle alten Männer und mein Vater liefen raus und machten die brüllenden Kühe frei. Die Kühe brannten und rannten brüllend die Straße hoch und runter. Die Männer konnten die Tiere nicht löschen, es war Phosphor auf ihrem Fell. Die zehn Kühe mussten unter Qualen verbrennen. Obwohl die Hausbewohner und meine Eltern selbst in Lebensgefahr waren, haben sie alle geweint.

Bis wir uns wiedersehen

Helene Braun wurde 1889 als Tochter eines pommerschen Bauern und altgedienten Unteroffiziers des kaiserlichen Regiments der Garde du Corps geboren und war zur Zeit des Geschehens 53 Jahre alt. Sie lebte in der Kreuzbergstraße 28 gegenüber vom Viktoriapark. Lyzeumsbesuch, Sprachaufenthalt in London. Sekretärin bei der BVG und 1932 bis 1944 Chefsekretärin bei den Borsig-Lokomotivwerken in Hennigsdorf. Nach der Ausbombung des Werks Übersetzerin einer Wehrmachtsstelle am Ku'damm. Im Herbst 1945 Eröffnung eines Schreibbüros in der Kreuzbergstraße in der halbzerstörten Wohnung. 1946 als Übersetzerin und Dolmetscherin beim amerikanischen Stadtkommandaten General Clay, 1949 bis 1954 im Auswärtigen Amt in Bonn. Anschließend zurück nach Berlin, wo sie hochbetagt 1977 starb. Bis zum Mauerbau pflegte sie engen Kontakt zu ihrem Bruder Albert und ihrem Neffen Frank.

Brief von Helene Braun an die Familie des Neffen Frank Braun (damals acht Jahre alt) in Falkensee.

Berlin, den 2. März 1943

Lieber Alli!
Liebe Edith!
Lieber Frank!

Diese Nacht vom 1. zum 2. März war für unsere Gegend die schlimmste, die wir durch Fliegerangriffe erlebten. Rundherum, im Norden, Süden, Osten, Westen: der Himmel glutrot und die schwarzen Stämme und Zweige der Bäume bis in die kleinsten Äste gegen den Feuerschein sichtbar. Die Gefahr war in furchtbarer Nähe. Das Grundstück Nr. 21 in unserer Straße, mit zwei Höfen und entsprechenden Seiten- und Quergebäuden, ist schwer getroffen und konnte erst gegen fünf Uhr gelöscht werden. In der Großbeerenstraße bildeten mehrere Häuser ein Flammenmeer. Das große Eckhaus Hagelberger-/Ecke Möckernstraße ist fast zerstört. Das Zollamt mit Güterbahnhof in der Yorckstraße – von der Möckernstraße bis zur Unterführung Katzbachstraße – brennt noch immer! Bahnhof Yorckstraße ist geschlossen.

In unserer Wohnung ist aber, Gott sei es demütig und herzlich gedankt, alles heil geblieben. Die Treppenstufen in unserer Wohnung, auf denen ich, mit Decken über Kopf und Schultern, vermummt saß, haben wie bei einem leichten Erdbeben geschwankt. Ein Gefühl, das einem unmittelbar auf den Magen schlägt. Ich hatte mir gerade Brotsuppe mit etwas Marmelade gekocht, die eben fertig war, als das Alarmsignal ertönte. Ich drehte nur den Gashahn ab und ließ den Topf mit der Suppe auf dem Herd stehen. Als mir flau wurde, erinnerte ich mich der guten Suppe und aß mit dem großartigsten Appetit zwei Teller voll. Danach wurde mir besser. Als ich dann aber ringsherum den hellen Feuerschein sah, durch das Küchenfenster nach Norden und vorn nach Süden, Osten und Westen, und den Brandgeruch bemerkte, der durch das Fenster drang, war die stärkende Wirkung der guten Suppe wieder dahin.

Ich kehrte, da die schwere Flak erneut in Tätigkeit trat, auf mein Schutzplätzchen auf den Treppenstufen zurück und fing an, so an alles zu denken. An Euch, an Vater und Mutter und an Tante Elisabeth, die einstmals unsere Familie bildeten und mich nun ganz allein zurückgelassen haben, weil ihr Leben zu Ende ist. Wie lange werde ich noch so sitzen, dachte ich, und werde ich heute Nacht durchkommen?

Da bemerkte ich plötzlich an der hellen Wand des Entrees einen großen schwarzen Kreis, der sich bewegte. »Spinnlein am Abend, glückbringend und labend«, fiel mir ein. Ich ließ sie wandern, wohin sie wollte. Sie war größer und dicker, als ich je im Zimmer eine ihrer Artgenossinnen gesehen habe, und wird wohl die Vertilgerin aller kleinen winterschlafenden Fliegen und Mücken sein und ein nützliches Haustier für mich bedeuten. Ihre Netze, wenn ich sie entdecke, werde ich zerstören, ihr selbst aber nie etwas tun. Vielleicht wandert sie auch morgen schon weiter und erschien nur im rechten Augenblick, um mir Glück zu bringen, d.h. mich schwermütigen Gedanken zu entreißen.

Hoffentlich seid Ihr selbst auch wohlauf, und es ist in Eurem Hause und in der Nähe nicht zu viel Unheil angerichtet. Die Bewohner der Häuser packen ja überall so gut es geht zu und haben durch ihre persönliche Entschlußkraft und ihr tapferes Vorgehen schon manchen Brandherd im Werden erstickt. Natürlich kommt es drauf an, was da Böses herunterfällt, welcher Art und wieviel.

Ich habe heute unendlich viel zu schreiben, aber ich kann mich schwer auf die Arbeit konzentrieren. Ich sehe immer noch den ringsum lodernden Feuerschein – rechts, links, geradeaus und von der Küche aus nach Norden ebenfalls. Dazu ein erstickender Qualm auf der Straße, wie Nebel, und das wütende Bellen und tiefe Brummen der kleinen und großen Flak.

Lebt nun wohl, meine Lieben, und behüte euch Gott, bis wir uns wiedersehen.

Mit den herzlichsten Grüßen,
Eure Heli

Der 29. Januar 1945

Ich bin im August 1938 geboren, war damals zwischen zwei und sechs Jahren alt. Meine Eltern und Großmutter wohnten während des Krieges im Wedding in der Sparrstraße 13 neben der Papierfabrik Ashelm. Wir alle hatten das große Glück, den Krieg zu überleben, wenn auch mit großen materiellen Verlusten. Meine Großmutter verstarb ein paar Tage nach dem 13. August 1961 in Ost-Berlin. Da meine Eltern und ich in West-Berlin wohnten, konnten wir in ihrer letzten Stunde nicht bei ihr sein. Gerade für mich war das jahrelang eine große seelische Belastung, war sie doch in Kindertagen für mich immer da. Meinen Eltern war nach den schweren Kriegsjahren noch eine schöne Zeit beschieden. Mein Vater starb 1980 mit 80 Jahren und meine Mutter 1990 mit 86 Jahren. Ich erlernte den Beruf der Steuerfachhelferin, heiratete 1962 und bekam zwei Kinder. 1974 trennte ich mich von meinem Mann und wurde im Januar 1997 geschieden. In meinem Beruf habe ich 33 Jahre gearbeitet und bin im September 1998 in den Ruhestand gegangen. Ich wohne seit 1965 in Reinickendorf.

Rita Burgschweiger

Berlin 1925, die Eltern haben geheiratet. Mein Vater wird für die nächsten fünf Jahre arbeitslos, meine Mutter hat eine relativ gut bezahlte Arbeitsstelle im kaufmännischen Bereich der Schokoladefabrik Trumpf in Weißensee. Aus diesem Grund beschließt sie, erst mal kinderlos zu bleiben. So vergehen die Jahre, die wirklich keine guten sind.

Doch dann wird meine Mutter überraschend schwanger, und ich erblicke im August 1938 das Licht der Welt, von allen freudig begrüßt. Um ihre Arbeitstelle nicht zu verlieren, bleibt Mutter nur ein Jahr zu Hause, und meine Großmutter, die Mutter meiner Mutter, zieht bei uns ein, um mich zu versorgen. Mein Vater hat seit 1930 gearbeitet, jedoch durch Firmenschließungen mal hier und mal dort. Ein Jahr nach meiner Geburt geschieht dann das, was alle schon lange befürchtet hatten, es gibt Krieg.

Wir wohnen zu dieser Zeit in der Sparrstraße im Bezirk Wedding. Zwei Häuser weiter die Papierfabrik Ashelm, die jetzt immer wieder Ziel von Bombenangriffen wird. Obwohl ringsumher alle Gebäude mehr oder weniger in Schutt und Asche fielen, steht dieses Haus noch heute.

Meine Erinnerungen beginnen mit dem zweiten oder dritten Lebensjahr. Immer öfter werde ich nachts aus dem Bett geholt und in den Keller gebracht. Ich wehre mich und schreie fürchterlich, und meinen Eltern gelingt es oft nur mit sehr viel Mühe, uns in Sicherheit zu bringen.

Dann werden meine Erinnerungen konkreter. Es muß 1942 gewesen sein. Wieder einmal Fliegeralarm, schnell werden alle wichtigen Dinge wie Papiere, ein paar Wertsachen genommen, die immer griffbereit sind, und ab geht es in den Keller. In der Nähe muß es eingeschlagen haben. Alles wackelt und bebt, und von der Decke fallen Sand und kleine Steine. Der Luftschutzwart kommt, um uns mitzuteilen, dass wir den Keller sofort verlassen müssen. Ein großer Tumult entsteht, jeder stürzt auf den Ausgang zu, nur Pumpel, der Dackel unseres Nachbarn, an einen Pfahl gebunden und furchtbar winselnd, wird vergessen. Als ich das bemerke, will ich sofort zurück, um ihn zu holen, aber man hält mich fest und reißt mich mit. Ich habe nie erfahren, was aus ihm wurde. Doch es bleibt keine Zeit, darüber nachzudenken, wir müssen durch viele Keller und sollen dann einen Hof überqueren, um auf die Straße zu gelangen. Der Dachstuhl und die oberen Etagen brennen lichterloh, brennende Balken fliegen auf den Hof, man hat uns nasse Laken übergeworfen, und wir sollen versuchen, die andere Hofseite zu erreichen. Ich schreie furchtbar und bin nicht bereit, auch nur einen Schritt zu gehen. So schleifen mich meine Eltern, die ja auch noch Gepäck bei sich haben und mich somit nicht richtig festhalten können, über den Hof. Den Rest der Nacht verbringen wir dann alle auf der Straße.

Am nächsten Morgen dann etwas Erleichterung. Unser Haus steht zwar noch, aber es ist arg mitgenommen und nicht mehr bewohnbar. Es gibt keine Fensterscheiben mehr, die sind nicht etwa geplatzt, sondern in der Hitze zerlaufen. Die Wände sind eingedrückt, alles aus den Schränken liegt auf dem Fußboden, und es ist jederzeit mit Einsturz zu rechnen. Jeder versucht, zu retten und aus der Wohnung zu bringen, was möglich ist. Viele Dinge werden im Keller abgestellt, in dem wir uns bei Alarm nicht mehr aufhalten dürfen.

Uns wird jetzt eine Wohnung im Hinterhaus versprochen, aber erst einmal ziehen wir zur Großmutter in die Warschauer Straße. Bisher ist ihre Wohnung verschont geblieben, aber die Angriffe nehmen zu, und so brennt es auch hier immer mal wieder. Ein Zimmer, Küche, Bad für dreieinhalb Personen, es ist alles nicht so einfach, aber die Not schweißt zusammen. Nach den Angriffen ziehen wir Kinder oft durch die Straßen. Aus dem Fenster eines ausgebrannten Hauses hängt ein verkohlter Körper. Oft werden auch verbrannte Menschen auf den Straßen aufgebahrt. Sie sehen aus wie kleine verkohlte Pakete.

Wir sind wieder zurück und beziehen die Wohnung im Hinterhaus. Meine Großmutter ist jetzt überwiegend bei uns, die

Angriffe mehren sich. Die Firma Ashlem steht jetzt fast immer unter Beschuß. Der Kuhstall im Nebenhaus wird getroffen. Wir Kinder werden angehalten, in der Wohnung zu bleiben. Meine Mutter kündigt zum 30. Juni 1944 ihr Arbeitsverhältnis. Fliegerangriffe gibt es jetzt täglich, und ich erinnere mich an brennende Christbäume und Tiefflieger. Die Menschen sind wie paralysiert. Viele irren herum und suchen Familienangehörige, Freunde oder Bekannte.

Uns trifft es am 29. Januar 1945. An diesem Tag ist es relativ ruhig gewesen. Am Abend wieder Fliegeralarm. Wir müssen lange im Keller bleiben und kommen bei Anbruch des neuen Tages wieder in unsere Wohnung. Mein Vater beschließt, zwar wie gewohnt aufzustehen, will aber erst später zur Arbeit fahren. Später erzählte er, es war wie eine Eingebung, das Haus erst etwas später zu verlassen. Diese Eingebung rettete meiner Mutter das Leben.

Es ist sieben Uhr zwanzig. Mein Vater sitzt am Frühstückstisch und wird durch eine starke Detonation durch die Küchentür auf den Korridor geschleudert. Meine Mutter und ich befinden uns noch schlafend im Schlafzimmer. Mein Bett steht den Betten meiner Eltern gegenüber. Ein lauter Knall läßt mich erwachen, und als ich mich aufsetze, steht nur noch mein Bett im Raum. Die andere Hälfte des Zimmers mit dem Bett meiner Eltern wurde durch eine Zeitzünderbombe abgerissen. Als mein Vater wieder zu sich kam, riss er die Zimmertür auf und mich aus dem Bett. Ich wurde Nachbarn, die sich bereits eingefunden hatten, übergeben. Die anderen halfen meinem Vater, mit bloßen Händen meine Mutter auszugraben. Es war ein Zeitzünder, der am Morgen des 30. Januar 1945 meiner Mutter fast das Leben gekostet hätte. Was dann geschah, weiß ich nicht mehr. Aber es waren viele Frauen und Männer, die meinem Vater halfen, meiner Mutter das Leben zu retten. Ich selbst habe diese Menschen nie kennengelernt, aber ich bin ihnen heute, über 50 Jahre danach, noch immer dankbar dafür.

Im Luftschutzkeller

Ich bin Jahrgang 1934, die Kriegs- bzw. Bombentage und -nächte habe ich von 1943 bis 1945 im Alter von neun bis elf Jahren in Siemensstadt verbracht. Im Alter von 20 Jahren machte ich eine Lehre als Zimmermann. Ich wohnte mit meinen Eltern und zwei Geschwistern im Schuckertdamm 326. Mein Vater arbeitete bei Siemens, auch als Werkschutzmann, daher wurde er auch nicht als Soldat eingezogen.

1962 heiratete ich, und wir bekamen zwei Mädchen. Ich arbeitete später von 1965 bis 2001 als Bauingenieur. Seit Januar 2001 bin ich Rentner.

Benedikt Dardin

Am 31. Januar 1943 sind wir Jungs mit unserem Vater in die Klopstockstraße 12 in Tiergarten gefahren. Dort besichtigten wir eine der ersten Bombenruinen. Es war aus damaliger Sicht ein tolles Ereignis. Heute würde ich sagen, ein überflüssiger Ausflug.

Wir hatten einen typisch ausgebauten Luftschutzkeller. Ich erinnere mich genau an die stachligen Matratzen, die mit Stroh gefüllt waren. Dort haben wir die meisten Bombenangriffe verbracht, teils waren wir in naheliegenden Bunkern. Auf dem Hinweg konnten wir nachts die Christbäume sehen und tagsüber bei gutem Wetter die Flugzeuge. Mein zwei Jahre jüngerer Bruder hat von keiner Bombardierung etwas mitbekommen. Er wurde schlafend aus dem Bett gehoben und im Luftschutzkeller wieder hingelegt. Wenn wir Soldaten auf Fronturlaub zu Besuch hatten, bin ich mit denen vor die Haustür gegangen, soweit das nicht zu gefährlich war. Die Soldaten hielten es im Keller nicht lange aus, es war ihnen zu unheimlich. Ich muß sagen, mir hat es auch vor der Haustür besser gefallen. Erstens gab es mehr zu sehen, und zweitens kam ich mir im Keller wie gefangen vor.

Als Luftschutzwart hatte mein Vater viele Abbildungen von amerikanischen und britischen Flugzeugen, die mich sehr interessiert haben. Das ist bis heute so geblieben. Leider hat er die Bilder vernichtet, bevor die Russen kamen.

Wenn ich die Fotos von der Bombardierung der Innenstadt sehe, muß ich sagen, wir sind hier in der Siemensstadt gut davongekommen, trotz der Siemenswerke. Die einzige Bombe, angeblich eine Zehn-Zentner-Luftmine, die bei uns in der Nähe niedergegangen war, und zwar laut dem Notizbuch meines Vaters

54

während des Angriffs am 24. November 1943 zwischen 19.30 und 21.45 Uhr, traf auf ein Müllhaus, das zwischen gegenüberliegenden Häuserblöcken stand. Beide Häuserblöcke waren zerstört, sind aber nicht zusammengefallen. Die Wohnungen waren unbewohnbar.

Ich möchte noch erwähnen, daß uns eigentlich keiner so richtig gesagt hat, was da eigentlich geschehen ist, warum man Bomben auf uns geworfen hat. Auch nicht, warum plötzlich einige Leute aus unserem Haus verschwunden sind. Sicher waren wir noch zu klein dafür. Aber nicht zu klein, um diese Strapazen zu ertragen!

Verschüttet

Ich wurde am 30. Mai 1939 geboren. Zum Zeitpunkt meiner Verschüttung am 21. April 1944 in der Oranienstraße 6, Berlin-Kreuzberg, SO 36, war ich knapp fünf Jahre alt. Ich wohnte mit meiner Mutter bis 1954 in der Naunynstraße 13. Mein Vater wurde 1939 zur Deutschen Wehrmacht eingezogen und kam im Juli 1948 aus russischer Kriegsgefangenschaft zurück. Ich lernte Feinmechaniker und wurde ab 1970 Fernmeldetechniker und Beamter. 1998 wurde ich von der Telekom im Range eines Betriebsinspektors pensioniert und genieße mit meiner Frau und meiner Tochter die freie und ungebundene Zeit in Haus und Garten.

Leopold Deutsch

Am 21. April 1944 mußte ich als Fünfjähriger mit meiner Mutter auf Grund eines Fliegeralarms wieder einmal unseren Luftschutzkeller aufsuchen. Er war zirka vierzig Quadratmeter groß. In der Mitte standen stabile Bänke und Tische. Bänke standen auch an den Wänden. Geradezu vom Eingang aus gesehen, war auf die Wand mit weißer Farbe ein zirka ein bis eineinhalb Meter hoher Halbbogen gemalt. Das war die Kennzeichnung der Stelle, an der die Mauer stark verdünnt war, um im Notfall einen rettenden Durchbruch zu machen. Da immer dieselben Leute diesen Keller bei Alarm aufsuchten und man sich dadurch schon kannte, nahm man auch stets dieselben Plätze ein. Meine Mutter und ich saßen immer auf der Bank an der Wand in der Nähe des markierten Durchbruchs.

An diesem bewußten 21. April 1944 saß eine junge Mutter mit einem Baby auf »unserem« Platz. Mit dem Argument, wir würden immer diesen Platz belegen, redete meine Mutter mit eindringlicher Stimme so lange auf die Frau ein, bis diese sich mit ihrem Baby etwa einen Meter weiter an einen der wuchtigen Tische setzte. Mit dem Rücken an der Wand sitzend, hörten wir die ersten Detonationen, die immer näher kamen. Das Notlicht wurde eingeschaltet. Plötzlich, nach einem besonders harten und lauten Rumms, erlosch die spärliche elektrische Beleuchtung. Danach wurden die auf den Tischen stehenden Hindenburglichter angezündet. (Ein aus starker Pappe gepreßtes Schälchen in der Form einer Schuhcremedose. In der Mitte der Dose steht der ein bis eineinhalb Zentimeter hohe, breite Docht in einem Metallfüßchen. Das Schälchen ist mit Wachs gefüllt.) Kurz danach wieder eine Detonation. Ich sah, wie die Kellerdecke am Eingangsbereich einriß und wie eine Falltür im Zeitlupentempo nach unten klappte. Die Hindenburglichter verlöschten. Ich hörte nur noch das Gepolter fallender Steine und Gerölls. Als die Schuttmassen, ansteigend wie ein Wasserpegel, mein Kinn erreichten, wurde ich bewußtlos. Ich hatte keine Schmerzen. Als ich wieder erwachte, eingeklemmt bis zum Kinn im Schutt, konnte ich links am Durchbruch einen Lichtschein erkennen und Stimmen vernehmen. Meine Mutter und ich wurden von Rettungskräften ausgegraben und auf Tragen auf dem Hof abgelegt. Da ich, sicher unter Schock, in diesem Moment die Zusammenhänge zwischen Bomben und Zerstörung nicht begreifen konnte, fragte ich meine Mutter: »Warum schmeißen denn die Flugzeuge mit Kiepen Schutt auf uns?« Man brachte uns zu unserem Wohnhaus Naunynstraße 13, das unbeschädigt geblieben war. Hier nahm uns die Nachbarn, Familie Marke-Wagner, auf und stellten uns ihre Betten zur Verfügung.

Alle Personen, die an den Tischen gesessen hatten, waren von den herabgestürzten Eisenträgern und den Geröllmassen erschlagen worden. Auch die junge Mutter mit dem Baby. Hätte meine Mutter nicht so vehement um »unseren« Platz gekämpft, wären diese Zeilen nie zu Papier gebracht worden.

Kriegskinder

Ich bin Jahrgang 1937 und war bei Kriegsende im Mai 1945 ein Kind von acht Jahren. Ich wohnte damals nahe der Bernauer Straße und der Versöhnungskirche. Kurz vor Kriegsende kam mein Vater aus dem Krieg zurück, er war bei der Firma Alkett als Schlosser beschäftigt, dort wurden während des Krieges Panzer gebaut. Ich heiratete 1962 und arbeitete nach Abschluß der Wirtschaftsschule als Kontoristin im Büro der Firma Boeldicke. Mein Mann war Diplom-Ingenieur bei der AEG. Wir haben eine Tochter, die Bankkauffrau geworden und auch mit einem Banker verheiratet ist. Ich habe zwei Enkelkinder. Nach 35 Jahren Ehe ließ sich mein Mann von mir scheiden. Ich bin inzwischen Rentnerin, nachdem ich noch elf Jahre bei der Oberfinanzdirektion beschäftigt war. Ich genieße mein Rentendasein, indem ich viel auf Reisen bin.

Dorit Furchheim

Ich bin ein Berliner Kriegskind, 1937 im Wedding in der Ackerstraße 137 geboren. Ich habe mit meinen Eltern und Bruder auf dem zweiten Hinterhof gewohnt. Vom Fenster aus haben wir auf die Gartenanlage vom Lazarus-Krankenhaus gesehen. Ich habe viele Wochen in unserem Luftschutzkeller verbracht und die letzten Wochen in unserem Kohlenkeller. Der Luftschutzkeller befand sich im ersten Hinterhof. Da meine Tante mit ihren Kindern, meinen Cousinen, und mit meiner Oma im Vorderhaus wohnte, waren wir immer alle zusammen und haben auch oft zusammen im Keller geschlafen. Alle zusammen auf zwei Liegen, meine Oma in der Mitte. Das Schlimmste für mich war Alarm, oft mitten in der Nacht. Meine Mutter nahm meinen Bruder und einen Koffer, und ich mußte alleine hinterherlaufen. Wir mußten immer über den Hof, um zum Keller zu gelangen. Ich schaffte es oft nicht, stand dann ganz alleine am Ausgang unseres Hauses, und meine Mutter schrie: »Komm, komm!«, während schon die Splitter auf den Boden klickten. Ich rannte dann los und hatte schreckliche Angst. In den allerletzten Wochen lebten wir ständig in unserem Kohlenkeller, mein Vater, der plötzlich zu Hause war, baute Betten und legte ein bißchen Teppich aus und brachte noch ein Radio runter. Es brannte oft, und wir mussten auch als Kinder bei der Wassereimerkette helfen – und es hat sogar Spaß gemacht. Einmal brannte fast unsere ganze Straße. Es war mitten in der Nacht taghell. Die allerletzten Tage wären wir fast in unserem

Keller verschüttet worden, und wir mussten die schrecklichen Gasmasken aufsetzten, die wir immer um den Hals trugen. Einige Frauen in unserem Haus hatten eine Hacke in der Hand, um einen Durchbruch zu machen zu einem anderen Keller. Es gelang dann aber, die Kellertreppe freizubekommen. Irgendwann kam jemand und sagte, der Krieg sei aus. Wir Kinder rannten aus dem Keller und sangen: »Der Krieg ist aus«. Es war sehr warm an jenem Tag im Mai. Ich bekam bald sehr schweres Asthma. Das Asthma habe ich immer noch, aber heute geht es mir gut.

November 1943 in Charlottenburg

Ich bin Jahrgang 1921 und war zur Zeit der Bombenangriffe 22 Jahre alt. Wir wohnten in der Wilmersdorfer Straße 15 in Charlottenburg, wo ich heute noch lebe. Mein Bruder fiel 1945 in Rußland. Meine Angaben zum Feuersturm beziehen sich hauptsächlich auf die Brände in der Wilmersdorfer Straße 8. Nach Kriegsende arbeitete ich beim Berliner Rundfunk, danach beim SFB in der Abteilung Literatur/Kultur.

Ursula Gebel

Ich habe die Feuerstürme miterlebt. Ich versuche immer, Freunden und Bekannten, auch vielen Ausländern vom Goethe-Institut, die ich beherberge, zu erklären, wie es gewesen ist. Es geht nicht, man kann das nicht erklären.

Am 22. November 1943, diesen Tag wird niemand vergessen, der ihn miterlebt hat, fielen die Brandbomben auf unser Charlottenburger Viertel. Der Feuersturm tobte, nachdem die Air Force abgeflogen war, mit solcher Gewalt, daß man nicht auf den Straßen laufen konnte, um zu versuchen, die Freunde und Bekannten zu suchen, die um die Ecke gewohnt haben. Wilmersdorfer Ecke Berliner Straße, heute Otto-Suhr-Allee, wurden die Flammen durch den Sturm angefacht. Ich mußte umkehren. Unser Haus, wo ich heute noch wohne, war verschont geblieben. Wir Jüngeren hatten nämlich die Stabbrandbomben aus dem Dachgebälk mit Beilen herausgeschlagen und auf den Hof geworfen. Zwei Familien aus der Berliner Straße 104, deren Häuser niedergebrannt waren, die aber überlebt hatten, konnten mit einem Koffer zu uns kommen, und wir nahmen die Ausgebombten bei uns auf, eine Familie mit zwei Kindern und eine Familie mit vier erwachsenen Personen, die alles verloren hatten. Alle Wohnhäuser in der Berliner Straße in Charlottenburg, vom Schloß bis zum Knie (heute Ernst-Reuter-Platz), waren in Flammen aufgegangen. In der Nacht zum 23. November 1943 warfen die Engländer in die noch brennenden Ruinen der Häuser weitere Brandbomben-Teppiche, so daß nichts mehr übrigblieb.

Furchtbares war auch im Zoologischen Garten passiert. Ich war am Nachmittag des 22. November 1943 am Elefantengehege und sah die sechs Weibchen und ein Jungtier mit dem Wärter Kunststücke machen. In dieser Nacht sind alle sechs Elefantenkühe und das Baby durch die Bomben bei lebendigem Leibe verbrannt. Der gesamte Zoo wurde durch die Bomben zerstört. Der Nilpferdbulle hatte in seinem Wasserbassin überlebt. Alle Bären, Eisbären, Kamele, Strauße, Raubtiere, alle Vögel waren verbrannt. Bis auf das Tierkrankenhaus wurden alle Tiergehege zerstört. Im Aquarium liefen die Becken aus, die Krokodile gelangten ins Freie, erstarrten aber ebenso wie die Schlangen in der Novemberkälte. Im Zoo überlebten von hunderten von Tieren nur der Elefantenbulle Siam, der Nilpferdbulle und ein paar Affen.

War das die Hölle?

Ich bin Jahrgang 1935, war also 1943, als wir die erste schlimme Erfahrung mit einer Sprengbombe machten, sieben Jahre alt und Schulkind. Wir wohnten in der Isländischen Straße 5 in Prenzlauer Berg. Den großen Brand, das Inferno, erlebte ich aber nach der Rückkehr aus der Evakuierung in Charlottenburg, Krumme Straße 31, bei meiner Oma. Da war ich neun Jahre und vier Monate. Meine ganze Familie hat zwar überlebt, aber mit Narben auf Herz und Seele. 1951 erlernte ich den Beruf der Schriftsetzerin beim »Neuen Deutschland«. 1955 ging ich über das Flüchtlingslager nach Stuttgart, um meine Fähigkeiten zu erweitern. Seit 1963 arbeitete ich 28 Jahre als Korrektorin in der Bundesdruckerei Berlin. 1991 ging ich aus gesundheitlichen Gründen in Rente. Im gleichen Jahr wurde ich nach vier Jahren Ehe Witwe.

Barbara Graff

Im Sommer 1943 wurden meine zwei Geschwister, meine Mutter und ich wegen sich häufender Bombenangriffe nach Ostpreußen evakuiert. Zwei Mütter mit insgesamt sechs Kindern hausten in einem Pferdestall, in einer Schlafstube und einer Wohnküche, in einem Gutshof in Linkenen. Eine Stunde Fußmarsch zur Schule und fast zwei Stunden zum Einkaufen. Die Hälfte vom Einkaufsgut wurde uns dann auch noch geklaut. Meine Mutter, ein Persönchen von 148 Zentimetern, machte das nicht lange mit, und wir fuhren am 20. November 1943 wieder nach Berlin.

Dort hatten die Bombenangriffe zugenommen, und so ging es nachts meist in den Luftschutzkeller. Am 23. November gab es einen Mordsbums, es staubte fürchterlich, Angst und Schrecken breiteten sich aus, da auch die Beleuchtung ausfiel. Nun wußten die Erwachsenen, was das bedeutete, doch wir Kinder hatten nur Angst. Als der Staub sich gelegt hatte, gingen einige mutige Männer raus, um die Lage zu peilen. Unser Haus stand zwar, war aber durch den Luftdruck einer ins Nachbarhaus eingeschlagenen Sprengbombe eine halbe Ruine. Fenster und Türen waren raus, und nichts stand mehr an seinem angestammten Platz. Durch eingefallene Wände hatten wir nun ein Küchenklo. Mit anderen Worten, wir hatten einmal eine herrliche Drei-ZimmerWohnung in der Isländischen Straße 5 in Prenzlauer Berg. Das bedeutete nun Notunterkunft in einer Schule bis zur erneuten Evakuierung nach Klastawe, heute Polen.

Im Januar 1945 hatte unsere Mutter eine Eingebung oder böse Ahnung. Sie belud sich und uns, und es ging zurück nach Berlin. Es war der letzte Zug, den wir erwischten, wie sie später erfuhr. Unsere Großmutter in Charlottenburg, Krumme Straße 31, nahm uns auf. Unser Vater, mit Siemens verlagert, wußte nichts von unserem »Umzug«. Vorbei war es mit Pantinenschule und ländlicher Beschaulichkeit. Hier in Berlin tobte das Leben oder besser Tod und Krieg. Tag und Nacht wurden hier Bombenangriffe geflogen, der Himmel war tagsüber stinkig und rauchig und nachts blutrot von den unsäglichen Brandbomben. Unser Leben spielte sich nun im Luftschutzkeller ab. War dann mal die Luft für zwei oder drei Stunden rein, griff mich meine Mutter, um ein Geschäft zu suchen und etwas Eßbares zu ergattern. Doch auch die Ernährung wurde immer schwieriger. Wir Kinder freuten uns, wenn kein Alarm war und wir die Ruinen durchforsten konnten. Schule gab es keine mehr, und so entdeckten wir ganz neue »Spielplätze«, nicht ahnend, in welcher Gefahr wir uns befanden.

Doch der »Endsieg« kam immer näher und die Russen auch. Nun fielen laufend Brandbomben, und der Nahkampf in den Straßen tobte. Wir lebten ausschließlich im Keller. Dann wurde unser Haus von einer Brandbombe getroffen, und wir mußten durch einen Mauerdurchbruch ins Nebenhaus wechseln. Der Keller im Nebenhaus war ein Bierkeller und voll von stockbe- trunkenen Polen, erkennbar an ihren Mützen mit Quaste. Für die Frauen erst einmal ein Schreck. Doch ein Pole drückte meiner Mutter 800 Reichsmark in die Hand, und sie warf sie aus Stolz weg. Das verstand ich nicht, da ja ihr ganzes Hab und Gut nur noch aus uns drei Kindern bestand und unserer Oma. Es fand sich eine dankbare Seele für das Geld. Plötzlich schrie jemand: »Feuer!«. Da wurden sogar die betrunkenen Polen wach. Sie führ- ten uns auf den Hof. Es war ein Inferno, wir standen da von Feuer umringt. Alle hatten wohl schon mit dem Leben abgeschlossen, denn es war grabesstill. War das die Hölle!? Dann sahen wir einen russischen Soldaten auf eine brennende Haustür zulaufen und die Tür mit einem Gewehrkolben einschlagen. Andere räumten dann brennende Teile weg, und die »Ratten« konnten das brennende Schiff verlassen. Auf der Straße erwarteten uns Feuersbrunst und Kugelhagel. Also doch nicht der Hölle entkom- men. In der Dunkelheit stolperten wir nun über Trümmer in einen Hausflur, der nicht brannte. Dort wurden wir unseres Schmuckes beraubt. Aber was machte das noch. Also weiter, heraus auf den Flur, ich falle auf einen toten Soldaten und schreie mir die Seele aus dem Leib, ich glaube, es hat nicht einmal jemand gehört. Er starrt mich mit offenen Augen an. Als ich mich aufrichte, hängt vor mir an einer Laterne ein Mann mit heruntergezogener Hose. Nun konnte ich nicht mehr schreien, ich hatte wohl einen Schock. Ich bewundere heute noch meine Mutter, die es geschafft hat, drei kleine, vor Angst heulende Kinder durch die brennende Stadt zu schleusen, ohne selbst zu zerbrechen. Dann wurde es langsam hell und auch stiller. Die Kugeln flogen uns nicht mehr um die Ohren, doch nun wurde auch das ganze Ausmaß der Zerstörung einer einzigen Nacht auf der Straße sichtbar. Trümmer, Leichen, Brände, wo man auch hinsah. Suchende und verzweifelte Men- schen. Auch wir waren ziellos durch die brennende Stadt gezogen und landeten dann völlig erschöpft in Siemensstadt in einem offenen Bauwagen. Alle, die noch aus unserer Gemeinschaft da waren, wollten sich etwas erholen und Atem schöpfen. Plötzlich geht die Tür auf und ein Mensch mit schwarzem Ledermantel und schwarzer Ledermütze und pechschwarzem Schnauzer tritt wortlos ein. Es wird ganz still, und Angst nimmt Besitz von den Frauen. Man hatte ja schon von den russischen »Bestien« gehört. Der unheimliche Besucher schaut sich um, sieht meinen Zwillingsbruder, ein Bübchen semmelblond, mit herrlich blauen Augen, nimmt ihn an sich, setzt ihn auf seinen Schoß und fördert aus seiner Manteltasche ein herrlich großes, russisches Weißbrot hervor. Eine Köstlichkeit. Der Mensch muß wohl gewußt haben, daß wir nur noch Hunger, Durst und Angst hatten.

Wir blieben in Siemensstadt drei Nächte bei Großmutters Bekannten. Da durften wir vor dem Fenster die Siegesfeiern der Russen mit allem Drum und Dran, einschließlich Vergewaltigungen, miterleben. Meine Mutter und ich haben uns dann auf den Weg zu unserer »Wohnung« am Prenzlauer Berg gemacht, bewaffnet nur mit einer Kasserolle für Wasser, falls wir welches finden würden. Meine Mutter dachte sich, sicher ist es besser, in einer kaputten Wohnung zu hausen, als auf der Straße zu liegen, wenn der Krieg auch aus war und das Wetter warm. Aber dieser Weg hielt einige Hindernisse bereit. Hunger, Durst und ein für mich fürchterlicher Abgrund auf der Schloßbrücke. Meine Beine waren zu kurz, und mein Mut für einen Sprung über den Abgrund noch kürzer. Vor Angst schrie ich wie am Spieß. Ein Mann nahm mich dann bei den Flicken und half mir über den Abgrund. Wie meine kleine Mutti das geschafft hat, habe ich nie erfahren. Über Trümmer, durch heiße, stinkende und rauchende Straßen schleichend, erreichten wir endlich unsere alte Wohnung. Mein Vater hatte zwar alle Türen und Fenster vernagelt und verriegelt, doch Mitmenschen hatten die Wohnung aufgebrochen und geklaut, was das Zeug hielt. Meiner Mutter war das schon egal, Hauptsache, eine Behausung mit einem Dach über dem Kopf.

Also, zurück nach Siemensstadt, den Rest der Familie holen. Das war ja für uns beiden »Erdnuckel« immer eine Tagesreise, und dazu kam der Hunger. So zogen Mutter, Oma, meine kleine Schwester, mein Zwillingsbruder und ich mit unserem Hab und Gut, in Form eines kleinen Köfferchens mit den Geburtsurkunden usw., in eine chaotische Behausung, aber wir sind niemandem zur Last gefallen. Vom Vater kein Lebenszeichen, der war mit seiner Firma außer Landes, erst einmal bitter für meine Mutter.

Ich weiß nicht, ob meine kindliche Seele bei diesen »Abenteuern« (und einem Stein auf dem Kopf von einer Ruine) Schaden genommen hat. Einen Schaden habe ich, denn ich bin Epileptikerin. Auch kann ich bis heute keine Silvesterknallerei oder Kinder mit Spielzeugpistolen ertragen.

Heimliche Taufe

Ich wurde am 26. Mai 1938 in Hattingen geboren. Meine Eltern zogen bald darauf nach Neu-Babelsberg, wo mein Vater NS-Kreisleiter für Potsdam-Teltow-Blankenfelde-Königs Wusterhausen-Oranienburg wurde. Mein Bruder und ich hatten drei Kindermädchen. Besonders liebte ich Nadja, die mir russische Kinderlieder aus ihrer Heimat vorsang, so daß ich mit vier Jahren schon gut ihre Sprache konnte. Ein russischer Offizier stellte Nadja an die Hauswand und erschoß seine Landsmännin. Ich war sechs Jahre alt, als meine Mutter bei den Russen zwangsverpflichtet wurde. Sie mußte für meinen Vater büßen, der sich abgesetzt hatte und später für tot erklärt wurde.

Ich wollte Kindern helfen, wurde Kindergärtnerin, arbeitete 40 Jahre in Kinderheimen und nahm an der »Hilfe für Petersburger Kinder« teil, mein Mann und ich übergaben Kleidung und Spielzeug.

Ich habe 1958 geheiratet, habe zwei Kinder, die ich nach dem Mauerbau mit meiner Mutter alleine in Hannover aufzog, und vier Enkel.

Roswitha Haack

Meine Mutter liebte mich über alles, da zwei Jahre zuvor ihre kleine Ute verstorben war. Wir wohnten am Hindenburgplatz, damals Ufa-Stadt, zwischen Klein-Glienicke und dem Ufa-Filmgelände in Babelsberg. Uns gegenüber lebte die Schauspielerin Brigitte Horney. Es ging uns sehr gut, denn mein Vater gehörte zu den »großen Tieren« bei den Nazis. Dann kamen die Bomber. Wir hörten ihr gleichmäßiges Brummen mit dem Fliegeralarm. Wenn sie nachts kamen, war ich sofort hellwach. Ich stellte mich schlafend, damit meine Mutti mich auf ihren Armen die Treppe hinuntertrug – denn in ihren Armen fühlte ich mich immer warm und so geborgen. Im Keller beteten wir laut das Vaterunser –

mein zwölfjähriger Bruder Elmar saß neben mir. Wenn die Bomber über uns waren, ließen sie ihre tödliche Last fallen. Wir hörten das widerliche Pfeifen, bevor die Bomben einschlugen, und zogen vor Angst die Köpfe ein. Die Einschläge waren schrecklich! Ich weinte laut, und Mutti warf sich mit ihrem ganzen Körper schützend über mich. Sie bekam dann die ganze Wucht der Brocken ab, die von der Kellerdecke herabstürzten. Ihre schönen braunen Haare waren von dem Staub ganz grau. In ihrer großen Angst um mich faßte sie dann den plötzlichen Entschluß, mich sofort taufen zu lassen! Die Nazis, so auch mein Vater, waren aus falscher Überzeugung gegen die Kirche. Meine Mutter mußte also heimlich meine Taufe vorbereiten. Pfarrer Dr. Schmidt-Clausing in Klein-Glienicke wollte mich taufen, obwohl er sich damit auch in Gefahr begab. Ich war sechs Jahre alt, und dieser Tag ist wie eingebrannt in meiner Seele! Bis heute weiß ich jede kleinste Einzelheit. Mutti zog mir ein weißes Kleidchen mit bunten Blümchen an. Dann ging ich an der Hand meiner Mutter an unserer Sternwarte vorbei über die kleine Brücke, die über den Griebnitzsee führte, zur Klein-Glienicker Kapelle. Wir, Pfarrer Dr. Schmidt-Clausing, meine Mutti und ich, standen am großen Taufbecken, als die Bomber kamen – Fliegeralarm! Das Taufwasser rann mir über das Gesicht, und als ich voll Angst den Kopf hob, lief das Taufwasser überall an mir herunter – in die Augen, über mein weißes Kleid.

Brumm, brumm, brumm und uiii, uiii, uiii, das Pfeifen der Bomben. Als sie einschlugen, kreischte und schwankte die Kapelle. Steinbrocken fielen herunter auf den Altar. Die ganze Zeit, es war wie eine Ewigkeit, lag die Hand des Pfarrers auf meinem Kopf. Wir blieben am Taufbecken stehen und beteten laut das Vaterunser. Seine warme und beruhigende Stimme sagte: »Roswitha, halte, was du hast, daß niemand deine Krone nehme.« Mein Taufspruch. Die Kapelle war zerstört, aber ich war getauft – was konnte mir geschehen!?

Als wir nach Hause kamen, war mein Vater da. Ich war glücklich, lief auf ihn zu, umarmte ihn und rief fröhlich: »Papa, sieh mal, ich bin jetzt getauft!« Ruckartig stieß er mich weg. Er faßte mich am Arm und schleuderte mich zur Seite, wobei er rief: »Geh mir aus den Augen, ich will dich nicht mehr sehen!« Ich sehe noch das bleiche, entsetzte Gesicht meiner Mutti vor mir. Was hatte sie, im Glauben und in ihrer Angst um mich, für Energie und Mut, gegen den Willen meines starken Vaters zu handeln!

Ich weiß nicht, was geschehen ist, aber ich glaube, von diesem Tag an hat sie meinen Vater gehaßt.

Dann kam der Einmarsch der Roten Armee. Sie fuhren mit ihren Panzern auf unser Grundstück und in unseren Garten. Sie holten uns aus dem Keller, und wir mußten unser Haus innerhalb einer halben Stunde verlassen. Unser Vater hatte sich mit seinen Offizieren feige davongemacht, im mit Standarte »bewehrten« Luxusauto. Er hatte seine Frau und seine Kinder im Stich gelassen! Wir wußten nicht wohin und hatten nichts mehr, was uns gehörte. Pfarrer Dr. Schmidt-Clausing nahm uns in der Von-Türkschen-Stiftung in Klein-Glienicke auf und gab uns somit wieder ein Zuhause. Meinen Erinnerungen möchte ich noch hinzufügen, daß ich, die kleine Roswitha, nach meiner Taufe wegen einer glockenreinen Stimme jeden Sonntag allein an der Orgel der Kapelle stehen durfte und zum Abendmahl fröhlich sang: »Jesu Dir leb ich – Jesu Dir sterb ich – Jesu Dein bin ich, im Leben und im Tod.« Das war mein Dankeschön an den Pfarrer.

Der erste Kuß

Ich bin im Jahre 1927 geboren und wohnte in Steglitz, Markelstraße 11. 1942 war ich 15 Jahre alt, Handelsschülerin, und das Nesthäkchen von sechs Geschwistern. Zwei meiner Brüder waren an der Front, der eine Jagdflieger, der andere kämpfte in Rußland und starb in Kriegsgefangenschaft in einem Bergwerk. Von dieser großen Familie bin ich allein zurückgeblieben.

Nach Kriegsende arbeitete ich als Sekretärin der CDU in der Jägerstraße im Ostteil der Stadt bei Jakob Kaiser und Ernst Lemmer. 1954 heiratete ich Wolfgang Heinrich, der 1990 verstarb. Er war ein Klassenkamerad des inzwischen nach Baltimore ausgewanderten »Ersten Kusses«. 1965 habe ich eine Tochter geboren, die als Juristin bei der Deutschen Bank in Frankfurt arbeitet. Dem Helden meiner Geschichte habe ich den Artikel übersandt, und er kündigte an, er würde im nächsten Jahr nach Berlin kommen und dann nicht aufhören, mich zu küssen. Schönen Zeiten gehen wir da entgegen!

Rosa Heinrich

Die Angriffe fanden nicht nur nachts, sondern auch am Tage statt. Ich war 15 Jahre alt und lernte beim Anstehen nach der Kartoffelration einen sehr feschen Luftwaffenhelfer kennen. In Grünau hatte ich ein Paddelboot mit dem Namen Bonzo. Nach einem überstandenen Luftangriff war ich mit meinem Schwarm, der gerade einen dienstfreien Tag hatte, verabredet. Das Paddelvergnügen war nur kurz, auf der Regattastrecke in Grünau ertönten die Sirenen, und wir sahen und hörten einen Bomberverband. Mein Luftwaffenhelfer legte sich ins Zeug, und schon waren wir im Schilf verschwunden. Auf diese Art und Weise habe ich zu meinem großen (freudigen) Schreck meinen ersten Kuß bekommen. Mein Held wurde dann sehr schnell zur Wehrmacht eingezogen und geriet in britische Kriegsgefangenschaft. Nach Kriegsende wanderte er nach Amerika aus und lebt heute in Baltimore. Wir telefonieren oft miteinander. In seiner Jugend kann man Unerträgliches erträglich erleben.

Schlimmer als alle Luftangriffe war der 27. April 1945, als die russische Armee mit ihrer Stalinorgel die letzten Reste der noch bestehenden Steglitzer Schloßstraße vernichtete. Was danach kam, war fürchterlich. Es ist schon Wahres an dem Satz, den damals alle kannten: Genieße den Krieg, denn der Frieden wird fürchterlich!

Alarm!

Die geschilderte Nacht spielte sich 1944 in meinem Elternhaus in der Maratstraße 6 in Biesdorf ab. Ich bin Jahrgang 1922, war damals 22 Jahre, kaufmännische Angestellte in einer Saaten-Großhandlung, und zwar seit 1938. 1945 wurde ich verhaftet, kam über Gefängnisaufenthalt nach Hohenschönhausen, von dort in einem »Todesmarsch« nach Sachsenhausen, blieb dort bis 1948. Ich war sogenannte Grenzgängerin, da ich in Ost-Berlin wohnte und im Westen arbeitete. Ich wurde nervenkrank. Nach dem Bau der Mauer 1961 konnte ich wegen meines Nervenleidens nicht mehr arbeiten, wieder eine Mauer! 1959 heiratete ich, mein Mann war Autosattler; 1961 Geburt meiner Tochter.

Irmgard Hoferichter

Mein Vater hatte einen Kellerraum als »Luftschutzkeller« herrichten lassen, d.h. die Decke dieses Raumes wurde durch einen

starken Balken abgestützt, es wurde eine gasdichte Eisentür ein-
gebaut, mit einem großen Hebel zum Verschrauben. Wir haben
darin viele Bombennächte gut überstanden. Eines Nachts hat es
uns aber dann doch erwischt. Mein Vater konnte die Entfernung
des Einschlages ganz gut einschätzen. »Achtung, wir klammern
uns jetzt alle an den Stützbalken!« Er hatte den Einschlag der
ersten Bombe gehört. » ... Die zweite ist näher! ... Die dritte ist bei
uns!« Alles bebte, die Eisentür sprang auf, Schutt polterte herein,
aber die Kellerdecke hielt! Wir waren alle unverletzt, und als es
ruhig wurde und sich die Staubwolken verzogen hatten, versuchten wir, mit Schippe und Spaten die Kellertreppe freizuschaufeln.
Es mußte schnell geschehen, denn nach den Landminen − ich
glaube, so nannte man diese Bomben − wurden von der nächsten
Fliegerstaffel sofort Stabbrandbomben geworfen.

Die Luftminen verursachten keine tiefen Bombenkrater, sondern zerstörten alles im Umkreis des Einschlags flach über dem
Boden in einem großen Radius. Die nach einem Bombenangriff
geworfenen Brandbomben richteten großen Schaden an, sie vervollständigten das Werk der ersten Fliegerstaffel. Wir hatten
Glück. Bis auf eine Brandbombe, die wir löschen konnten, hatten
alle im Schutt steckenden Brandbomben nicht gezündet.

Die totale Ruhe nach Bombeneinschlägen war immer unheimlich. Kommt noch eine feindliche Staffel? Oder ist es für heute vorbei? Und dann hörten wir das schrille Klingeln einer Alarmglocke!
Mein Vater hatte die Tür unseres im Garten stehenden Hühner-
stalls mit einer Alarmanlage gegen Einbruch gesichert − man
hatte einmal die Tür aufgebrochen und alle Hühner gestohlen.
Als die Bombe in unserer Nähe einschlug, wurde die Stalltür
herausgerissen, und es klingelte Alarm in unserem Haus.

Im Haus waren »nur« alle Zwischenwände eingestürzt, überall
Schutt und Glas, das Dach war abgedeckt, die Sparren zum Teil
gesplittert. Plötzlich ein Schrei meiner Mutter: »Der Spiegel vom
Schlafzimmerschrank ist ganz!« Der Schrank war auf die gebün-
delten Betten gekippt, und daher war der Spiegel heil geblieben,
nur die Rückwand des Schrankes hatte Löcher durch Granatsplitter. Es war makaber: Das Haus kaputt, und meine Mutter
freut sich über einen Spiegel!

Silbervögel, die den Tod brachten

Mein Jahrgang ist 1931. Die Schilderungen betreffen die Jahre 1944/45, zu dieser Zeit war ich 13. Der Bericht spielt in Charlottenburg, Fritschestraße 24/25, und in Potsdam-Babelsberg. Mein Vater war während des Krieges, bis zum Ende, bei Siemens & Halske in der Fleischabteilung tätig. Siemens hatte im Krieg Verkaufsstellen für Lebensmittel in vielen Stadtteilen. 1949 machte ich eine Ausbildung bei der Sparkasse als Bankkauffrau am Alexanderplatz. 1952 wurden alle in West-Berlin lebenden Lehrlinge nach ihrem Abschluß entlassen. Danach arbeitete ich in einer Teilzahlungsbank und in der Konfektion im Büro. 1956 heiratete ich. Mein Mann studierte Maschinenbau und arbeitete 35 Jahre als Ingenieur in der Industrie. Seit 1997 bin ich verwitwet.

Renate Holtz

Im Oktober 1944 kam ich aus gesundheitlichen Gründen und auf Betreiben meiner Eltern nach Berlin zurück. Mit einem Truppentransport, der auf der Fahrt bei Aussig von Tieffliegern angegriffen wurde. Bei der Ankunft in Berlin gab es Fliegeralarm. In den darauffolgenden Tagen bemühte sich meine Mutter, mich zum Schulunterricht anzumelden. Im Grauen Kloster wurden keine Schüler mehr aufgenommen. In Potsdam-Babelsberg gab es noch Unterricht, also wurde ich dort angemeldet. Das hieß jeden Tag um sechs Uhr aufstehen, um sieben Uhr vom Bahnhof Charlottenburg zur Schule. Zu dieser Zeit kamen die Bomber zu fast jeder Tages- und Nachtzeit. Endete der Alarm nach null Uhr, durften wir eine Stunde später zur Schule kommen. Wir hatten in Uniform zu erscheinen, und der Unterricht begann mit einem Fahnenappell und einem markigen Spruch. Wenn der Unterricht durch Alarm unterbrochen wurde – der Hausmeister mußte ständig Radio hören, und wenn die Durchsage kam: »Feindliche Bomberverbände im Anflug auf den Raum Gustav-Gustav« (das war auf einer Karte das Planquadrat für Berlin) –, klingelte die Schulglocke, und wir durften uns auf den Weg nach Hause machen. Oft kamen wir mit der S-Bahn nur bis Grunewald oder Eichkamp. Hier sollten wir nun einen Unterstand oder Keller aufsuchen. Man verdrückte sich und lief neben der Bahnstrecke auf der Straße weiter. Oft wurde man angehalten, aber wir redeten uns dann raus: »Wir wohnen ganz in der Nähe.« Manche von uns hatten einen Stahlhelm oder einen Luftschutzhelm von ihren

Vätern. Man sah am blauen Himmel die Bomberstaffeln endlos in Richtung Stadtmitte fliegen. Große Silbervögel in der Sonne, die so vielen den Tod brachten. Ungestört zogen sie ihre Bahn. Kaum Gegenwehr, nur weiße Tupfen von Flakgeschossen. Die Bombeneinschläge waren zu hören. Der Himmel färbte sich rot, es kam Wind auf, und durch die Luft flogen Asche und Papierschnipsel. Wir liefen über den Adolf-Hitler-Platz (heute Theodor-Heuss-Platz), den Kaiserdamm und die Bismarckstraße zum Sophie-Charlotte-Platz – endlich nur noch um die Ecke, und ich war zu Hause. Durchgeschwitzt vom Laufen und vor Angst. Meine Mutter hatte Todesängste ausgestanden.

Bis zum 20. April 1945 mußten wir noch zur Schule. Dann entließ man uns mit den Worten: »Nach Beendigung der Kampfhandlungen beginnt der Unterricht pünktlich um acht Uhr nach Angabe.« Am 22. April setzte der Beschuß am Alexanderplatz ein. Es gab weiterhin Alarm. Strom, Gas und Telefon funktionierten noch. Man hing am Radio. Es gab auch noch eine Zeitung, den »Panzerbär«. Man hörte das Rattern der russischen Doppeldecker, sie beobachteten und warfen Brandbomben. Man hatte den Eindruck, sie schaufelten sie aus einer Luke der Maschine. Wir sahen das, während wir vor den Geschäften, in denen es noch was gab, anstanden. Am 29. April kamen die Russen in unsere Straße. Vier Reihen Panzer auf Bürgersteig und Straße. Am 1. Mai war dann der Krieg für uns zu Ende.

Wir wollten helfen

Ich bin Jahrgang 1928 und arbeitete als HJ-Junge bei der Bergung von Opfern mit. Die Freiwilligen, über die ich berichte, hatten meist wie ich zuvor während der Terrorangriffe Schlüsselerlebnisse, die sie zu diesem Einsatz motivierten.

Walter Horwitz

Ab Ende 1942 verbrachte ich, wie alle Schüler der 8. Klasse der 33. Volksschule (Kreuzberg), im Routinewechsel eine Nacht als Brandwache im Schulgebäude. Meine erste konkrete Erfahrung zu Beginn der Berliner Bombennächte: Eine englische Sprengbombe bohrte sich tief in den Vorgarten des Mietshauses, in dem ich wohnte, und explodierte exakt in den Brandmauern im Keller von zwei Wohnhäusern in der Yorckstraße. Die Explosionswelle wirbelte in unserem Luftschutzkeller einen großen Teil der Schutzsuchenden umher und riß die Schornsteinklappen auf. Der angesammelte Ruß verteilte sich im ganzen Keller. In der Luft erschwerte er die Atmung. Wir beschlossen zu erkunden, was vom Haus über uns noch stand. Daß es stand, berichteten diejenigen, die, wie zum Anfang der Luftangriffe noch üblich, bei Fliegeralarm den Schutzkeller mieden, aber jetzt nicht schnell genug in den Keller kommen konnten, etliche im Nachthemd und barfuß. Ihre Füße bluteten, weil die Fensterscheiben zersprungen waren und Treppen sowie den Holzfußboden zentimeterhoch bedeckten. Ich ging über den Hof auf die Straße, um mich über die Schäden zu informieren, und erlebte erstmals, wie chaotisch sich Erwachsene nach einem Terrorangriff verhielten. Statt Hilfe anzubieten, verbreiteten sie haarsträubende Gerüchte mit dem Tenor: Im Keller hat keiner überlebt. Diese Erlebnisse stellten Weichen. Wie andere Jungen und Mädchen sah ich an der Teilnahme der wöchentlichen »Heim- und Schulungsabende« nichts Vordringliches. Wir wollten den Bombenopfern helfen. Die Mädchen halfen bei der Versorgung der Ausgebombten. Das Anliegen der Jungen fand potente Fürsprecher. In Kreuzberg wurde eine nach heutiger Terminologie »Schnelle Eingreiftruppe« gebildet, deren Einsätze in der Luftschutzleitstelle und vor Ort von einem Truppenführer dirigiert wurden.

Wir empfanden uns wie Rettungshunde, die dort operierten, wo weniger Fanatische zurückschreckten. In der Obentrautstraße, nahe der Großbeerenstraße, war der Luftschutzkeller durch brennenden Trümmerschutt des zerstörten Hauses unzugänglich. Da noch Lebenszeichen zu hören waren, gruben wir uns durch die Trümmer. Es gelang, mit den Händen einen minimalen Höhlenweg freizulegen. Zwei Kinder und deren Mutter wurden unverletzt gerettet. Danach führte die Gluthitze zum Rückzugsbefehl. Dessen Ausführung verzögerten sich etwas, weil ein HJ-Junge seinem Vordermann zurief: »Du, kiek mal, da liegt der Pelz von der Ollen!« Als sich herausstellte, daß der »Pelz« aus Haarwuchs auf einem Schädel bestand, wurde auch der Vordermann ein Rettungsproblem.

In der Yorckstraße brannte der Dachstuhl eines Hauses. Beim Durchsuchen der Wohnungen von oben nach unten entdeckte ein HJ-Junge einen Phosphorblindgänger. Er zog ihn aus dem Bretterboden, schulterte ihn und trug ihn auf die Straße. Sein Auftritt löste bei den Gaffern Panik aus. Bewohner eines brennenden Hauses versuchten, so gut es ging, aus den Wohnungen ihren Besitz zu bergen. Eine Frau ging unter Lebensgefahr noch einmal in ihre Wohnung und brachte ihr Bügelbrett in Sicherheit. Bei derartiger Gemütsverfassung kam es schnell zur Panik. Um sie abzuwenden, ordnete ein HJ-Junge ein bestimmtes Verhalten an. Der Protest dagegen erlosch erst, als der Junge auf die Frage: »Wer trägt dafür die Verantwortung?« antwortete: »Ich!«

Als die »Schnelle Eingreiftruppe« im Bereich von Gleisdreieck den Zugang zu einem mit Trümmern meterhoch bedeckten Luftschutzkeller freigelegt hatte und den unangenehm riechenden Keller betrat, trauten wir unseren Augen nicht. Auf allen Sitzplätzen bewegungslose Menschen. So etwas hatten wir noch nicht erlebt. Mit dem Ruf: »Steht auf, ihr seid gerettet!« klopfte einer von uns dem ersten in der Reihe auf die Schulter. Der fiel gegen seinen Nebenmann, und dies löste eine Kettenreaktion aus. Alle sackten zusammen, und jetzt wurde uns klar: Es waren Tote, denen durch die Druckwelle einer explodierenden Luftmine die Lungen geplatzt waren.

Neben diesen freiwilligen Einsätzen wurde ich für ein Kreuzberger Polizeirevier als Melder dienstverpflichtet. Die Streifenfahrten mit dem Polizei-Pkw führten zu einem nennenswerten Einsatz: Vor einem brennenden Haus in der Kreuzbergstraße in unmittelbarer Nähe eines Löschteichs standen haufenweise Gaffer und beobachteten aus dem Fenster um Hilfe schreiende Menschen. Ich überzeugte die Gaffer durch Androhung von Gewalt, daß sie Eimerketten bilden sollten. Im Handumdrehen waren Eimer da und die Eimerkette in Betrieb. Als die Polizei erkannte, daß ich im Treppenhaus Hilferufende und mich mit Wasser begießen wollte, um für kurze Zeit das Treppenhaus nutzen zu können, sorgte sie dafür, daß die Eimerkette nicht aussetzte. So konnten sich einige retten. Aus einem geplatzten Rohr im Treppenhaus austretendes brennendes Gas wirkte wie ein Flammenwerfer und machte weitere Rettungsversuche unmöglich. Meine Tante, bei der ich wohnte, teilte mir mit, daß ich auf Anordnung des Polizeipräsidenten zu einer bestimmten Zeit auf dem XYZ Platz erscheinen sollte. Dort fand zu meiner Überraschung eine großangelegte Ordensverleihung statt. Mir wurde das Kriegsverdienstkreuz zweiter Klasse mit Schwertern verliehen, und die beiden Polizisten erhielten das Eiserne Kreuz zweiter Klasse.

Die Ordensverleihung hatte für mich ungeahnte Folgen. Obwohl ich selbst den Orden als unangemessen bezeichnete, verbarg der Zugführer seine Mißgunst nicht, weil er dadurch negativen Einfluß auf die Moral der Truppe befürchtete. Er, der bei größeren Aktionen immer als letzter den Einsatzort verließ, sah später, wie ich auf einem Elektrozähler gestapelte Zigarettenpäckchen an mich nahm und damit in seinen Augen einen Tatbestand erfüllte, den ich verhindern sollte. Irgendeine schützende Hand verhinderte eine – damals zwangsläufige – Einweisung ins KZ.

Inzwischen hatte sich die Sowjetarmee Berlin genähert, und spezielle jugendliche Ordensträger bekamen einen Gestellungsbefehl zu einer Spezialkampfeinheit der Hitlerjugend. Diese Einheit, in der Humboldt-Universität kaserniert, wurde von einem Waffen-SS-Offizier in HJ-Uniform geführt. Er erklärte uns als erstes, daß es nur noch darum gehe, für den Führer würdevoll zu sterben. (Er wurde später von einem Untergebenen bei seiner versuchten Absatzbewegung erschossen.) Wir, für die es früher selbstverständlich war, uns freiwillig einzusetzen, mußten jetzt seine Befehle ausführen. Als im Januar 1945 nach einem Tagesangriff der Stadtteil zwischen Spittelmarkt und Alexanderplatz brannte, sah er in der Mitte einer Straße Menschen liegen, die sich bewegten. Er befahl uns, diese unter dem »Schutz« eines Wasserschleiers aus einer Löschkanone zu bergen. Stehend konnte man in der Gluthitze nicht atmen. Und als wir uns kniend vorwärtsbewegen wollten, merkten wir, daß der Asphalt glühend heiß war und die menschlichen Körper immer kleiner wurden. Wir hatten verdrängt, daß wir früher schon geschrumpfte Menschenleiber geborgen hatten, von denen drei bis vier in einen Löscheimer paßten.

Später wurde ich zum Reichsarbeitsdienst nach Niedersachsen einberufen. Ich erlebte, wie sich amerikanische Bomberpiloten durch Fallschirmabsprung vor dem sicheren Tod retteten. Es waren so viele, daß wir zuerst an eine Invasion dachten. Die deutschen Jagdflieger, denen weder ausreichend Munition noch Treibstoff zu Verfügung stand, stürzten sich wie Kamikaze-Piloten in die amerikanischen Bomberpulks. Als wir auf dem Rücken einer Bomberjacke die Aufschrift »Murder of Berlin« entdeckten, wurden wir, von denen etliche durch die Terrorangriffe Angehörige verloren hatten, zu Bluthunden. Wir stellten einen Amerikaner und wollten ihn lynchen. Das verhinderte der Kommandeur der deutschen Flakbatterie unter Androhung von Waffengewalt. Für ihn hatten wir zuvor Granaten zur Abwehr eines amerikanischen Panzerangriffs herangeschleppt. Ohne diesen Offizier, der die Anwendung der Haager Landkriegsordnung erzwang, hätten wir uns eines Kriegsverbrechens schuldig gemacht und nach Kriegsrecht den Tod verdient. Die Unzahl der Opfer der Terrorangriffe, mit denen ich in Berlin hautnah konfrontiert war, wäre kaum als mildernder Umstand berücksichtigt worden.

Schwester, die Wehen

Ich bin Jahrgang 1925; als ich mein Kind erwartete, wohnte ich bei meiner Mutter, unmittelbar am Krematorium Gerichtstraße. Ich heiratete 1944. Die letzten acht Wochen meiner Schwangerschaft bekam ich nachts Platz in einem »bombensicheren« Keller, am U-Bahnhof Schwartzkopfstraße. Mein Mann überlebte den Krieg, wir waren dann noch 35 Jahre zusammen, bis er starb. Ich war fast 43 Jahre berufstätig, und zwar sehr gerne, als Buchhalterin im Baugewerbe. Mein Sohn ist ein lebenstüchtiger, verantwortungsbewußter Mensch geworden, der seinerseits bereits 35 Jahre verheiratet ist.

Anni Juncker

1944 war ich 19 und erwartete ein Kind, ein Wunschkind von meinem Mann, einem Soldaten, von dem ich nicht wußte, ob er den Krieg überleben würde.

Ich war voll heiterer Gelassenheit in diesem von Bomben zerstörten Berlin, in diesem Trümmerfeld und Gestank. Tagsüber und fast jede Nacht Fliegeralarm – du kommst aus dem Keller, läufst über die Trümmer, das Haus nebenan bekam einen Volltreffer, bei uns haben Luftminen Fenster und Türen herausgerissen, aber das Haus steht ja noch, und da gibt es den (organisierten) Braten in der Pfanne, den Mutti schnell unter den Schrank geschoben hatte – mein Gott, hab Dank, noch stand das eigene Bett, es ging ja weiter! Und abends »Bum bum bum bum – hier ist der Londoner Rundfunk ...«

»Mädchen, was soll mir werden mit dir?« »Mama, es wird,

wirst schon sehen, das Leben in mir hat immer recht!«

Vier Wochen vor der Geburt öffnete sich für uns Schwangere ein »sicherer« Bunker in der Schwartzkopfstraße. »Schwester, die Wehen ...« – »Komm, ich pack dich warm ein. Hast du Kaffee mitgebracht? Das wird dir helfen.« Es gab Unruhe, Alarm, es krachte draußen; Männer kamen herein, brachten Brandgeruch mit, einige hatten Phosphor unter den Schuhsohlen. Ich dachte nur an mein Kind! Bei Entwarnung wurden wir schnell ins Krankenhaus in die Scharnhorststraße gebracht. Wieder Alarm! Und so wurde mein Kind unter Bomben über Berlin geboren, und der Arzt fragte: »Ist das auch wieder ein Junge?« Es wurden nur Jungen dort geboren! Mein Baby war klein und zart, aber ich war stark! Ich hatte Milch und konnte ihm damit das beste geben. Im April 1945 gingen wir beide auf die Flucht. Unsere Ausstattung waren Stoffwindeln, Alete-Trockenmilch, Jenaer Glasfläschchen und Kerzen.

»Feindliche Bomberverbände über Hannover-Braunschweig«

Ich bin Jahrgang 1933, bin in Berlin geboren und habe immer in Berlin gelebt, mit Ausnahme der Zeit nach dem Bombenschaden in unserer Wohnung in Charlottenburg, Niebuhrstraße 56. Meine Eltern haben mich mit meiner Großmutter von November 1943 bis September 1944 zu Verwandten nach Pommern geschickt, sie selbst mußten aus beruflichen Gründen zurückbleiben und wohnten bei meiner anderen Großmutter in Falkensee.

1948 bis 1951 machte ich eine Lehre als Elektroinstallateur bei der Westfälischen-Telefon-Gesellschaft in der Leibnizstraße. Übernommen wurde ich nicht, weil es keine Arbeit gab. Die heutigen Arbeitsbeschaffungsmaßnahmen hießen damals Notstandsarbeit. Statt das Arbeitslosengeld in Höhe von 13,50 DM die Woche, 10 DM in Ost-, und 3,50 in Westgeld, anzunehmen, verdiente ich beim Zerlegen vom Bunkertrümmern mit Vorschlag- und Preßlufthammer sowie beim Ausheben von Wassergräben in der Clayallee etwas mehr. Zwischen den Jobs klopfte ich schwarz Steine. Für 100 Steine gab es 3,50 DM. Trümmerschrott verkauften wir nebenbei auf eigene Rechnung – bis das Arbeitsamt uns erwischte und ich für drei Wochen gesperrt wurde.

Am 17. Juni 1953 hatte ich meinen Vorstellungstermin bei der Bereitschaftspolizei in der Friesenstraße. Über viele Stationen stieg ich in den gehobenen Dienst der Landespolizeidirektion auf und ging Ende 1993 in Pension.

Peter Jung

Meine ersten Erinnerungen sind die an die »Reichskristallnacht« im November 1938. In unserem Haus wohnten mindestens zwei jüdische Familien, eine davon betrieb eine Schuhmacherwerkstatt im Hause. Da war plötzlich die Schaufensterscheibe eingeschlagen, für uns Kinder natürlich eine interessante Angelegenheit. Ich bin auch an diesem Tage in die Schuhmacherwerkstatt gegangen, weil der Schuhmacher immer freundlich zu mir gewesen war und insbesondere, weil es immer so gut nach dem Klebstoff roch, der zur Schuhreparatur verwendet wurde.

Der Sohn unserer Nachbarn unter uns sprach mich daraufhin in etwa mit den Worten an: »Du darfst da nicht mehr hineingehen, das sind Juden.« Ich verstand das gar nicht. Daß ich meine Eltern danach gefragt habe, nehme ich an, aber kann mich an deren Antwort beziehungsweise Erklärungen überhaupt nicht erinnern. Heute kann ich dieses Erlebnis in etwa einordnen, die Nachbarsfamilie muß sehr nationalsozialistisch geprägt gewesen sein. Die Frau war blond, der Mann trug meistens Breecheshosen und einen kleinen hitlerähnlichen Schnurrbart. Sie sind bald ausgezogen, ich erhielt später noch einmal einen Brief von dem Sohn, der mit den Worten schloß: »... dein Jungmann Dieter.« Er war wohl zu diesem Zeitpunkt auf einer speziellen nationalsozialistisch geprägten Schule.

Etwa 1939/1940 begannen die Schulungen für die Zivilbevölkerung in bezug auf Brandschutz, das heißt das Löschen von Brandbomben mit Sand, Feuerpatschen und Handspritzen. Ich nahm mit meiner Mutter irgendwo daran teil. Für Kinder alles sehr interessant und aufregend, vor allem weil man nun auch eine eigene Gasmaske bekam. In unserem Haus wurde ein Luftschutzkeller eingerichtet sowie die Durchbrüche zu den jeweiligen Nachbarhäusern angelegt. Für die eigene Wohnung nähte meine Mutter aus irgendeinem dicken Stoff Verdunklungsvorhänge, die dann jeden Abend nach den vorgegebenen Zeiten innen vor die Fenster gehangen werden mußten.

Irgendwann begannen 1940 auch die ersten Fliegeralarme. Nach dem Sirenenalarm klapperte unser Hausmeister zusätzlich sehr lautstark mit den Müllkastendeckeln, die im Hof standen, um auch die letzten Mieter zu wecken. Ich hatte einen kleinen Koffer, in dem ich meine Lieblingsspielsachen immer mit in den Luftschutzkeller nahm. Unsere Wohngegend blieb damals noch von Bombenabwürfen verschont. Der beliebte Sport für uns Kinder war am nächsten Tag, möglichst noch vor Schulbeginn, Granatsplitter zu sammeln. Mein Vater hatte mir dafür einen Magneten mit einer Schnur versehen, den ich hinter mir her durch die Straßen ziehen konnte. Aber Erfolg hatte ich damit nicht und konnte nur die Fundstücke anderer neidisch betrachten.

Die ersten von Bomben getroffenen Häuser waren ein Anziehungspunkt für Neugierige. Ich kann mich erinnern, daß meine Mutter mit mir zur Lüneburger Straße in Moabit fuhr, um sich dort ein von Bomben getroffenes Haus anzusehen. Diese Ruine aus Mauersteinen und Balken habe ich noch heute vor Augen.

Die Häufigkeit der Fliegeralarme nahm zu, aber Angstgefühle waren noch nicht besonders ausgeprägt. Vielleicht auch deshalb nicht, weil eben unsere Wohngegend bislang verschont geblieben war. Manchmal nahm mich mein Vater während des Fliegeralarms mit nach draußen auf die Straße, wo ich dann entferntes Flakschießen sowie die Scheinwerfer am Himmel beobachten konnte. Alles sehr eindrucksvoll, aber noch immer nicht angsteinflößend.

Dann kam die Nacht vom 23. zum 24. November 1943, ich war neun Jahre alt. Am Abend hatte ich mit meinem Vater noch an einem Flugzeugmodel aus Pappe gebastelt, die es damals als Schnittbögen zu kaufen gab. Die fertigen Einzelteile standen auf dem Wohnzimmerschrank, als die Sirenen ertönten. Es ging routiniert wie immer mit dem Spielzeugkoffer in den Luftschutzkeller. Aber irgendwie war es in dieser Nacht anders. Mein Vater hatte sich wie sonst häufig mit einigen anderen männlichen Hausbewohnern im Vorraum zum Kellereingang aufgehalten. Er kam dann in den eigentlichen Luftschutzkeller und sagte, daß wohl diesmal Charlottenburg dran sei. Woraus diese Einschätzung resultierte, vermag ich nicht zu sagen, aber es war wohl für alle spürbar, daß das Brummen der Bomber, die Intensität des Flakbeschusses anders war als in der vorangegangenen Zeit. Man hörte plötzlich auch das Heulen der fallenden Bomben, ein sicheres Zeichen, daß sie näherkamen. Plötzlich ein furchtbarer Knall, gefolgt von einem zischenden Geräusch, als wenn Luft herausgesaugt wird. Das Licht ging aus, und die Menschen schrien durcheinander. Ich kann mich erinnern, und meine Mutter hat es mir bestätigt, daß ich in diesem Moment »Gott hilf uns« oder ähnliches geschrien habe. Ich weiß nicht, ob das Licht gleich wieder anging, oder ob Kerzen entzündet wurden, auf jeden Fall war die Luft im Luftschutzkeller grau, und es roch intensiv nach Mörtelstaub. Durch den vorderen Eingang war der Luftschutzkeller nicht mehr zu verlassen, weil er von den Trümmern des Vorderhauses verschüttet war; alles drängte zum hinteren Ausgang, ungeachtet der Tatsache, daß der Fliegeralarm noch nicht beendet war.

Als ich aus dem Luftschutzkeller hochkam, sah ich, daß unser Vorderhaus in hellen Flammen stand. Die beiden Seitenflügel sowie das Hinterhaus waren, abgesehen von den zerstörten Fensterscheiben und Luftdruckschäden in den Wohnungen, unversehrt. Inwieweit die Statik des Hauses insgesamt geschädigt war, hat wohl zu diesem Zeitpunkt niemanden interessiert. Auch wie es vorne auf der Niebuhrstraße aussah, wußte niemand. Das Haus konnte also auf diesem Wege nicht verlassen werden, es gab nur noch den Weg über den hinteren Hof zur Mommsenstraße, da dort anscheinend keine Bomben gefallen waren. Meine Eltern und andere Hausbewohner versuchten nun, soweit es ging noch in ihre Wohnungen zu gelangen, um dort mehr oder weniger wichtige Dinge zu bergen. Denn es wußte ja niemand, wie sich das Feuer weiter ausbreiten würde, beziehungsweise ob überhaupt Hilfe in Form von Rettungskräften oder Feuerwehr zu uns gelangen könnte. Von der Niebuhrstraße aus war das keinesfalls zu erwarten und von der Mommsenstraße sehr fraglich.

Da wir in der ersten Etage des rechten Seitenflügels wohnten, war es noch relativ einfach, in die Wohnung zu gelangen. Meine Mutter füllte einen Wäschekorb mit Kleidungsstücken, mein Vater warf den Rundfunkempfänger aus dem Fenster in eben diesen Wäschekorb, und ich bedauerte insbesondere mein fast fertig gebasteltes Flugzeugmodell, welches zerstört in den Scherben und Putzbrocken im Wohnzimmer herumlag. Ich habe keine Erinnerung mehr daran, wie diese Nacht zu Ende ging. Auf jeden Fall konnte das Feuer im Vorderhaus auf die eigentliche Vorderfront begrenzt werden, so daß die an den Treppenhäusern der Seitenflügel gelegenen Räume der Vorderhauswohnungen nicht ausbrannten.

Mein Vater fuhr auf jeden Fall am Morgen zu seiner Arbeitsstelle in der Zentralbank am Alexanderplatz. Ich wurde allein zu meiner Großmutter geschickt, die in der Joachim-Friedrich-Straße in Wilmersdorf wohnte. Ich hatte einen kleinen Rucksack auf dem Rücken und wanderte von der Niebuhrstraße zur Großmutter, um ihr mitzuteilen, daß wir am Leben waren. Auf dem Weg dorthin waren keine Bombenschäden zu sehen, nur die Luft und ich selbst hatten einen intensiven Brandgeruch. Die Tatsache, daß ich alleine zum Überbringer unseres Lebenszeichens ausersehen war, sowie die in dieser Nacht durchlebten Ereignisse machten mich irgendwie stolz, und ich hatte das Gefühl, schon ein »alter Landser« zu sein. Meine Großmutter war natürlich geschockt, aber auch erleichtert, als ihr Enkel unversehrt vor ihr stand.

Später erfuhren wir dann, daß auf der unserem Wohnhaus gegenüberliegenden Seite der Niebuhrstraße eine Luftmine explodiert war. Ob unser Vorderhaus darüber hinaus von Brandbomben getroffen wurde oder das Feuer durch die Explosion der Luftmine entstanden war, haben wir nicht erfahren. Wie dem auch sei, wir waren erst einmal davon gekommen.

In den nächsten zwei Wochen wohnten wir, meine Eltern und ich, dann bei meiner Großmutter in der Joachim-Friedrich-Straße. In dieser Zeit gab es in jeder Nacht Fliegeralarm, den wir im Luftschutzkeller der Joachim-Friedrich-Straße verbringen mußten. Das wurde für mich zum angsterfüllten Erlebnis, weil dieser Keller anders ausgebaut war und über Rohre für die Luftzufuhr verfügte. Diese Rohre verstärkten und veränderten das Knallen des Flakbeschusses sowie der explodierenden Bomben in einer Weise, wie ich es bisher nicht erlebt hatte. Das, was in der Niebuhrstraße vorher zur Routine geworden war, hatte plötzlich eine andere Dimension erlangt. Meine Eltern haben dann im Einvernehmen mit meiner Großmutter sowie unseren Verwandten in Pommern erreicht, daß ich mit meiner Großmutter zunächst dort untergebracht werden konnte.

Da die Wohnung in der Niebuhrstraße nicht bewohnbar war und keiner eine Vorstellung hatte, wie es mit den Bombenangriffen auf Berlin weitergehen würde, war die Rückkehr nach Berlin nicht kalkulierbar. So fuhren wir, vermutlich noch Ende November 1943, von Berlin über Stettin nach Neumassow, einem kleinen Dorf im Norden Pommerns. Meinen zehnten Geburtstag am 7. Dezember 1943 habe ich jedenfalls schon in Pommern verlebt. In Pommern war von Krieg und Luftangriffen bis in den Sommer 1944 nichts zu spüren. Im Sommer besuchte uns dort mein Onkel mit Frau, der während seines Urlaubs als Soldat in Rußland diese Gelegenheit nutzte, seine Mutter zu sehen. Während dieser Zeit gab es an einem Tag plötzlich ein länger andauerndes und dröhnendes Brummen, und am Himmel waren unzählige Kondensstreifen zu sehen. Es waren für mich die ersten amerikanischen Bomber, die ich hörte und am Himmel sehen konnte.

Mein Onkel hatte als Soldat natürlich schon vereinzelte Fliegerangriffe miterlebt, war aber von der Menge der Flugzeuge, die dort unbeeinträchtigt ihre Bahn zogen, konsterniert. Vor allen Dingen wollte er, daß wir uns in Sicherheit brachten, rechnete er doch damit, daß sie ihre Bomben hier irgendwo abladen könnten. Aber wo gab es Sicherheit? Das Bauernhaus hatte keinen Keller und war nur aus Fachwerk und Lehm gebaut. Die Dorfbewohner nahmen auch weiter keine Notiz von der Bomberflotte, wußten vielleicht gar nicht, daß es feindliche Flugzeuge waren. Woher auch, einen Rundfunkempfänger gab es bei unseren Verwandten nicht, und ich kann mich nicht erinnern, daß dort jemand regelmäßig eine Zeitung las. Alles, was man über Krieg und Luftkrieg wußte, kannte man nur vom Hörensagen. Welches Ziel die Bomberflotte an diesem Tag hatte, weiß ich nicht, war aber um eine neue negative Erfahrung reicher. Der Onkel mußte nach einer Woche wieder an die Front, aber die Bomber flogen von nun an häufiger über den Himmel Pommerns.

Es tauchten nach ihrem Überflug Stanniolstreifen auf, die sie zum Schutz vor Radar abgeworfen hatten. Hierzu gab es die abenteuerlichsten Deutungen. Nicht anfassen, sie könnten vergiftet sein, hieß es, oder: Das Vieh soll sie fressen und daran eingehen. Manchmal fand man auch Aluminiumblechstücke, die wohl angeschossene Bomber verloren hatten, und es ging die Sage um, daß man schon im Wald Neger, sprich die Besatzung abgeschossener Bomber, gesehen hätte. Daß damit bewußt oder unbewußt Angst geschürt wurde, die dann auch tatsächlich vorhanden war, wenn man etwas tiefer in den Wald gehen wollte, muß ich bestätigen. Damit waren Krieg und Fliegeralarm für mich wieder Realität geworden.

Während meines Aufenthaltes in Pommern wurde ich für die Hitlerjugend erfaßt. Irgendwo mußte ich mich melden und wurde von einem in braune Uniform gekleideten SA-Mann zu meinen Personalien befragt. Dabei wurde mir angekündigt, daß ich von nun an jeden Sonntag, natürlich in HJ-Uniform, zum Dienst erscheinen müßte. Gott sei Dank war dieser Dienst meistens nur das Baden in einem See oder ein Geländespiel. Die inzwischen von meiner Großmutter beschaffte HJ-Uniform blieb fast ausschließlich im Kleiderschrank. An manchen Sonntagen hatte meine Großmutter auch eine Ausrede für diejenigen bereit, die mich zum Dienst abholen wollten. Mir war das recht, denn eine ausgeprägte Neigung für den HJ-Dienst hatte ich nicht.

Die Tagesangriffe der Amerikaner nahmen immer mehr zu, hinzu kamen auch noch nächtliche Angriffe der Engländer. Da in Pommern auf dem Dorf kein Fliegeralarm in Form des Sirenensignals gegeben wurde, hat man diese Angriffe immer nur durch das Brummen der Bomberverbände mitbekommen. Lediglich wenn Stettin oder Peenemünde angegriffen wurde, hat man auch das dumpfe Wummern hören und zusätzlich des Nachts das Aufleuchten der Explosionen am Horizont sehen können.

Es muß im August oder auch schon September 1944 gewesen sein, als mich plötzlich ein starkes Heimweh überkam. Vielleicht haben meine Eltern und auch meine Großmutter die Kriegslage besser und richtig erkannt und wußten, daß auch der Landkrieg bald die deutschen Grenzen erreichen beziehungsweise überschreiten würde. Jedenfalls ging es recht schnell und ich kehrte mit meiner Großmutter nach Berlin zurück. Auf der Rückfahrt, ich hatte mir meine HJ-Uniform angezogen, wurden wir auf dem Bahnhof Stettin von den sogenannten »Kettenhunden« (Feldgendarmerie) kontrolliert. Den Grund habe ich nicht erfahren, konnte mir das aber später in etwa zusammenreimen. Ich war jedenfalls empört, warum man denn einen uniformierten Hitlerjungen kontrollierte, habe das aber nur meiner Großmutter gegenüber zu Ausdruck gebracht. In Berlin angekommen, fuhr ich dann mit meinen Eltern zum Haus der Großmutter mütterlicherseits nach Falkensee, weil meine Eltern in der Zwischenzeit dort untergekommen waren. Meine andere Großmutter zog wieder in ihre Wohnung in der Joachim-Friedrich-Straße ein, in der noch meine Tante lebte.

Das Haus in Falkensee war ein Zweifamilienhaus mit Keller, der bei Fliegeralarm aufgesucht wurde und wo man sich in relativer Sicherheit wähnte. Kurze Zeit später wurde im Garten des Grundstücks von meinem Vater und dem Lebensgefährten meiner Großmutter noch ein »Bunker« gebaut, den man bei Fliegeralarm nutzen wollte. Dieser »Bunker« war nicht mehr als ein etwa sechs Meter langes, drei Meter breites und zwei Meter tiefes Erdloch. Darüber waren Holzbohlen gelegt und der ausgehobene Sand darauf geschaufelt. Man fühlte sich etwas sicherer in diesem »Bunker«, der jedoch nur dann aufgesucht wurde, wenn man den Bombenangriff in der Nähe befürchtete.

Falkensee hatte zum damaligen Zeitpunkt eher noch einen dörflichen Charakter, eine größere Industrieanlage war zwischen Spandau und Falkensee in Albrechtshof gelegen, in der Panzer, zumindest Teile davon, gefertigt wurden. Des weiteren war ein Militärflugplatz in der näheren Umgebung, der mir als Flugplatz Staaken bekannt war, in der einschlägigen Literatur aber ausschließlich als Flugplatz Döberitz bezeichnet wurde. Der von dort aus täglich abgewickelte Flugverkehr war für mich natürlich aufregend, ich konnte die einzelnen Flugzeugtypen schon an ihrem typischen Geräusch erkennen. Aber anscheinend war dieser Flugplatz für die Bomber nicht sehr interessant, denn bis zur Einnahme durch die Rote Armee ist er, soweit ich es beurteilen kann, nicht Ziel eines Angriffs gewesen.

Ob ein Angriff auf Berlin bevorstand, haben wir immer auf einem anderen Weg erfahren. Mein Vater und ich haben über das Radio die Leitstelle für die Luftlage Berlins abgehört. Mein Vater hatte sich auch eine eigentlich nicht für die Öffentlichkeit bestimmte Karte besorgt. Diese Karte zeigte Deutschland in den damaligen Grenzen und war in Planquadrate eingeteilt, die mit den Buchstaben des Alphabetes bezeichnet waren. Jeden Abend, etwa zwischen 18 und 19 Uhr, begann das gleiche Spiel: Die Karte wurde auf dem Tisch ausgebreitet und das Radio auf die Frequenz der Leitstelle Berlin eingeschaltet, um zu hören, ob über dem »Reichsgebiet« feindliche Flugzeuge einflogen. War die Leitstelle schon auf Sendung, hörte man sozusagen als Pausenzeichen nur das laute Ticken einer Uhr. Waren Bomberverbände im Anflug, dann kamen Durchsagen in Form von Planquadrat-Bezeichnungen mit zusätzlichen Gebietsangaben. Die Bomberverbände, die Berlin anflogen, kamen in der Regel über die Deutsche Bucht eingeflogen und bewegten sich weiter über das Gebiet Hannover-Braunschweig, um dann Kurs auf Berlin zu nehmen. Um die einzelnen Bomberverbände zu verfolgen, hatte mir mein Vater farblich unterschiedliche Spielfiguren vom Mensch-ärgere-dich-nicht-Spiel gegeben, und mit Streichhölzern wurden die Flugrichtungen markiert. So waren an manchen Abend drei bis sechs Bomberverbände auf der Karte zu sehen. Sobald ein Verband den Raum Hannover-Braunschweig erreichte, wurde in Berlin Voralarm gegeben. Von diesem Zeitpunkt an wurden die Planquadrat-Bezeichnungen interessant. Das Planquadrat G-F, von der Leitstelle als Gustav-Friedrich gesprochen, signalisierte das Gebiet um Brandenburg an der Havel. Spätestens jetzt war es klar, daß der Berliner Raum wieder Angriffsziel sein würde. Es wurde Zeit, das Radio auszuschalten und in den Keller respektive in den sogenannten Bunker zu gehen.

Die Entscheidung für den Bunker wurde aber meistens erst nach Beobachtung der abgeworfenen Zielmarkierungen, der »Tannenbäume« getroffen, denn soviel Erfahrung meinte man schon zu haben, daß außerhalb der markierten Gebiete kaum Bomben fallen würden. Aber Angst hatte ich schon.

So verging fast jeder Tag bis zum Mai 1945. Nachts kamen die englischen Verbände, am Tag die Amerikaner. Meine Eltern mußten allen Widrigkeiten zum Trotz täglich von Falkensee mit der Vorortbahn nach Spandau und von dort weiter mit der S-Bahn nach Berlin zu ihren Arbeitsstätten und abends auf dem gleichen Weg zurück. So lebte man jeden Tag mit der Ungewißheit, ob sie den Tagesangriff unversehrt überstanden hatten. Telefonische Kontakte waren nicht möglich, da es im Haus meiner Großmutter kein Telefon gab.

Zur Schule ging man morgens um acht Uhr nur noch, wenn der Nachtangriff nicht über Mitternacht hinaus angedauert hatte, sonst war der Schulbeginn auf zehn Uhr angesetzt. Selbst dazu kam es nur noch selten. Entweder hatte man gerade die Schule erreicht und es wurde Voralarm für den Tagesangriff gegeben, oder man wurde schon auf dem Schulweg vom Sirenengeheul überrascht. In beiden Fällen mußte man schnell wieder nach Hause rennen, denn die Schule hatte keinen Luftschutzraum, und öffentliche Luftschutzräume gab es in Falkensee nicht.

Wenn man Pech hatte, flogen über einem schon die ersten Bomber, und man war noch nicht in Sicherheit. Es war erwünscht, in der Schule mit der HJ-Uniform zu erscheinen, und auch der Hitlergruß war dort schon obligatorisch. Selbst unser Lehrer gab sich militärisch, was seine Uniform und kommandohafte Sprache ausdrückten. Er glaubte wohl immer noch an den Endsieg, und ich muß gestehen, daß ich in meinem Inneren wohl unbewußt auch so programmiert war.

Auch dem Dienst bei der Hitlerjugend konnte ich in Falkensee nicht entgehen. Durch den fast ständigen Wechsel zwischen Tages- und Nachtangriffen kam meistens der abendliche Dienst bei der Hitlerjugend nicht groß zum Tragen, weil zu dieser Zeit schon wieder mit Voralarm zu rechnen war.

Am 20. April 1945 gab es wieder einen Tagesangriff. Entweder mußte ich an diesem Tag erst um zehn Uhr zur Schule, weil der Nachtangriff über Mitternacht hinaus angedauert hatte, oder es fand gar keine Schule mehr statt. Ich war wie üblich mit meiner Großmutter allein zu Hause, als die Bomberverbände ihre Bahn zogen. Ich stand im Garten in der Nähe des Bunkers und beobachtete den Himmel, als plötzlich von rechts im Tiefflug ein deutscher Düsenjäger Me 262 auftauchte, gefolgt von einem amerikanischen Jäger. Das amerikanische Jagdflugzeug feuerte einige Feuerstöße auf die Me 262, und diese verschwand tiefergehend aus meinem Blickwinkel, während der Amerikaner hochzog. Ich konnte das nicht fassen. Daß der deutsche Düsenjäger abgeschossen worden war, mußte ich stark annehmen, zumal ich in einiger Entfernung eine Rauchwolke aufsteigen sah. Sofort nach Beendigung des Fliegeralarms setzte ich mich auf mein Fahrrad und fuhr in die Richtung der Absturzstelle. Es war tatsächlich so, wie ich befürchtet hatte. Die Absturzstelle war natürlich schon abgesperrt. Aus der Entfernung sah ich nur eine Schneise von abrasierten Bäumen und im Hintergrund ein zerstörtes Haus. Wie ich von Umstehenden hörte, soll die Me 262 in das Haus gestürzt, der Pilot dabei ums Leben gekommen sein. Dieses Ereignis hat mich nicht mehr losgelassen, und erst sehr viel später habe ich begriffen, daß ich von der Propaganda im Dritten Reich unbewußt schon so beeinflußt war, daß ich zwar nicht an den Endsieg glaubte, aber an die Unverwundbarkeit der deutschen »Wunderwaffen«.

Einige Tage später wurden dann alle Hausbesitzer aufgefordert, in ihren Vorgärten Erdlöcher auszuheben, um den deutschen Truppen vorbereitete Stellungen zu bieten. Diese Anordnung wurde befolgt, insbesondere auch deshalb, weil einige Grundstücke weiter ein uns als hundertprozentiger Nazi bekannter Nachbar wohnte, der als erster seine Erdlöcher aushob. Um eventuellen Widrigkeiten aus dem Wege zu gehen, kam man eben auch dieser Anordnung nach. Hierzu muß ich erwähnen, daß dieser Herr auch der erste war, der nach dem Einmarsch der Russen in unserem Gebiet eine rote Fahne hißte, die allerdings einen sehr dunkelroten Kreis in der Mitte aufwies, wo einige Tage zuvor noch das Hakenkreuz gewesen war.

Mein Vater befürchtete, aus Berlin nicht mehr zurückkehren zu können, weil er möglicherweise zum sogenannten Volkssturm einberufen werden sollte. Unweit vom Haus meiner Großmutter wurden in einer Schlucht Volkssturmleute an Maschinengewehr und Panzerfaust ausgebildet, was ich mir auch angesehen habe. Auf einem Nachbargrundstück wurden Zwei-Zentimeter-Flakgeschütze in Stellung gebracht, die jedoch am nächsten Tag weiterzogen. Zurückgelassene Munitionsgurte mit Zwei-Zentimeter-Leuchtspurgeschossen habe ich aufgesammelt und mit nach Hause genommen. Als mein Vater das sah, hat er mir die Gefährlichkeit dieser Munition sehr schnell nahegebracht, und ich mußte die Munition in einem nahegelegenen Wasserlauf versenken.

Die letzten deutschen Soldaten habe ich dann einen Tag später gesehen, als sie am Haus meiner Großmutter vorbeizogen und sich ihrer MG-Munition unweit des Hauses entledigten. Nun hieß es endgültig, die Russen kommen. Wertsachen wurden in Konservendosen oder Gläsern im Garten eingegraben, und ich vergrub auch mein HJ-Fahrtenmesser sowie das HJ-Koppel auf Anraten meines Vaters. Was mit den übrigen Teilen meiner HJ-Uniform geschah, weiß ich nicht mehr, aber sie blieben sicherlich nicht im Hause. Und dann begann das bange Warten auf das, was da kommt. Man hörte schon das dumpfe Grummeln der Artillerie sowie zunehmendes Kettenrasseln von Panzern der nördlich von Berlin vorstoßenden russischen Verbände.

Meine Mutter und einige Nachbarn waren trotzdem mit ihren Fahrrädern nach Wustermark gefahren, weil es hieß, daß es auf dem dortigen zerbombten Verschiebebahnhof Zucker gäbe. Ich befand mich gerade im Garten, als ich für mich unbekannte Flugzeuggeräusche hörte. Es waren drei russische Jäger, die alsbald den etwa einen Kilometer entfernt liegenden Schlachthof mit ihren Bordwaffen attackierten. Dann drehten sie eine Runde über unser Haus, und ich starrte ihnen immer noch hinterher, als sich plötzlich kleine Punkte von den Flugzeugen lösten. Ich rannte ins Haus, rief: »Bomben, Bomben!« und wollte noch in den Keller, als es auch schon knallte. Drei Bomben hatten ein etwa dreihundert Meter entferntes Haus getroffen und teilweise zerstört. Wir waren unversehrt geblieben. Das war das letzte Mal, daß ich einen Bombenangriff erlebte.

Meine Mutter und die Nachbarn kamen mit je einem Sack Zucker wieder aus Wustermark zurück und brachten die Nachricht mit, daß dort schon die Russen wären. In der Zwischenzeit war auch die Zahl der Hausbewohner angewachsen. Im Haus meiner Großmutter hatten nun neben mir und meinen Eltern noch Onkel, Tante und Neffe aus Spandau sowie eine Mutter mit Tochter, geflüchtet aus dem Breslauer Raum, Unterschlupf gefunden. Mein Vater und ich setzten uns daraufhin in die obere Etage des Hauses in ein Zimmer mit Blick auf die vor uns liegenden Wiesen und Felder sowie auf die Bahnlinie Berlin-Nauen-Hamburg und warteten auf die Russen.

Sie tauchten dann auch alsbald auf, aus Richtung Berlin kommend. Wegen ihren braunen Uniformen dachte ich erst, daß es keine Russen wären, sondern Angehörige der Organisation Todt, deren Uniformen einen ähnlichen Farbton hatten. Aber als sie Geschütze in Stellung brachten, wurde klar: das sind Russen. Und schon erschienen sie vor dem Haus.

Die beiden im Vorgarten ausgehobenen Erdlöcher und den »Bunker« hatten wir noch am Vormittag wieder zugeschaufelt, um gar kein Mißtrauen zu erwecken. Ein angetrunkener, mongolisch aussehender Russe verlangte von meinem Vater die Taschenuhr und drohte, ihm mit dem Beil sonst den Kopf einzuschlagen. Gott sei Dank ging ein vom Dienstgrad höherer Russe dazwischen. Ob mein Vater seine Uhr zurückerhielt, vermag ich nicht mehr zu sagen.

Das Haus wurde vom Keller bis zum Dachboden durchsucht und für gut befunden. Die untere Etage mußte geräumt werden, und hier zogen die Russen mit einer Reparaturwerkstatt für Pferdegeschirr ein. Auf dem Nachbargrundstück, auf dem nur eine Holzlaube stand, wurden Nähmaschinen zum Nähen der Geschirre aufgestellt. Alle Hausbewohner wurden von den Russen dazu eingeteilt, das auf ihren Pferdewagen befindliche Gerät in das Haus zu tragen. Dabei erwischte ich eine große Pfanne mit pfannkuchenähnlichem Gebäck, wovon ich mir gleich einige in die Tasche steckte. Sie schmeckten herrlich. Danach hob zwischenzeitlich eingetroffene russische Infanterie vor dem Haus mehrere Stellungen aus und begann, sich Essen zuzubereiten, während meine hinzugekommenen Freunde und ich dabei zusahen. Das Essen bestand aus in einem Topf ausgelassenen Speckstücken, dazu gab es Alkoholika, vermutlich Wodka.

Das schürte natürlich die Angst, besonders bei den Frauen, wie die nächste Nacht zu überstehen wäre. Aber es blieb ruhig. Am nächsten Tag war die Infanterie weg, nur die Reparaturwerkstatt blieb. Dann wurde plötzlich eine Kuh herbeigetrieben, von den Russen vor dem Haus geschlachtet und zerlegt. Fleisch blieb für uns kaum übrig, aber Innereien und Rinderfett durften wir behalten. Was für ein Fest! Auch diese Einheit zog dann weiter, und außer einer bekannt gewordenen Vergewaltigung der Tochter eines Nachbarn war alles glimpflich verlaufen. Daß die untere Etage des Hauses, wo die Russen »gehaust« hatten, nicht wiederzuerkennen war, damit mußte man leben. Den Kohleherd in der Küche hatten sie nicht genutzt. Sie hatten ihr Feuer gleich auf der Herdplatte entzündet, und dementsprechend sah die Küche aus. In den Wohnzimmertisch hatten sie ihre Messer gerammt und Kerzen bis auf das Holz abbrennen lassen. Und im Bad sah es wie vorhergesagt aus: Die Toilette war nicht benutzt worden, weil unbekannt, dafür hatte die Badewanne herhalten müssen. Man war froh, zunächst erst einmal davongekommen zu sein.

Gleich nach dem 8. Mai zogen meine Eltern und ich nach Berlin zurück, zur Niebuhrstraße 56. Im wahrsten Sinne des Wortes zogen wir, denn unsere paar Habseligkeiten waren auf einen Handwagen verladen, und mit dem ging es von Falkensee über Spandau, Seegefelder Straße – Ruhlebener Straße – Teltower Chaussee – Angerburger Allee – Scholzplatz – Heerstraße – Reichskanzlerplatz – Kantstraße zur Niebuhrstraße. Auf diesem Wege habe ich die ersten Leichen gesehen, zerstörtes Kriegsmaterial und Ruinen über Ruinen, bis hin zur Teilruine Niebuhrstraße 56. Zum ersten Mal seit dem 22. November 1943 sah ich die Hausnummer 56 wieder von vorn. Die beiden Seitenflügel und das Hinterhaus waren notdürftig hergerichtet, und alle Wohnungen waren bewohnt. Der Zugang zum Haus führte wieder von vorne durch den ehemaligen Zugang, der jetzt nur ein schmaler Trümmerpfad war. Unsere Wohnung war zwar immer noch grau vom Staub, die Fenster waren mit Pappe vernagelt, in den Zimmern hingen die Putzbrocken herunter und das Gebälk schimmerte durch, aber es war unser Zuhause.

Und jetzt begannen die Nachkriegszeit sowie der Aufbau. Etwa Mitte 1945 begann wieder die Schule. Als erstes haben wir die Kriegs- beziehungsweise Bombenschäden an der Schule, der 25. Volksschule in der Sybelstrasse in Charlottenburg, reparieren

müssen. Wir haben die intakten Dachziegel aus dem Schutt he-
raussuchen müssen und haben diese auch teilweise wieder selbst
eingedeckt. Daß dort elf- und zwölfjährige Kinder auf dem Dachstuhl herumgeklettert sind und Dachziegel verlegt haben, er-
scheint wohl in der heutigen Zeit unvorstellbar. Da die Schule
während des Krieges auch als Lazarett genutzt worden war,
mußten von uns auch diese Hinterlassenschaften beseitigt werden. Blutdurchtränkte Strohsäcke wurden auf dem Schulhof verbrannt, während die kleineren Schüler auf dem Schulhof in der
Pause ihre Kreise zogen. Ab und zu ging auch noch Munition in
den Flammen hoch, ein nicht ganz ungefährliches Unterfangen.

Meine Schwester

Ich bin Jahrgang 1930. Einen Tag vor dem 3. Februar 1945 bin ich von
einer Kinderlandverschickung zurückgekommen, am Tag vor dem Angriff,
bei dem meine Schwester ums Leben kam.

Veronika Kandel

Ich habe es selbst erlebt, und zwar im Alter von 15 Jahren.
Damals ist leider meine Schwester, am 3. Februar 1945 um zwölf
Uhr, durch so einen Angriff ums Leben gekommen. Sie war ein
Lehrmädchen bei der Allianz-Versicherung in der Tauben-, Beh-
ren- und Mohrenstraße. Als der Angriff kam, ging sie mit ihren
Kollegen in den Keller der Firma und wurde dort von einer Bombe
getötet. Mein Vater arbeitete auch dort und hat versucht, seine
Tochter zu retten. Es ist ihm nicht geglückt, und er kam mit der
traurigen Nachricht nach Hause, wo wir, meine Mutter und Schwester, auf ihn warteten.

Es sind mehrere Kollegen ums Leben gekommen, so daß die
Allianz damals eine Massenbeerdigung vorschlug. Mein Vater
lehnte das aber ab, und so haben wir meine Schwester in Mariendorf, Eisenacher Straße, allein beerdigt.

Die furchtbare Angst

Ich bin am 28. Oktober 1927 in Berlin geboren. Die für mich schlimmsten Angriffe erlebte ich im Alter von 15 und 17 Jahren am 22. und 23. November 1943 im Bunker am Anhalter Bahnhof, am 3. Februar 1945 in Kreuzberg, Ritterstraße 11 (meiner Arbeitsstelle) und am 18. März 1945 in Kreuzberg, Hornstraße 11 (meinem Wohnhaus). Während der Bombenangriffe war ich in der Berufsausbildung als Verlagskauffrau, die ich 1946 mit der Gehilfenprüfung beendete. Danach arbeitete ich beim Lothar Blanvalet Verlag in Wannsee bis 1950, beim Verlag de Gruyter in Schöneberg bis 1960, bei der Swakopmunder Buchhandlung in Südwest-Afrika 1960-1961, und bei der Berliner Polizei im Meldestellenbereich bis 1987. Ich bin unverheiratet, habe eine jetzt 40jährige Tochter, die ich allein aufzog. Nach 45jähriger Berufstätigkeit bin ich seit 1987 Rentnerin.

Luzie Kannewischer

Bei Kriegsausbruch war ich 11 Jahre alt, und als die schlimmsten Bombenangriffe Berlin trafen, nämlich 1943-1945, erst 15- bis 17jährig. Zu dieser Zeit in der Lehre als Verlagskaufmann, hatte ich keine Chance, evakuiert zu werden; denn das wurde den Berufstätigen – auch den so jungen – nicht gestattet. So mußte ich die Nächte unter furchtbaren Ängsten oft stundenlang im Luftschutzkeller verbringen und trotzdem am nächsten Morgen pünktlich am Arbeitsplatz sein. Das wurde mit dem Fortschreiten des Krieges immer schwieriger, weil die Straßenbahnen wegen zerstörter Schienen oft nicht fuhren. Die Situation während der Luftangriffe war so furchtbar für mich, daß ich noch heute, nach fast 60 Jahren, unter ziemlichen Ängsten leide. Das ist Menschen, die das nicht erlebt haben, nur schwer begreiflich zu machen. Es gab so viele, viele schwere Luftangriffe auf Berlin, aber einige möchte ich doch besonders erwähnen, weil sie besonders herausragten.

Das waren einmal die Nachtangriffe am 22. und 23. November 1943. Meine Mutter war mit mir in den Bunker am Anhalter Bahnhof gegangen. Dort fanden wir nur noch Platz im vierten Stock des Bunkers, also über der Erde. Dicht an dicht standen die Menschen, und unter dem gewaltigen Luftdruck der Bomben schwankte der Bunker wie ein Schiff auf dem Meer. Alle Menschen fürchteten sich sehr, und sogar die im Bunker anwesenden Soldaten sagten, daß sie lieber an der Front wären, als hier so hilflos ausgeliefert zu sein. Dann der Tagangriff am Sonnabend, dem 3. Februar 1945. Es war am frühen Vormittag, ich war auf meiner Arbeitsstelle, als der Luftangriff begann. Welle auf Welle der Bomber flog heran und warf ihre Last ab. Stundenlang ging das so. Wir alle glaubten, diesen Angriff nicht zu überleben. Als dann endlich gegen Mittag Entwarnung kam, sahen wir, daß wir trotz allem noch Glück gehabt hatten, denn das gesamte Zeitungsviertel war vernichtet, der Tag plötzlich zur Nacht geworden. Es brannte überall, und die Straßen waren übersät von Trümmern. Wie durch ein Wunder war das kleine Stück der Ritterstraße zwischen Prinzenstraße und Kottbusser Tor – wo meine Arbeitsstelle lag – teilweise stehengeblieben. Am darauffolgenden Montag sahen wir das ganze Ausmaß der Katastrophe. Die Straßen und Gehwege waren nur noch qualmende Schuttberge, über die man klettern mußte, um zur Arbeit zu gelangen. Unzählige Menschen sind in den Trümmern verbrannt oder von ihnen erschlagen worden. Die verkohlten Leichen lagen auf den Straßen, und ein furchtbarer Geruch lag über der ganzen Gegend. Man wird sicher verstehen, daß ich das niemals vergessen werde.

Und dann der 18. März 1945, ein Sonntag. Zu diesem Zeitpunkt starteten die Amerikaner ihre Angriffe bereits aus dem Westen Deutschlands, so daß dem Alarm unmittelbar der Bombenfall folgte. So auch an diesem Tag. Ich hatte gerade unsere sehr alte, liebe Nachbarin in den Luftschutzkeller geführt, als auch schon der Angriff begann. Mit einem furchtbaren Knall und Luftdruck traf eine Bombe unser Hinterhaus. Das Licht im Keller erlosch, eine dicke Staubwolke bedeckte uns alle, und im Licht der Taschenlampen bemerkten wir zu unserem Entsetzen, daß der Kellereingang durch Trümmer blockiert war. Von der Außenwelt hörten wir zunächst nichts mehr, bis plötzlich am Notausgang gerüttelt wurde, den andere Hausbewohner freigeschaufelt hatten. Sie halfen uns über eine Notleiter aus dem Keller heraus ins Freie. Und da standen wir dann ohne Wohnung, nur mit dem, was wir am Leibe trugen!

Wir mußten die Kriegshandlungen im Land durchstehen, die Bombenangriffe, die Eroberung Berlins durch die Russen und die furchtbare Hungersnot nach dem Krieg (ein Care-Paket habe ich übrigens nie bekommen). Und als ich wenige Jahre nach dem Krieg wegen meiner noch andauernden Ängste einen Arzt der AOK konsultierte, sagte der zu mir: »Aber jetzt fallen doch gar keine Bomben mehr, da brauchen Sie doch keine Angst mehr zu haben!«

Atemlose Stille

Ich bin Jahrgang 1937. Seit meiner Geburt lebte ich mit meiner Mutter (mein Vater fiel 1944 an der Westfront) in Steglitz/Lankwitz im dritten Stock des Mietshauses Am Elsenbruch 5, gegenüber der Fabrik Loewe-Opta, Teltowkanalstraße, wo kriegswichtige Güter hergestellt wurden. Bis 1958 absolvierte ich eine Banklehre bei der Berliner Disconto Bank (inzwischen Deutsche Bank). Nach einem zehnmonatigen Trainee-Aufenthalt in Spanien war ich bis zu meiner Pensionierung 1993 in diversen Abteilungen auch an leitender Stelle tätig. Seit 1963 bin ich verheiratet und habe zwei erwachsene Söhne, die als Richter tätig sind. Nach meinem Ausscheiden aus der Bank habe ich mehrere Jahre als Seniorenvertreter im Bezirk Zehlendorf mitgearbeitet. Seit 1997 engagiere ich mich in der Senioren-Kabarettgruppe »Allegro«.

Wilfried Kapps

Ich wohnte seit meiner Geburt mit meinen Eltern in einem Miets-haus in Steglitz/Lankwitz gegenüber der Firma Loewe-Opta AG. Dieses Unternehmen besaß besonders gesicherte Luftschutzräu-me. Unser Haus verfügte nicht über einen derartigen Schutz-raum. Wie in jener Zeit dringend empfohlen, gingen wir ständig vollständig angezogen ins Bett, die mit dem Nötigstem gepack-ten Koffer neben uns.

Und eines Nachts passierte es: Fliegeralarm! Mutter und ich sprangen aus den Betten und stürzten die vier Treppen hinunter, um in den Schutzraum der Fabrik zu gelangen. Im Treppenhaus kamen uns schon die berstenden Flurfenster entgegen! Auf der Straße angekommen, brannte bereits das nahe unseres Hauses gelegene E-Werk lichterloh, und ein auf dem Gelände befindli-cher Turm stürzte gerade ein. Unter dem ohrenbetäubendem Lärm der Einschläge und dem Krachen des Abwehrfeuers der Flak erreichten wir schließlich den bereits überfüllten Schutz-raum der Fabrik und erwischten noch ein kleines Plätzchen an der Wand. Im Raum herrschte eine geradezu unheimliche Stille, keiner wagte zu sprechen; die Anspannung der Menschen war einfach zu groß. Als ich mich nach einiger Zeit etwas erholt hatte von den schrecklichen Ereignissen auf der Straße, sagte ich in die atemlose Stille hinein mit der piepsigen Stimme eines Sechs-jährigen: »Mir bubbert mein ganzes Herz!« In diesem Moment brach im Raum ein befreiendes Lachen der Anwesenden aus, die alle wie aus einem Trancezustand erwachten. Mir war meine Bemerkung überaus peinlich, und ich fing an zu weinen, sogleich getröstet von meiner Mutter und auch anderen Erwachsenen.

Warten auf Rettung

Ich bin Jahrgang 1924. Am 28. Januar 1944 (D-Day für mich) war ich 19 Jahre alt und arbeitete als Stenotypistin bei der Saatgutstelle in Charlottenburg, wohnte bei meinen Eltern in Schöneberg, wo auch die Ausbombung stattfand. Nach dem Krieg arbeitete ich als Bibliothekarin im Amerika-Haus. Ich heiratete 1952. 1953 wanderten wir nach Amerika aus. Ungefähr 20 Jahre später brachte der Beruf meines Mannes uns nach Brüssel, wo wir bis vor einem Jahr lebten. Seit etwa einem Jahr leben wir wieder in Berlin. Der Kreis hat sich geschlossen.

Renate Knispel

Uns hat es am 28. Januar 1944 erwischt. Solch ein Datum vergißt man einfach nicht. Wir haben in der Kalckreuthstraße 8 gewohnt, das ist zwischen Wittenbergplatz und Nollendorfplatz. Den Alarm um Mitternacht hatten wir gut überstanden, aber dann ging es eben noch einmal los, so gegen drei Uhr. Wir waren kaum im Keller, da hat es uns erwischt, ein sogenannter Volltreffer. Man hat ein Gefühl, als würde einem der Kopf abgerissen. Wir waren bis zur Taille verschüttet. Unter dem Geröll drückte ich die Hand meiner Mutter. Sie drückte zurück, also lebte sie. Wir warteten auf die Rettung. Endlich klopften die Bewohner des angrenzenden Hauses an die Mauer, und irgend jemand von uns klopfte zurück. Danach schlugen sie ein Loch in die Wand und zogen einen nach dem anderen von uns da durch. Wir wurden in den Luftschutzkeller geführt, wo erstaunlicherweise noch das elektrische Licht funktionierte. Als die anderen Hausbewohner uns sahen, fingen sie an zu lachen. Für uns unerklärlich, aber dann zeigte uns jemand einen Spiegel. Wir waren völlig mit einer dicken Schicht grauen Staubes überzogen.

Du darfst nicht die Ruhe verlieren

Ich bin Jahrgang 1927 und war bei dem Erlebten 16 Jahre alt, Werkzeugmacherlehrling bei der Firma Solex. Wohnten bis zur Ausbombung des Hauses in der Berlichingenstraße. Dort wurden meine Mutter und meine Schwester am 30. Januar 1944 durch die Bomben getötet. Danach zogen mein Vater und ich zur Beusselstraße. Ort der Handlung im Bericht war Berlin NW 87 (Moabit), Beusselstraße.

Horst Konzog

3. September 1943: Wir waren im Keller der Beusselstraße 15, als ein starker Bombenhagel einsetzte. Im Hause befand sich der Einsatzstab der NSDAP, und da waren auch ein paar Jungen von der HJ. Mein Vater ging in den Luftschutzraum, ich blieb bei den HJ-Kameraden. Plötzlich ging das Licht aus. Staub wirbelte auf, und die Kellerverschläge wackelten in ihren Angeln. Dann rief mein Vater, ich solle zu ihm in den Luftschutzraum kommen. Ich ging im Schein der Taschenlampe hin und war gerade einen Schritt über der Türschwelle, als die Decke zusammenstürzte und die Steine mir auf den Kopf und auf die Schultern fielen. Ich hatte zum Glück einen Stahlhelm auf.

Mein erster Gedanke war: Du wirst verschüttet und darfst nicht die Ruhe verlieren, denn du wirst schon rauskommen. Das schlimmste war der Kalkstaub. Der setzte sich im Nu auf der Lunge und im Mund fest. Ich mußte immerzu nach Luft schnappen. Als ich mich gefaßt hatte, buddelte ich mich aus, denn ich war bis zu den Knien von den heruntergefallenen Steinen verschüttet. Dann habe ich für Ruhe gesorgt, denn die Frauen haben wild geschrien und gebrüllt. Als es etwas ruhiger geworden war, rief ich einmal nach meinem Vater, und als ich keine Antwort erhielt, dachte ich mir: Der wird schon irgendwo sein. Dann suchte ich einen Ausgang. Ich machte die Taschenlampe an, sah aber weiter nichts als Staub, so mußte ich eben herumtasten.

Als ich mich umdrehte und zur Tür gehen wollte, durch die ich vorhin gekommen war, bekam ich einen garstigen Schreck: Die Tür war bis zur Decke verschüttet. Wäre ich nur einen Schritt weiter zurück gewesen, so wäre ich heute nicht mehr. Als ich schon eine ganze Weile gesucht hatte, rief plötzlich jemand: »Hier ist der Ausgang.« Ich erkannte sofort die Stimme meines Vaters und war beruhigt. Ich lotste die Leute zum Ausgang und

traf dort meinen Vater. Wir gingen noch einmal in den Luftschutzraum zurück und fanden dort noch zwei alte Leute, die wir
hinausschleppten.

Als ich auf den Hof hinaustrat, hörte ich einen Hilferuf. Er
kam vom Quergebäude. An der Treppe angekommen, sah ich
eine Tür in einer Wohnung liegen. In der Wohnung stand eine
Frau, die am ganzen Körper zitterte. Neben ihr lag ihr Mann, der
vom Kachelofen verschüttet war. Ich rief nach Hilfe, und es
kamen mein Vater und ein unbekannter Kamerad. Wir trugen
die beiden hinunter in den Keller, ich verband den Mann, denn
sein Arm war gebrochen. Dann ging ich mit meinem Vater zu
unserer Wohnung. Das ganze Haus war stark demoliert, denn
gegenüber in die Fabrik war eine Bombe gefallen. Aber weil
nichts brannte, gingen wir zur Rostocker Straße und halfen dort
in drei Häusern löschen. Am anderen Morgen gingen wir nach
Hause und setzten die Wohnung instand.

Unvergessen

Hannelore Krasel

Es muß im Februar 1945 gewesen sein, als abends Bombenalarm
ausgelöst wurde. Ich war drei Jahre alt. Meine Mutter eilte mit uns
Kindern in den nächsten Luftschutzkeller. Alte Männer wiesen
den Frauen und Kindern in dem engen und dunklen Gewölbe
die Plätze zu. Ich hatte furchtbare Angst, denn bei jeder Detonation sprangen die Kellertüren auf, und ich sah draußen Feuer-
säulen, Rauch und Funken. Ich weinte sehr und rief nach meinem Vater. Nach Beendigung des Angriffs kehrten wir in unsere
Behelfswohnung zurück. Dort waren die Fensterscheiben zersprungen, die Scherben lagen auf dem Bett. Es war kalt. Im
Laufe des Tages versuchte meine Mutter, ihre jüngere Schwester
aufzusuchen, die ebenfalls in Berlin lebte. Mutter lief mit uns
Kindern los, aber die Straßen waren voller Trümmer, überall
qualmte es, und es war heiß. So kehrten wir in die Wohnung
zurück. Mutter unternahm nochmals einen Versuch, sie band uns
nasse Tücher um den Mund, jedoch ein Durchkommen war
nicht möglich. Später erfuhr meine Mutter, daß ihre erst 20jähri-
ge Schwester in einem Luftschutzkeller verschüttet worden war.

Sie mußte die Tote identifizieren.

Da die Angriffe immer heftiger wurden und ein Leben mit den kleinen Kindern im zerstörten Berlin kaum möglich war, zog meine Mutter mit uns zu ihren Eltern aufs Land, in ein kleines Dorf in der Mark Brandenburg. Meine Mutter hat die Schrecken dieses Krieges nie überwunden. Sie sagte immer, daß sie nie wieder von Herzen fröhlich sein konnte und unbeschwert lachen.

Nach dem Ende des Krieges verlebte ich auf dem Lande eine wunderschöne Kindheit. Dennoch habe ich bis heute meine Angst vor Knallerei, Feuer und Rauch nicht verloren. Die Bilder der in Schutt und Asche liegenden Stadt Berlin werde ich nie vergessen. Als am 11. September 2001 die Türme in New York einstürzten, geriet ich in Panik, weil ich den Ausbruch eines neuen Weltkrieges befürchtete. Ich hoffe von ganzen Herzen, daß meinen Kindern und Enkelkindern solch entsetzliche Kriegserlebnisse erspart bleiben.

Kindheitserinnerungen

Ich bin Jahrgang 1940. Als wir, die Familie mit zwei jüngeren Schwestern, Ende 1944 nach Berlin in unsere bis dahin nur leicht beschädigte Wohnung in Kreuzberg in die Hollmannstraße 37 zurückkehrten, war ich viereinhalb Jahre alt. Unsere Familie überlebte den Nationalsozialismus und auch den Realsozialismus, doch mit vielen Verlusten an Eigentum und Lebensqualität. 1970 heiratete ich und arbeitete schon damals wie heute in der Verkehrsplanung. Meine zwei Kinder sind inzwischen erwachsen. Die Kinder bereichern mit Reisen ihr Leben, wie auch wir Älteren, die nach dem Mauerfall viel nachzuholen haben. Ich plädiere für die Wiederherstellung wenigstens einiger historischer Bauten in Berlin. Dieser Wunsch hat vielleicht auch damit zu tun, daß ich viele Bauten noch als Ruinen gesehen habe.

Klaus Krause

Da ich bei Kriegsende erst ein Alter von vier Jahren und zehn Monaten erreicht hatte, sind meine Erinnerungen begrenzt. Sie beziehen sich auf einzelne Ereignisse. Bilder und Wörter der Eltern sind deutlich, wenn auch nur stückweise im Gedächtnis. Das Krachen der Bomben und die im Bombenteppich unbedingt vorhandenen Erschütterungen sind merkwürdigerweise nicht mehr in der bewußten Erinnerung.

1943 hieß es, Mütter mit kleinen Kindern weg von den Bombardierungen in Berlin. So kamen wir, zunächst noch eine jüngere Schwester mit unserer Mutter, zu Verwandten in Niederschlesien. Im Winter 1943/44 zogen wir weiter nach Oberschlesien. Von dort stammt meine erste Kriegserinnerung, nämlich daß wir, jetzt noch mit einer zweiten, ganz kleinen Schwester, vor der sich nähernden Front fliehen mußten. Das geschah kurz nach Weihnachten 1944 in sehr vollen Personenzügen, jedoch noch recht geordnet. Es kamen wohl alle Reisenden und Flüchtenden innerhalb der Waggons unter, Kleinkinder schliefen in Gepäcknetzen. Der Weg führte über Zwischenstationen nach Berlin. Hier begrüßte ich unsere Großmutter mit dem Ruf: »Omi, Omi die S-Bahn fährt wieder«. Irgendeine Erinnerung an diese nur im Berliner Raum verkehrenden Züge mußte also im Kleinkindgedächtnis nach eineinhalb Jahren noch vorhanden gewesen sein.

Die Wohnung hatte eine beschädigte Küche. Es hieß, dort wäre eine Flakgranate krepiert. Ansonsten war das Gebiet nahe dem Belle-Alliance-Platz (heute Mehringplatz) wohl noch unbeschädigt.

Fast täglich oder eher nächtlich war Fliegeralarm. Wir liefen von der Hollmannstraße (nicht mehr existent) zum nahen Reichspatentamt Alte Jakobstraße/Gitschiner Straße. Die kleine Schwester im Kinderwagen, die etwas größere saß oder lief irgendwie, dazu kamen die Rufe nach Beeilung. Der Kinderwagen blieb, wie viele andere, in einem Vorraum, die Schutzsuchenden vor den Auswirkungen Hitlers Krieg saßen in einem Kellergang. Unter der Decke hingen die Rohr- und anderen Leitungen und eine Reihe von Lampen. An den Wänden standen diverse Sitzgelegenheiten, wohl alte Bürostühle.

Am 3. Februar 1945 verlosch plötzlich das Licht im Luftschutzkeller. Irgendwann zogen die Menschen mit Taschenlampen zum Ausgang. Von dort kam der Ruf: »Wir sind verschüttet.« Irgendwie erreichten wir einen Nebenraum mit Fenster, diese Fenster befanden sich dicht über dem Erdboden des kleinen zum Gebäude gehörenden Grünstreifens. Das Gebäude ist eines der wenigen Vorkriegsbauten die jetzt noch im westlichen Kreuzberg stehen. Dort half uns ein Uniformierter, heute nehme ich an ein Luftschutzhelfer, über einen am Fenster stehenden Tisch ins

Freie. Die Bomber flogen immer noch, und es wurde Schutz hinter Mauern zwischen vom Luftdruck herausgerissenen Fenstern gesucht. Der Fußboden war dick mit umhergewirbelten Papieren bedeckt, und die Straßen waren voller Rauch und Staub. Der Weg in Richtung unserer Wohnung, auf dem wir einige Zeit, vielleicht Stunden vorher zum Luftschutzkeller geeilt waren, war nicht begehbar.

Wir zogen durch die Stadt, über eine Brücke des Landwehrkanals. Im Hintergrund brannte das Gaswerk. Auf diesem Gelände befindet sich heute das Sommerbad Kreuzberg. Davor schwang sich eine Rohrbrücke über den Kanal. Diese Rohrbrücke ist schon lange verschwunden, andere haben länger durchgehalten. Wir fanden etwas Ruhe in einem fremden Haus. Doch bald stoben die Funken vor den Fenstern, es hieß: »Das Dach brennt.« Schließlich kamen wir bei Verwandten unter.

Hier setzt auch mein akustisches Gedächtnis ein. Auf dem Nebenhaus war eine Sirene, die schrecklich heulte, so daß wir Kinder bei Alarm sofort ins Haus flüchteten. Flugzeuge brummten wie später während der Berliner Luftbrücke, und einmal knatterten Bordkanonen, die ein Flugzeug über einer nahen Straße abschossen, über das die Kinder der Umgebung noch lange sprachen. Wenige Wochen später erlebten wir den Einmarsch der Russen, also der sowjetischen Armee. Da blieb nur die besondere Erinnerung, daß Schnaps gesucht, aber im Keller liegender Wein abgelehnt wurde.

Damit begann die Nachkriegszeit. Ruinen waren normal, und an den Hauswänden waren noch lange dicht über dem Boden die weißen Pfeile sichtbar, die auf die Lage des Luftschutzkellers hinwiesen. Damit sollte Rettern gezeigt werden, an welcher Stelle des zerstörten Hauses nach Verschütteten zu suchen war.

Der Himmel war schwarz

Ich bin am 26. März 1931 in Berlin- Charlottenburg geboren, war in den Berichtsjahren also 12 bis 14 Jahre alt. Ich war das jüngste von sieben Geschwistern. Vier Brüder waren im Krieg. Der älteste Bruder ist vermißt. Nach dem Krieg habe ich Tischler gelernt. Von 1951 bis 1971 war ich Angestellter beim amerikanischen Wachdienst. Meine letzte Tätigkeit vor der Pensionierung war Leiter einer Sportanlage. Ehrenamtlich bin ich heute noch als Leiter der Box-Abteilung von Tennis-Borussia tätig. Diesem Verein gehöre ich seit 1949 an.

Horst Krause

Zuerst war alles ganz lustig. Mein Bruder spielte im Luftschutz-keller Schallplatten, wir haben auch mal eine Stinkbombe gewor-fen und uns gefreut, als der Luftschutzwart im »schlauen Buch« nachsah, um welches Gift es sich handeln könnte. Zu unserem Glück kam dann die Entwarnung. Schön war es auch, wenn der Nachtalarm nach 24 Uhr aufhörte, dann fiel die Schule am näch-sten Tag aus. Am Morgen fing dann das Suchen nach Granat-splittern an. Um die ersten Ruinen zu sehen, sind wir weit gefah-ren, und haben gestaunt, wie die ersten Bombengeschädigten versuchten, ihren Hausrat zu retten. Dann fielen die Bomben auch in unserer Christstraße in Charlottenburg. Die Eckhäuser waren sofort weg, und die ersten geborgenen Leichen lagen wie mit Puder bedeckt auf dem Bürgersteig, mit Packpapier zuge-deckt. Weil man dachte, es wären Klopfgeräusche zu hören, wurde mit bloßen Händen Schutt geräumt, aber es war immer zu spät.

Der schlimmste Angriff war am 23. November 1943. Wir gin-gen nach Alarmende die Berliner Straße (heute Otto-Suhr-Allee) in Richtung Knie (Ernst-Reuter-Platz), um nach unserer Schwe-ster und ihren vier Kindern zu sehen, die in der Maikowskistraße (heute Zillestraße) wohnte. Die Straßen waren nicht mehr zu er-kennen. Alles brannte, nur Rauch und Flammen um uns herum, wie in der Nacht, nur Dunkelheit. Als wir endlich ankamen, war von den Häusern nichts mehr zu sehen. Die heutige Bismarck-straße brannte zu beiden Seiten lichterloh. Im Gemeindehaus am Gierkeplatz haben wir nach langem Suchen unsere Schwester ge-funden, wo sie versorgt und anschließend evakuiert wurde.

Meine Einsegnung im Gemeindehaus der Epiphanienkirche in der Knobelsdorffstraße am 18. März 1945 fand an einem schö-nen Wintertag mit blauem Himmel statt. Während der Predigt schrie ein Kirchendiener dem schwerhörigen Pfarrer Nebel ins Ohr: »500 Bomber im Anflug.« Fluchtartig verließen alle die Kir-che, um in den Luftschutzkellern Schutz zu suchen − außer mir und meinen Freunden. Wir gingen in den Lietzenseepark und sahen am Himmel einen Fallschirm mit einem abgeschossenen Bomberpiloten. Als wir uns auf die Erde warfen, weil um uns

97

Granatsplitter pfiffen, kamen Männer aus einem Splittergraben und nahmen uns am Kragen, um uns in Sicherheit zu bringen. Nach Alarmende trafen wir uns alle wieder in der Kirche, die Feier wurde beendet. Der Himmel über Stadtmitte war schwarz. Kaum zu Hause, kam der nächste Alarm, diesmal waren Moabit und Wedding dran. So verlief meine Einsegnung!

Bei einem Tagesangriff in Stadtmitte mußten wir, Bruder, Schwager und ich, den Luftschutzkeller im Pergamon-Museum aufsuchen. Nach der Entwarnung brannte der Dom. Ein unvergessener Eindruck: An einer Pumpe standen zwei Pferde mit einem Wagen, sie bluteten aus vielen Wunden von Granatsplittern und standen da wie arme Lämmer.

Die schrecklichsten Eindrücke der Bombardierungen waren das Schreien der Frauen und Kinder, wenn es ringsumher krachte, die Christbäume am Himmel und das Heulen der Sirenen. Es sind dies Erinnerungen, die auch heute, nach 60 Jahren, noch unvergessen sind. Erstaunlich ist für mich heute noch, wie schnell nach einem Angriff die Versorgung mit Nahrungsmitteln klappte und man als Ausgebombter eine neue Wohnung zugewiesen bekam. Zum Schluß trat ein, was sich Schulkinder immer wünschen: Auch unsere Schule brannte ab. Dadurch fiel im letzten halben Jahr die Schule aus, und ich bekam kein Abschlußzeugnis.

Ausgebombt

Ich bin Jahrgang 1922. Als wir am 23. November 1943 ausgebombt wurden (Sprengbombe), wohnte ich mit meinen Eltern im Hause meiner Großmutter in Prenzlauer Berg, Franseckystraße 50 (jetzt Sredzkistraße). Ich war Zeichnerin in einem Atelier für Lehr- und Unterrichtsfilme in der Friedrichstraße. Nachdem diese Firma auch ausgebombt war, nahm ich eine Anstellung in Ruhleben an, Herstellung von technischen Zeichnungen für eine Wehrmachtszeitung. Um die Zeit nach Kriegsende bis zur Wiederaufnahme dieses Betriebes zu überbrücken, ließ ich mich an der neugegründeten Hochschule für angewandte Kunst in Weißensee Fach Grafik immatrikulieren. Ich blieb bis 1950 an der Hochschule, dort lernte ich meinen Mann kennen, der sich nach fünfjähriger Militärzeit ebenfalls dort einschrieb. 1951 Heirat, Anstellung bei Dorland in der Schlüterstraße, 1959 Geburt des Sohnes und Berufsaufgabe.

Mein Mann war von 1949 bis 1980 Leiter der Kostümmalerei bei der Deutschen Oper, Bismarckstraße. Seit 1984 leite ich das Projekt »Großmutters Teetisch«, wo Kinder und alte Damen zusammen basteln, malen, stricken und viel erzählen.

Edith Krüger

Gegen Ende des Krieges häuften sich die Luftangriffe auf Berlin, so daß wir mitunter mehrmals in einer Nacht in den Keller flüchteten. Zur Routine gehörte es, den kleinen Koffer mit den Dingen, die wir für wichtig hielten, mit in den Keller zu nehmen, neben das Bett zu stellen, die ausgezogenen Kleidungsstücke so zu arrangieren, daß man in Windeseile wieder hineinschlüpfen konnte. Heute kann ich kaum verstehen, wie es möglich war, aus tiefstem Schlaf – von dem wir ein Defizit hatten – beim ersten Heulton der Sirene hellwach zu sein.

Nachdem unser Luftschutzhauswart, ein strammer »PG« (Parteigenosse), auch die Mieter in den Keller gescheucht hatte, die liebend gern im Bett geblieben wären, weil ihnen durch Verlust ihrer Lieben nichts mehr am Leben lag, hockten wir alle wie die Hühner auf der Stange auf den schmalen Bretterbänken und warteten, daß die Sirenen Entwarnung verkündeten, um noch eine Mütze voll Schlaf zu nehmen.

Die feindlichen Flugzeuge hatten Leuchtkugeln abgeworfen, um die zerstörungswürdigen Objekte auszumachen, die in diesem Falle nur Mietshäuser waren. Das Schießen der Flugabwehr hörte man immer näher kommen, plötzlich ein furchtbarer Knall, so daß wir uns die Ohren zuhielten, das Licht war ausgefallen, die Luft im Raum ein einziger Kalkstaub. Wir husteten, die Kinder schrien, eine Frau wurde hysterisch, wollte raus, doch die Ausgangstür ließ sich nicht mehr öffnen – wir waren verschüttet. Die aufblitzenden Taschenlampen zeigten uns Risse in Decke und Wänden. Panik breitete sich aus. Unser großartiger Luftschutzhauswart saß mit schlotternden Knien da, war nicht in der Lage, etwas zu tun. Was er wohl hätte tun sollen?

Ein Mieter des Hauses, den man bisher – farblos und unscheinbar – kaum wahrgenommen hatte, ergriff die Initiative, beruhigte die Leute, versuchte mit ein paar vernünftigen Männern, die Mauer zum Keller des Nebenhauses zu durchschlagen, was gelang. So konnten wir, mit Kalkstaub überzogen, den Keller verlassen. Als wir über den Hof kamen, bot die Rückwand unseres Hauses einen schaurigen Anblick. Alle Fenster waren herausgeflogen, in den leeren Fensterhöhlen trieb der Wind den Funkenregen durch die Nacht. Vor dem Haus ein Bombentrichter, der die ganze Straßenbreite einnahm. In der Tiefe lagen Kabel und Rohre frei, die von Flämmchen umspielt waren. Es bestand Explosionsgefahr. Wir wurden in eine Schule gebracht, wo wir in der Turnhalle ein Notquartier fanden. Das Heim verloren zu haben war schlimm, doch die Familie war unverletzt, was uns im Augenblick das Wichtigste war. Erst sehr viel später erlebte man die ganze Bitternis der Situation. Wir gingen zum Haus zurück, um aus den Trümmern noch etwas Brauchbares herauszusuchen. Die schwere Platte vom Schreibtisch meines Vaters war vom dritten Stock auf die Straße geschleudert worden. Von meinem Klavier stand noch eine Seitenwand, über und über mit kleinen Glassplittern gespickt, die in der Sonne glitzerten. Unglücklicherweise hatte ich ein spitzes Eisenstück, das aus einem Balken herausragte, nicht gesehen. Ich trat darauf, mit dem ganzen Gewicht meiner damals 130 Pfund. Für die nächste Zeit war ich aus dem Verkehr gezogen.

Bombennächte

Ich bin im Jahre 1933 in Berlin geboren. Zur Zeit meines Erlebnisses war ich zehneinhalb Jahre alt und Mittelschüler. Mein Elternhaus lag in der Lippehnerstraße. 31, heute Käthe-Niederkirchner-Straße, Prenzlauer Berg. Mein Vater wurde noch am fast letzten Tag des Krieges von den russischen Militärs erschossen. Wir waren sieben Kinder, meine älteste Schwester 18 Jahre alt. Ich konnte zwei Berufe erlernen und arbeitete ein Leben lang im Druckereigewerbe als Wartungstechniker. 1954 heiratete ich und bin nach 47 Arbeitsjahren Vollrentner.

Lutz Lehmann

An zwei furchtbare Bombenangriffe kann ich mich genau erinnern. Am 22. November 1943 und am 23. November 1943, also an zwei Abenden hintereinander, kam die Meldung über den Flaksender: »Ein Verband schneller Kampfflugzeuge befindet sich im Raum Hannover-Braunschweig im Anflug auf die Reichshauptstadt«. Allein die Worte »Hannover-Braunschweig« bedeuteten für jeden Alarm!

Kurz nach der Meldung begannen dann auch schon die Sirenen zu heulen, mit dem grausigen auf- und abschwellenden Ton. Wir griffen unsere kleinen Holzklappstühle (einer davon ist heute noch in meinem Besitz!) und einen kleinen Koffer, um den Keller aufzusuchen. Kaum im Treppenhaus, hörten wir das gewaltige Krachen der feuernden Zwillingsgeschütze auf dem Flakbunker im Friedrichshain, unweit unseres Hauses. Dazwischen auch das Bellen der Vierlingsgeschütze, die auf den seitlich des Bunkers angebauten »Tellern« standen. Man konnte das an der Leuchtspurmunition erkennen, die über die Hausdächer gen Himmel flog.

Kaum hatten wir unser kleines Plätzchen im Keller eingenommen, fielen die ersten Bomben. Erst ein leises, dann ein immer lauter werdendes Dröhnen explodierender Bomben näherte sich. Dann Staub im Keller, ein starker Druck in den Ohren, ein dumpfer Schlag – doch keine Explosion. Wie sich später herausstellte, traf ein Blindgänger ein Nachbarhaus, der zwischen der dritten und zweiten Etage im Fußboden steckenblieb. Unser Glück, sonst könnte ich wohl diese Zeilen nicht niederschreiben. Dieser Angriff dauerte nur etwa eine Dreiviertelstunde, hatte aber furchtbare Folgen. Wir mußten trotzdem zur Schule, an einen normalen Unterricht war allerdings nicht zu denken. Man nannte das »Appell«! Vorbei an brennenden Häusern – am Königstor brannten die Dächer der Bartholomäus-Kirche und die umstehenden Häuser. Die Oberleitung der Straßenbahnen waren zerfetzt, hingen herab, Glassplitter, Schutt, Qualm und Rußteilchen in der Luft erschwerten das Atmen und die Sicht. Meine Schule, die 1. Knabenmittelschule in der Weißenburgerstraße 4 (jetzt Kollwitzstraße am Senefelder Platz), war ziemlich lädiert. Wir mußten unseren Klassenraum mit bloßen Händen von Glassplittern und Schutt befreien.

Der Angriff am nächsten Abend, fast genau zur gleichen Zeit, zirka 19.30 Uhr, richtete wiederum gewaltige Schäden an. Wir Schüler – die wenigen, die noch kamen – brauchten dann nichts mehr zu tun. Unsere Schule stand in hellen Flammen. Von Feuerwehren war nichts mehr zu sehen, es gab kaum noch welche. Hilflos sah man zu, wie von Phosphorbomben getroffene Gebäude in Schutt und Asche sanken. Zur gleichen Zeit zerstörte eine gewaltige Luftmine das Häuserdreieck Schönhauser Allee/Weißenburgerstraße. Noch heute ist diese Fläche nicht bebaut.

Wie viele Bombennächte ich erleben mußte, kann ich nicht sagen, es waren aber zu viele! Noch heute zucke ich zusammen, wenn irgendwo eine Sirene losgeht. Dann erinnere ich mich an einige Jugendfreunde, die ihr junges Leben durch diesen Wahnsinn verloren.

Während des Großangriffs durch die Rote Armee verbrachten wir zwölf Tage und Nächte in unserem stinkenden Keller. Hungernd, verlaust und verdreckt konnten wir dann am 2. Mai 1945 wieder ans Tageslicht. Für uns war der Krieg vorbei! Es begannen die Hungerjahre.

Hör bloß mit dem Beten auf!

Ich wurde am 29. August 1934 in Pankow geboren. Im Alter von fast vier Jahren verlor ich meinen Vater. Die Kindheit und Schulzeit verbrachte ich in Berlin, im Sudetenland und im damaligen Westpreußen. Mein Bruder fiel am 20. Juli 1944, dem Tag des Attentats auf Hitler. Nach dem Krieg besuchte ich die Hansa-Oberschule in Tiergarten, ging in eine kaufmännische Lehre mit dem Ziel des Industriekaufmanns und blieb im Lehrbetrieb, einer Berliner Brauerei, weiter als Sekretärin tätig, bis zur Heirat mit Dietrich Lejeune-Jung 1966. Unser Sohn wurde im November 1967 geboren. Mein Mann war bis zur Pensionierung bei der Landespostdirektion tätig. 1981 nahm ich wieder eine kaufmännische Tätigkeit in drei verschiedenen Instituten der Freien Universität Berlin auf. Nach dem Eintritt in den Ruhestand gehe ich ehrenamtlichen Tätigkeiten auf sozialen Gebieten nach.

Ruth Lejeune-Jung

Meine verwitwete Mutter, die seelisch stark angeschlagen war und unter dem Verlust ihres am 20. Juli 1944 in der Ukraine gefallenen Sohnes litt, und ich, 10 Jahre alt, waren in Pommern bzw. in Westpreußen evakuiert. Bis zu dem Tag, besser gesagt der Nacht vom 25. auf den 26. Januar 1945, als deutsche Soldaten nachts um drei Uhr an unsere Tür klopften, um uns aus einem gefährdeten Gebiet herauszuholen, Heiderode, polnisch Czersk. Man hörte bereits aus einer Entfernung von vierzig Kilometern das russische Artilleriefeuer. Wir wurden zu deutschen Schützenpanzerwagen gebracht. So fuhren wir, notdürftig bekleidet, mit einem Stück Brot in der einen und einem Stück harter Butter in der anderen Manteltasche, bei strenger Kälte und Schneegestöber im offenen Panzerwagen, nur in Wehrmachtsdecken eingehüllt, gen Westen. In verschiedenen leerstehenden Orten legten wir Halt ein, wo wir uns in Häusern von zurückgelassenen Konserven sättigten und die eine oder andere Nacht schlafend auf dem Boden zubrachten.

Erste Bomben- und Tieffliegerangriffe erlebten wir auf dem vielgleisigen Bahnhofsgelände von Neustettin. In einem der Flüchtlingszüge saßen wir mit beklemmenden Gefühlen. Uns passierte nichts auf dieser Fahrt mit Unterbrechungen bis Berlin. Anfang Februar 1945 kamen wir, wenn auch recht matt, in Berlin auf einem in Mitte gelegenen Bahnhof an. Berlin war so stark zerstört, daß ein Vorankommen bis nach Moabit schon recht schwierig war. Unser Haus in der damaligen Norkusstraße 13 stand noch. Es waren aber Flüchtlinge in unserer im dritten Stock gelegenen Wohnung einquartiert, doch blieb uns noch genügend Platz.

Von Schäden bewahrt blieben wir bis zum Sonntag, dem 18. März 1945, einem strahlend schönen Vorfrühlingstag. Ich war damals ein Kommunionskind und besuchte an diesem Sonntag die Kindermesse in der Pfarrei St. Paulus. Meine Freundin war mit dabei, und so gingen wir nach der Messe zu uns, um uns zu verkleiden und Trapper und Indianer zu spielen. Meine Mutter schickte die Freundin, nachdem Voralarm gegeben wurde, nach Hause. Da man nicht wußte, was passieren konnte, hielt sie es für besser, das Mädchen in der Obhut ihrer Mutter zu wissen.

Wir begaben uns in den Keller. Der Angriff begann in mehreren Wellen. Das Dröhnen der Verbände über unseren Köpfen wirkte auf uns im Keller Sitzende beklemmend.

Ich fing an, erst leise, dann aber, bei krachenden Bombeneinschlägen, laut zu beten. Es war das »Gegrüßest seiest du, Maria« mit dem Schlußsatz: »Jetzt und in der Stunde unseres Todes, Amen.« Das brachte die Mitbewohner des Hauses in Wut und Empörung, und sie befahlen: »Hör bloß mit dem Beten auf, das macht uns ja nur noch ängstlicher!« Kaum war diese Drohung ausgesprochen, da krachte es noch viel entsetzlicher über uns. Wir waren, wie sich später herausstellte, von zwei aneinandergeketteten Sprengbomben getroffen worden. Die Bomben rissen die Vorderfronten der Häuser Nr. 13 und 15 in die Tiefe. Durch den dadurch entstandenen Luftdruck schwankte unser Keller beträchtlich. Eine starke Staub- und Mörtelschicht legte sich auf uns, doch die Kellerdecke hielt. Vorsorglich legten wir uns Gasmasken an. Dann riet uns der Luftschutzwart, in Wasser getränkte Tücher vors Gesicht zu halten. Seine Aussage: »Die holen wir mit unserer Flak schon alle herunter« bestätigte sich natürlich nicht. Der Kellerausgang war verschüttet, doch konnten wir nach Freischaufeln des Hofausgangs schließlich ins Freie gelangen. Wir kletterten über die Steine und retteten uns über den Hausausgang Nr. 11. Die Norkusstraße, heute Ottostraße, sah grauenvoll aus. Bombentrichter, und vieles lag herum, ein Chaos!

Nur mit dem Trapperanzug bekleidet, fand ich Zuflucht im Hause meiner Großmutter in der Waldenserstraße. Sie war es, die während des Bombenkrieges immer betete: »Herr, verschone mein Haus und die Pauluskirche mit dem Dominikanerkloster.« Diese Gebäude blieben stehen.

Der Himmel war glühend rot

Ich wurde 1929 in Berlin geboren. 1944 – ich war vierzehneinhalb Jahre alt – wohnte ich mit meinen Eltern und meiner Schwester in Steglitz, Friedrichsruher Straße 6, Ecke Schönhauser Straße. Mein Bruder befand sich als Maschinist auf einem U-Boot. Mein Vater wurde wegen einer Kriegsverletzung aus dem Ersten Weltkrieg nicht eingezogen. Ich arbeitete als Steno-Kontoristin und heiratete 1952. 1955 kam mein Sohn zur Welt. 1995 studierte ich die Technik der Erzählkunst. Heute lebe ich mit meiner Familie in Zehlendorf und schreibe in meiner Freizeit Kurzgeschichten, Gedichte und Romane.

Gerda Lemke

Als die Hausgemeinschaft unseren größten Keller zum Luftschutzkeller ausbaute – die Decke wurde mit dicken Holzstempeln abgestützt –, war ich zehn Jahre alt. Anfangs spielten wir Kinder heimlich in dem Keller – jede Familie hatte ihre persönliche Ecke mit einer alten Couch oder Tisch und Stühlen versehen –, aber dann wurde aus dem Spielraum ein Ort der Angst. Eigentlich war von dieser Zeit an meine Kindheit vorbei.

Der Drahtfunk kündigte wieder einmal den Anflug der Bomberverbände über Braunschweig in Richtung Berlin an. Meine

Schwester und ich gingen noch nicht in den Keller, obwohl bereits Vollalarm gegeben wurde. Wir standen auf dem Balkon, sahen am Himmel die Lichtkegel der Scheinwerfer und hörten das tiefe Brummen der anfliegenden Bomber. Die ersten Christbäume wurden gesetzt. Dies war ein Zeichen, daß in dieser Nacht unser Bezirk Steglitz das Ziel sein sollte. Die Flak setzte ein – ihre Geschütze standen in der Nähe des heutigen Insulaners –, und wir hasteten in den Keller. Kaum hatten wir die eiserne Kellertür hinter uns geschlossen, fiel die erste Bombe. Wir saßen mit unseren Eltern auf der alten Couch. Ich hörte das Singen der herunterfallenden Bomben, die Einschläge kamen näher, das Licht flackerte, und Putz rieselte von der Decke. Die kleinen Kinder fingen an zu weinen. Meine Mutti hatte die Hände gefaltet – ich ebenfalls. Mein Blick ging zur Decke, und ich dachte: Ob sie wohl halten wird? Hatte nicht neulich ein Mann zu mir gesagt, wenn man das Singen der Bomben hören würde, träfen sie nicht das eigene Haus? Es wurde still im Keller, sehr still. Dann ein unerwarteter Bombeneinschlag. Das Haus erzitterte in den Grundmauern, Putz fiel von der Decke, das Licht ging aus. Die Frauen schrien auf. Und ich dachte: Wurden wir getroffen und sind nun verschüttet? Ich befand mich in einer großen Anspannung und hatte Angst.

Taschenlampen leuchteten auf. In der Luft lag Staub. Wir warteten – aber es erfolgte kein weiterer Bombeneinschlag. Unser Luftschutzwart ging zur eisernen Kellertür. Sie ließ sich öffnen. Wir waren nicht verschüttet. Zuerst gingen die Männer die Kellertreppe zum Hof hinauf, dann folgten die Frauen mit den Kindern. Die Sirenen heulten zur Vorentwarnung.

Der Himmel über uns war glühend rot, und es war heiß. Wind kam auf, und beißender Rauch erfüllte die Luft. Unsere Wohnung stand, aber die letzten Fenster waren zu Bruch gegangen, und die Risse in den Wänden hatten sich vermehrt.

In der Nachbarschaft brannten zwei Kohlenplätze. Der Funkenflug und die Hitze waren unerträglich. Das Badezimmer und die mit Wasser gefüllte Badewanne wurden uns in dieser Nacht zum Zufluchtsort. Dort kühlten wir uns die brennenden Augen mit nassen Tüchern und atmeten die Feuchtigkeit ein. Mit nassen Laken schützten wir auch die Fensteröffnungen, denn der starke Funkenflug wurde zur großen Brandgefahr. Auch der Dachboden war gefährdet. Dort hielten wir abwechselnd Wache.

Etwa hundert Meter von uns entfernt hatte eine Luftmine ein Haus getroffen und alles Leben ausgelöscht. Auch das meiner Schulkameradin und ihrer Familie. Wo einst das Wohnhaus stand, gab es nur noch einen schwelenden Steinhaufen und einen tiefen Krater. Über die Reste des verbogenen, eisernen Gartenzaunes hingen zerfetzte Tücher und Decken, um die Sicht auf das geborgene, kleine verkohlte Etwas, das einmal ein Mensch gewesen war, zu verhindern. Meine Schwester und ich weinte als wir über den Zaun blickten. Und wir verfluchten diesen Krieg und die Zeit, in der wir lebten.

Nicht umdrehen, nur nach vorn sehen!

Ich bin Jahrgang 1932; zum Zeitpunkt des Geschehens, 3. Februar 1945, war ich zwölfeinhalb Jahre alt. Mein Vater war derzeit Soldat in Italien, meine Mutter war im sechsten Monat schwanger. Mein Bruder ist Jahrgang 1939. Wir wohnten zum geschilderten Zeitpunkt in Berlin SW 68, Kommandantenstraße 50, Ecke Alexandrinenstraße im Vorderhaus, 4. Etage. Im Quergebäude befand sich die Uniformfabrik Boek. Ich ging in die Schule in der Stallschreiberstraße, in der ich am bewußten Nachmittag »Brandwache« halten mußte. Mein Bruder erinnert sich nur an brennende Häuser.

Ich studierte Pädagogik, wurde 1954 beim Berliner Magistrat als Lehramtsanwärter eingestellt und war von 1957 bis 1996 als Lehrer tätig. Ich bin verheiratet, habe drei Kinder und Enkelkinder.

Otto Leonhardt

Erst Ende 1944, als das Ende der Naziherrschaft sich abzeichnete, begann man, kriegswichtige und strategische Ziele anzugreifen. Die Leunawerke wurden zerstört, die Kugellagerfabriken in Schweinfurt (unersetzlich für den Motorenbau), Kraftwerke, Industriezentren, die Anlagen der Bergwerke, Eisenbahnknotenpunkte und Staudämme, wobei hunderte unschuldige Menschen in den Fluten ertranken. Wie werden später die Historiker darüber schreiben? Doch das war noch nicht der Höhepunkt der Terrorangriffe. Der sollte erst am 3. Februar 1945 in Berlin, am 3./14. Februar in Dresden und am 18. März nochmals in Berlin stattfinden, sollte als Bombenmassaker in die Kriegsgeschichte eingehen.

106

3. Februar 1945. Mutti war im sechsten Monat schwanger. Es schien ein schöner Wintertag zu werden. Nur ich mußte in die Schule zur Brandwache, bis abends achtzehn Uhr. Mutter sagte zu mir: »Sollte es Alarm geben, so versuche, in den Moritzplatz-Bunker zu kommen. Du weißt, ich bin drin.« Mein Freund Günter hatte mit mir Brandwache. Das war schön, so waren wir beide nicht allein. Wir gingen gemeinsam zur Schule in die Stallschreiberstraße, und jeder hatte zwei Stullen für den ganzen Tag mit. Günter meinte, ihm sei heute gar nicht geheuer. Komisch, mir war auch nicht so recht wohl. Irgendwie hatten wir beide ein mulmiges Gefühl in der Magengegend. Ich wußte, daß Tante Herta heute zu Hause war, aber Besuch hatte. Trotzdem sagte ich mir, so ist Mutti nicht ganz allein.

In der Schule angekommen, suchten wir unseren Wachraum auf. Es war ein ausgeräumter Klassenraum im Hochparterre. Rechts und links an der Wand standen je fünf Feldbetten mit Decken. Der Raum war auch am Tage total abgedunkelt. An der Stirnseite standen zwei Tische und Stühle. An der Wand waren zwei Regale angebracht, auf denen die Stahlhelme lagen, und darunter hingen die Luftschutzkombis. Die Kombis waren für uns beide zu groß, deshalb zogen wir sie nicht an. Die Stahlhelme konnten nur durch Verstellen des Kopfschweißleders einigermaßen passend gemacht werden. Jeder mußte von zu Hause seine eigene, persönliche Gasmaske mitbringen. Ein Radio und ein Haustelefon, das nur mit der Wohnung des Rektors verbunden war, sowie eine Flakkommandokarte von Deutschland an der Wand vervollständigten die Einrichtung. Der Raum roch muffig und war nicht gelüftet. Es war nach neun Uhr. Günter und ich machten unsere Stahlhelme passend, und wir hofften, daß es keinen Alarm geben würde. Aber die Meldung aus dem Radio zerschlug unsere Hoffnung. Wir hörten, daß schwere Kampfverbände sich aus verschiedenen Richtungen der Reichshauptstadt näherten. Aus den Meldungen errechneten wir mehr als neunhundert Maschinen vom Typ B-17 »Fliegende Festung« mit entsprechend starkem Jagdschutz. Draußen heulten schon die Sirenen, Voralarm. Wir wußten, heute kommt es wieder einmal ganz dicke. Im selben Augenblick klingelte das Telefon, und Rektor Friedrich befahl uns in seine Dienstwohnung. Wir mußten seine schweren Koffer in den Keller tragen. Man muß wissen, daß die dreizehnjährigen Mädchen und Jungen nicht so ausgereift, groß und stark waren, wie die heutige Generation es ist. Hinzu kam die ständige, jahrelange Unterversorgung an Lebensmitteln, Obst, Vitaminen sowie der verdammte Schlafentzug. Natürlich darf man auch nicht die permanente psychische Belastung außer acht lassen, immer mit dem Tod auf du und du zu leben. Wir ackerten die schweren Koffer in den Keller. Wie oft haben wir seinen Mist wieder nach oben geschleppt? Eben waren wir völlig erschöpft im Keller angekommen, als es Vollalarm gab.

Nach Hause stiften gehen konnten wir nicht mehr. Die unausgesprochene Frage war in jedem Gesicht zu lesen, welcher Bezirk ist heute dran? Werden wir diesen Tag überleben? Die Stahlschotten wurden geschlossen, und wir hofften, daß der Raum keine Gruft für uns werden würde. Obwohl im Keller Schippen und Picken an der Wand hingen, glaubten wir nicht, daß wir uns selbst freibuddeln könnten. Günter und ich saßen auf einer Bank ohne Rückenlehne, frei im Raum. Etwa drei Meter hinter uns war die Kellerwand mit der einen Ausstiegsluke. Zwei Meter vor uns saßen vier Jungen, aber mit dem Rücken direkt an der Wand. Etwas links von den Jungen saßen der Rektor und seine Frau. Dazwischen war der Kellerdurchbruch zur Mädchenschule.

Auch die vierzehnjährigen Mädchen machten Brandwache oder waren in Luftschutzbunkern als Sanitäterin eingesetzt. Es war völlig still im Raum, und ich glaubte, mein Herz klopfen zu hören. Günter und ich rückten dicht aneinander, bis wir uns fühlten. Er raunte mir unter dem Stahlhelm zu: »Heute sind wir dran.« Ich hatte es nur gedacht, er sprach es aus. Die Angst schnürte mir die Kehle zu – oder nahm mir der Stahlhelmriemen die Luft? Ich nickte nur. Wir vernahmen, wie schon so oft, nur das unheimliche Brummen der Bomber, von der Ausstiegsluke her. Dieses Auf- und Abschwellen der Motoren, dann das bekannte Aufjaulen, wenn die Maschinen ihre Tonnenlasten abwarfen und der Pilot das Gas wegnahm.

Wir hörten es bis in den Keller. Wir hörten die Bomben nicht fallen, aber dafür die Detonationen in der Ferne. Die Flieger waren wohl direkt über uns. Wir spürten ein Vibrieren im Fußboden. Es mußten furchtbare Kaliber sein, die sie über unseren Köpfen ausklinkten. Ich ergriff Günters Hand und dachte, wenn bloß nicht wir diesen Segen abbekommen. Ich dachte auch an Mutti und Dieter, hoffentlich waren sie noch rechtzeitig in den Moritzplatz-Bunker gekommen.

Das Brummen war nicht mehr zu hören. Die Flak schoß nicht, es herrschte eine beängstigende Stille. Sollte der Angriff schon vorbei sein? Ich sah zum Rektor hinüber und zu den Jungen, die mir gegenüber saßen. Wir wußten, es waren mehr als fünf Kampfverbände, also mehr als achthundertfünfzig »Fliegende Festungen«, mindestens! Die Schwachstelle im Keller war die Ausstiegsluke. Jetzt hörten wir wieder aus der Ferne das Brummen. Ich sah in die Gesichter meiner Schulkameraden. In ihren Augen spiegelte sich die blanke Angst. Ihre Gesichter waren versteinert, sie schienen steinalt zu sein. Der Mitschüler mir schräg gegenüber bekreuzigte sich und betete, nur seine Lippen bewegten sich. War das Gefühl, das wir alle im Bauch hatten, die Todesvorahnung, von der niemand spricht und die es doch geben soll?

Werden wir einen Engel sehen oder ist der Tod ein Nichts, einfach aus? Jeder Psychoanalytiker würde sagen, kein zwölfjähriges Kind denkt solche Gedanken, es sei denn, das Kind leide unter einem schweren Trauma. Aber es war so. Noch viele Jahre später, als Erwachsene, sind wir schweißgebadet mit rasenden Herzen aus dem Schlaf aufgeschreckt.

Urplötzlich ein Rauschen in der Luft, das in ein Poltern überging, ein sicheres Zeichen für eine niedergehende riesige Luftmine von zwei Tonnen Gewicht, eineinhalb Tonnen TNT. Sie war halb so groß wie eine Litfaßsäule. Die Amis nannten sie Cooki, bei den Tommys hießen sie Blockbuster (Wohnblockknacker). Blitzschnell steckten wir uns die Finger in die Ohren, rissen den Mund weit auf und krümmten uns zusammen. Der Kopf berührte die Knie. Es war die Embryonalhaltung, und sie sollte ein bißchen Schutz gegen den starken Luftdruck geben, wenn es überhaupt einen gab. Dann eine gewaltige Detonation. Die Erde bebte, das Schulgebäude wankte in seinen Grundfesten. Wir wußten, diese Waffe vernichtet in Sekunde einen ganzen Häuserblock. Ein Cooki beziehungsweise ein Blockbuster nach dem anderen polterten hernieder. Gleich darauf wieder ein Fauchen in der Luft. Es waren, wir kannten uns darin nun schon recht gut aus, die amerikanischen Fünfhundert-Kilo-Spezialbomben. Die Wirkung war verbrecherisch. Diese Bombe tötete die Zivilbevölkerung. Nun kam das Jaulen, Heulen, Rauschen und Pfeifen, alles auf einmal. Das waren die neuen Flächenbombardements, derer sich die anglo-amerikanischen Lufteinheiten seit einem halben Jahr bedienten. Es war ein Inferno, das man nicht beschreiben kann. Dann ein dumpfes lautes Geräusch, kein Knall. Die Stahltür wurde mitsamt den fünfzehn Millimeter dicken Eisentürbändern aus dem Mauerwerk gerissen und flog in den Kellerraum. Der betende Junge wurde von der Tür getroffen. Sie begrub ihn unter sich. Qualm, Rauch, Steine und Dreck drangen zugleich in den Keller. Ich fühlte, wie ich hochgehoben wurde, und eine unsichtbare Kraft schleuderte mich an die Wand, wo die Frau des Rektors saß. Die Frau hat mit ihrem Körper meinen Aufprall aufgefangen. Es war dunkel, und ich muß wohl kurzzeitig ohnmächtig gewesen sein. Als ich wieder einigermaßen klar denken konnte, hatte ich das Gefühl zu ersticken. Der Pulverdampf verpestete den wenigen Sauerstoff, den wir noch hatten, die Explosion, die blitzartige Verbrennung des Pulvergemischs, entzog uns den Sauerstoff. Im Schein der Taschenlampen sahen wir, daß genau vor dem Kellereingang eine Bombe eingeschlagen war. Die erste Eingangsstahltür war nicht mehr vorhanden. Der Kellergang vom Eingang bis zum eigentlichen Schutzraum war nach meiner Erinnerung ungefähr fünfzehn Meter lang und machte auf der Hälfte eine scharfe Biegung. Am Anfang des Ganges, an der Biegung und am Eingang zum Schutzraum war je eine Stahltür mit Gummiabdichtung als Gasschutz ins Mauerwerk eingelassen. Alle drei Stahltüren waren aus dem Mauerwerk herausgerissen. Sie haben uns das Leben gerettet. Nur noch eine schwache Welle des Luftdruckes traf uns, sonst wären unsere Lungen geplatzt. Erst jetzt bemerkte ich, daß ich auf der Frau des Rektors lag. Sie war tot. Sie muß mit einer irrsinnigen Wucht gegen die Wand geschleudert und vom Aufprall getötet worden sein. Wir zündeten Bunkerlichte an. Im Schein der Taschenlampen sahen wir, daß sich die schwere Stahltür auf dem Boden bewegte, und wir vernahmen ein Stöhnen. Der Junge lag unter der Tür, auf ihr Schutt und Steine. Sein Gebet muß erhört worden sein. Der Schüler war unverletzt. Die Tür deckte ihn zu und schützte ihn vor den Mauersteinen, die ihn vielleicht erschlagen hätten.

Wir kamen nicht zur Besinnung. Die Luft war erfüllt von Detonationen und Pfeifen. Das Flächenbombardement war immer noch in vollem Gange. Die Erde bebte und erzitterte. Günter lag zusammengekrümmt in der Kellerecke. Dicht daneben lag ich und sah zu ihm hinüber. Er sah mich an mit weit geöffnetem Mund, und seine Finger steckten tief in den Ohren. Ich konnte nicht weinen, nicht beten, ich glaube, ich konnte nicht einmal mehr denken. Dann wurde es wieder ruhig, fast still. Die zweite Welle hatten wir überlebt und wußten nur zu gut, drei und vier, vielleicht auch fünf kommen noch. Die Taktik der Amis war, erst die Häuser aufzubrechen, und die dritte Welle deckte dann die Trümmer mit Phosphor zu. Und brannte alles, kam die vierte Bomberstaffel und warf in das Flammenmeer Sprengbomben. Dann flogen die Phosphorspritzer durch die Gegend. In die momentane Stille hinein hörten wir ein Pochen in der Mauer. Wir brachen den Mauerdurchbruch auf und erkannten im Halbdunkel Gestalten, die uns einen Schauer über den Rücken jagten. Es waren die Mädchen aus unserer Schule. Die Hälfte unseres Schulgebäudes, der Mädchentrakt, war getroffen und die Schülerinnen verschüttet worden. Durch den Mauerdurchbruch konnten sie sich zu uns retten. Ihre Kleidung war zerrissen, und einige bluteten mehr oder weniger stark. Andere weinten, aber keine von ihnen schrie. Günter sprang zum Durchbruch und umarmte ein Mädchen, es war die Freundin seiner Schwester, und zog sie aus dem Gang heraus. Günter konnte sie nicht halten, sie sanken beide zu Boden. Drei Lehrerinnen kamen als letzte aus dem dunklen Gang.

Plötzlich schrie irgendwer: »Unser Schuldach brennt. Schnell rauf, ihr müßt löschen!« Wir Jungen rannten nach oben und sahen, daß vom Dach fast nur noch das blanke Gebälk stand, der Luftdruck hatte die Dächer abgedeckt. Günter bemerkte, daß eine Stabbrandbombe im Bretterboden steckte. Er sprang hin, riß sie aus dem Boden und warf sie vom Haus hinunter auf den Schulhof. Noch während sie flog, sahen wir, wie sie explodierte und der Phosphor umhersspritzte. Gerade wollte ich Günter fragen, ob er verrückt wäre, da hörten wir eine größere Bombe über uns hinwegfliegen. Wir rannten und sprangen die fünf Treppen hinunter, stolperten und fielen in den Kellereingang, denn Kellertür und Kellertreppe gab es nicht mehr. Ich weiß es nicht mehr genau, aber ich glaube, wir waren eher unten als die Bombe. Wir erreichten keuchend, total verdreckt den Keller, und vor uns stand wie ein Geist Günters Vater. Er war während des Bombenhagels zu uns durchgedrungen, um seinen Sohn zu retten. Wir drei krabbelten aus dem Keller heraus und liefen in Richtung Moritzplatz.

Herr Schöna sagte, die Alexandrinenstraße gäbe es nicht mehr, sie stehe in hellen Flammen. Der Angriff war immer noch nicht vorbei. Wir rannten in der Mitte des Fahrdammes die Stall-schreiberstraße entlang, überall brannten die Dachstühle. Aus vielen Fensteröffnungen loderten die Flammen, die Funken stoben durch die Luft, und der Phosphor brannte sich von Etage zu Etage durch. Der Qualm und die Hitze erschwerte das Atmen und behinderte unser Laufen. Wir waren noch hundertfünfzig Meter vom Moritzplatz entfernt, als wir ein ganz kurzes Pfeifen in der Luft hörten. Wir warfen uns auf die Erde, und dann sahen wir, wie eine Bombe auf die Straßendecke aufschlug. Wie in einem Film im Zeitlupentempo rutschte die Bombe in die Erde. Ein fürchterlicher Knall, der uns fast taub machte. Steine, Erde und Feuer schossen aus der Straßendecke hervor. Gespenstisch schob sich wie aus einem Höllenschlund ein Stück U-Bahnwagen heraus. Wir sprangen auf und rannten weiter Richtung U-Bahn. Ich fühlte einen Stich in meinem Herzen – Mutti ist im U-Bahn-bunker. Günters Vater sah mich an, er wußte, was ich dachte. Er schüttelte nur den Kopf und sagte heiser: »Die Bombe ist nicht durchgeschlagen. Sie hat die Straßendecke aufgerissen, die U-Bahn zerfetzt und sicherlich noch den Gleiskörper. Es werden bestimmt Tote und Verletzte dort unten liegen, deiner Mutter aber ist nichts passiert.« Ich dachte an das ungeborene Baby. Hoffentlich hatte es nichts gespürt. Wir husteten und hasteten weiter, die Lunge stach wie Teufel. Überall brannte es. Qualm, Hitze und Sturm machten uns zu schaffen. An der Oranienstraße Ecke Kommandantenstraße war eine Art Verkehrsinsel, auf der drei Bänke standen. Als wir daran vorbeiliefen, sah ich ein Mädchen an der Bank auf der Erde liegen. Sie war mit einer Luftschutz-kombi bekleidet, Schnürstiefel und Stahlhelm. Selbst als zwölf-jähriger Knabe bemerkte ich, daß sie ein außergewöhnlich schö-nes Mädchen war, vielleicht sechzehn Jahre alt. Ihr volles, blon-des, gewelltes Haar hing aus dem Stahlhelm, und ein Rinnsal hellroten Blutes floß aus ihrem Mundwinkel. Ein sicheres Zei-chen für geplatzte Lungen. Wir rannten weiter, und mein Stahl-helm drückte auf meinen Kopf, darunter trug ich meine Skimüt-ze, ich hatte einen zu kleinen Kopf für den Helm. Meine Freude war riesig, als ich sah, daß unser Haus nicht getroffen war und nicht brannte. Um in den Keller zu kommen, mußten wir über den Hof, der Seitenflügel, in dem Tante Herta wohnte, hatte einen Volltreffer erhalten. Nur ein Schuttberg war noch zu sehen. Die Uniformfabrik auf unserem Hof brannte aus einigen Fenstern, unser Nebenhaus und das Eckhaus gegenüber brannten auch. Eigentlich war es nur noch eine Frage der Zeit, wann unser Haus in Flammen stehen würde. Wir stolperten über Schutt und Mauersteine die Kellertreppe hinunter.

Es war gegen Mittag, eigentlich ein heller winterlicher Sonnentag. Der Rauch dunkelte das Tageslicht ab, und es war trübe. Der Angriff schien vorbei zu sein. Im Keller mußte ich mich erst an das Dunkel gewöhnen. Drei oder vier Kerzen verteilten ein diffuses Licht, und es war eine gespenstische Atmosphäre dort unten. An der Wand sah ich Tante Herta. Neben ihr saß ein Offizier, Hauptmann im Rang. Sie stellte ihn mir als Richard vor. Herta sagte mir, daß Mutti im Moritzplatz-Bunker wäre und ich mir keine Sorgen zu machen brauchte. Gut gesagt, sie wußte nicht, was ich gesehen hatte. In unserem Keller waren viele Fremde, alle redeten leise durcheinander. Die Arbeiter von Boek waren allesamt in der Fabrik zum Löschen. Man sollte es nicht glauben, sie schafften es. Alles Brennbare und das, was schon brannte, warfen sie aus dem Fenster auf den Hof. Das Vorderhaus, in dem wir wohnten, brannte noch nicht. Einige Arbeiter kontrollierten den Dachboden.

Durch den Kellereingang, die Eingangstür gab es nicht mehr, wankte unerwartet Mutti herein. Dieter war nicht bei ihr. Sie weinte und war erschöpft. Sie sagte, sie hätte in den Keller hineingerufen, aber niemand hatte sich gemeldet. Daraufhin hatte sie Dieter im Keller vom Zigarrenhändler Hinze abgegeben, um uns besser suchen zu können. Der Offizier mischte sich ein und fragte, wo der Junge sei. Richard und ich verließen den Keller. Im Hausflur standen einige Männer und Herr Schöna. Sie sagten, wir könnten jetzt nicht hinaus, man müsse erst eine andere Windrichtung abwarten. Zwei Männer öffneten vorsichtig die Tür, mir blieb vor Grauen beinahe das Herz stehen. Der Asphalt brannte! Und wir mußten durch die Flammenhölle hindurch, wenn wir auf die andere Straßenseite wollten. Der Offizier sagte zu mir: »Ich sagte schon, ich heiße Richard, und du? Zeig mir den Hauseingang, wo wir hinein müssen. Höre, wir gehen direkt über den Damm und dann an der Hauswand entlang. Auf dem Damm haben wir keinen Sauerstoff zum Atmen, den nimmt uns das Feuer. Wir werden hier, ähnlich wie beim Tauchen, einige Male tief durchatmen, um das Blut mit Sauerstoff anzureichern, dann die Luft anhalten und laufen!«

Der Lärm draußen war unerträglich. Das Zischen, Knistern und Heulen des Feuers war unglaublich laut. Richard war in den Keller gegangen und kam mit zwei Decken zurück. Im Hausflur stand ein Faß, das mit Wasser gefüllt war. Er tauchte beide Decken ein und schnallte sein Koppel ab. Dann folgte seine Anweisung: »Deine Skimütze knöpfst du unter deinem Kinn zusammen (den Stahlhelm hatte ich schon fortgeworfen), die nasse Decke hängen wir uns um. Du nimmst das Koppelschloß in die Hand und ich das andere Ende. Du darfst es auf keinen Fall loslassen! Es liegen sicher Steine und Geröll auf der Straße herum. Wenn du hinfällst, dann ist das dein Tod! Und wenn die Hände noch so brennen, nicht das Koppel loslassen! So, jetzt tief durchatmen, als wolltest du tauchen. Tür auf!«

Wir rannten über den Fahrdamm, die Flammen waren bald kniehoch, man drohte in dem weichen Teer steckenzubleiben, und er hinderte am schnellen Laufen. So stellte ich mir die Hölle vor. Wir prallten drüben an die Hauswand und hatten noch fünfzehn Meter vor uns. Als wir wieder im Hausflur standen, konnten wir durchatmen. Ich sah, daß nicht nur ich weiche Knie hatte. Im Keller des Zigarrenhändlers war es fast dunkel, oder waren wir nur vom Feuer geblendet? Ich rief Dieter beim Namen, und eine weinerliche Piepsstimme antwortete: »Hier!« Der kleine, zierliche Junge war für den großen Mann kein Gewicht. Nur der verdammte Sauerstoffmangel machte uns zu schaffen. Als Richard den Jungen in die Decke wickeln wollte, stellte er fest, daß die Decken schon beinahe getrocknet waren. Er bat jemanden, uns mit einer Handlöschpumpe zu bespritzen. Man spritzte die Decken und uns naß, und ich tauchte meine Mütze in einen Eimer. Dann rannten wir wieder hinüber, und ich dachte, nur nicht fallen, der Mann würde dich nicht finden.

Völlig entkräftet und atemlos stiegen wir in unseren Keller hinab. In ihm gab es wenig Licht, und die Luft war schlecht. Viele fremde Menschen waren im Keller, die durch den Mauerdurchbruch gekommen waren. Ihre Häuser brannten schon, der Einsturz drohte. Ich setzte mich total ausgelaugt zu Mutti, die Dieter fest an sich preßte. Sie bat mich, in unsere Wohnung zu gehen, um zu kontrollieren. Wohl war mir nicht bei dem Gedanken, aber ich rannte nach oben. O Gott, sah die Wohnung aus! Keine Fenster mehr, und der Funkenregen drohte in die Wohnung hineinzufliegen. Ich riß kurzerhand die Gardinen herunter, nahm die

Tischdecken ab und steckte alles in die kleine Kammer, die ohne Fenster war. Dasselbe tat ich mit dem Bettzeug. Den Wohnzimmertisch wuchtete ich vor das Fenster, um den Funkenflug möglichst abzuwehren. Dann wurde es mir in der Wohnung allein zu unheimlich. Ich nahm nur noch schnell Muttis goldene Armbanduhr, Kette und Ring von der Frisiertoilette und rannte dann wieder in den Keller.

Richard saß neben Herta. Unabsichtlich berührte ich die Kellerwand, sie war warm. Ich flüsterte Richard meine Beobachtung ins Ohr. Sichtlich erschrocken sah er mich an, als er meinen Hinweis überprüft hatte. Er sagte leise zu den beiden Frauen: »Wir müssen hier raus! Im Keller ersticken oder verbrennen wir. Draußen auf der Straße erwartet uns dasselbe Schicksal, aber dort haben wir noch eine Chance.« Mutti meinte: »Mit meinem Bauch komme ich durch keinen Durchbruch.« Im selben Augenblick brachten zwei Männer eine Frau in den Keller, der man ansah, daß sie durch das Feuer gegangen war! Meine Augenbrauen und Wimpern waren weggesengt, und meine Hände brannten. Die Frau hatte aber weder Augenbrauen, Wimpern noch Haare auf dem Kopf. Ihre Hose war bis über die Knie weggebrannt und ihr Oberkörper mit Lumpen bekleidet, Reste ihrer ehemaligen Kleidung. Ihre nackte Haut wies Brandwunden auf. Die junge Frau weinte und schrie, und wir mußten eine furchtbare Geschichte mit anhören, soweit wir dem Gestammel überhaupt folgen konnten. In der Alten Jakobstraße, gleich neben dem Atlas-Kino, gab es ein Waisenhaus. Dieses Haus sollte in hellen Flammen stehen, und die Erzieher würfen die Kinder wie lebende Fackeln aus den Fenstern des Hochparterre, dann sprängen sie selbst hinterher. Sie schrie: »Alle Kinder tot! Alles tot!« Es schien, daß die Frau nicht mehr ganz bei Sinnen war. Richard stand auf und sagte: »Die Gelegenheit ist günstig, die Leute sind abgelenkt, wir gehen.« Wir banden uns unseren Schal vor den Mund, um Schmutzpartikel und Qualm möglichst nicht einatmen zu müssen. Herr Schöna, der im Hausflur an der Haustüre stand, wunderte sich, daß wir den schützenden Keller verlassen wollten. Er wünschte uns noch viel Glück. Wir haben ihn zum letzten Mal gesehen, kurze Zeit später ist er bei einem Rettungsversuch ums Leben gekommen. Er öffnete uns die Tür und rief uns zu: »Der Sturm hat sich gerade wieder einmal gedreht, ihr könnt laufen.« Mir klopfte er noch auf die Schulter und sagte, ich solle gut auf mich aufpassen. Meinen Freund Günter sah ich nicht mehr, er war noch im Keller. Dann begann der Lauf durch das Feuer. Die Reihenfolge war wie folgt festgelegt: Als erster kam Richard mit Dieter auf dem Arm, dann kamen Mutti und ich und zum Schluß Herta. Ich hatte aber auch die Aufgabe, mich nach Herta umzudrehen. Wir rannten Richtung Moritzplatz, möglichst hart an den Hauswänden entlang. Erstens war der Bürgersteig gepflastert und brannte nicht, und zweitens schlugen die umherfliegenden brennenden Gegenstände nicht direkt an die Hauswand. Trotzdem mußten wir manchmal den brennenden Fahrdamm benutzen, weil Trümmer unseren Weg blockierten. Man kann sich nicht vorstellen, welchen Lärm Feuer verursacht. Es knistert, rauscht, kracht, zischt und brodelt. Sturm und plötzliche Windstille.

Dann, mit doppelter Wucht, peitschte der Sturm uns die Flammen an den Körper, und wir hatten Mühe, nicht in den Flammensog zu geraten. Brennende Balken, Bretter und Gerümpel flogen durch die Luft. Wir erreichten mit letzter Kraft den Moritzplatz. Der Sauerstoffmangel, der Qualm in der Lunge, der Husten haben uns die letzte Kraft abverlangt. Wir konnten kaum atmen. Dieter war ohnmächtig geworden, Herta blies ihm ihren Atem ein. Ich machte den Vorschlag, zum Engelbecken zu laufen. Mutti wollte unbedingt zur Oma, vielleicht stand ihr Haus noch. Vielleicht, vielleicht, vielleicht. Durch die Neanderstraße (heute Heinrich-Heine-Straße) war kein Durchkommen. Wir liefen die brennende Oranienstraße entlang und erreichten das Engelbecken. Durch die schöne Parkanlage mit herrlichen Goldfischteichen, die tiefer als das Straßenniveau lag, konnten wir nicht gehen, obwohl wir dort bessere Luft gehabt hätten. Man trug dort Leichen zusammen. Wir gingen entgegengesetzt in die Gitschiner Straße zum Kottbusser Tor, die Ritterstraße lag in Trümmern. Die Menschen liefen unter der Hochbahn entlang, hier war man vor umherfliegenden Gegenständen relativ geschützt. Wohin? Immer weiter unter der Hochbahn entlang. Kottbusser Tor, Görlitzer Bahnhof, Schlesisches Tor. Eine Frau kam auf mich zugelaufen und schlug auf meinen Rücken. Zu diesem Spiel gesellte sich auch noch Herta. Durch Funkenflug hatte meine Joppe Feuer gefangen. Die beiden Frauen schlugen es mit ihren bloßen Händen aus. Die Warschauer Brücke (Oberbaumbrücke) war getroffen, und wir wichen zur Michael-Brücke aus. Hier, an der gleichnamigen Kirche, kam unvermittelt ein mächtiger Sturm auf, der uns fast umwarf und die Luft vom Mund wegriß. Richard hatte sich auf die Erde geworfen und hielt unter sich den Jungen fest. Herta und ich drückten Mutti in eine Mauernische der Kirche. So plötzlich, so stark und schnell wie der Sturm gekommen war, so unerwartet war alles wieder vorbei. Das ganze Phänomen dauerte vielleicht drei Minuten. Feuer, das etwa drei Kilometer Luftlinie von uns entfernt wütete, holte sich den nötigen Sauerstoff.

Endlich hatten wir die Spree überquert und strebten der Warschauer Straße zu. Es kam uns wie ein Wunder vor, hier gab es einen Bäcker, der Brot verkaufte. Natürlich kauften wir auf Brotkarte ein Brot. Wir kreuzten die Frankfurter Allee und sahen von weitem den verwüsteten und brennenden Balten-Platz, der später Bersarinplatz heißen sollte. Die Häuser rings um den Platz standen in Flammen. Der Feuersturm stieb die Funken hoch in die Luft und riß größere Brocken, meist brennendes Holz, mit, die dann irgendwo wieder herunterprasselten. Die Gefahr, von umherfliegenden Trümmern getroffen zu werden, war groß. Am gefährlichsten wurde es, wenn die ausgebrannten Häuser ihre Statik verloren hatten und die Mauern nach außen kippten. Wir betraten das Rund des Balten-Platzes und waren bemüht, ihn schnell zu überqueren. Mitten auf dem Platz baute sich ein Luftwirbel auf, der einer Windhose ähnelte und gefährlich aussah. Ich klemmte das Brot fester unter den Arm und hielt Mutters rote Ledertasche fest in meiner rechten Hand. Die Luft zum Atmen wurde knapp, und die Gefahr bestand, je nach Stärke und Geschwindigkeit des Drehens des Windes, daß wir in die Flammen gezogen werden könnten. Das Feuer lärmte. Man hörte, wie die stocktrockenen Balken krachten und Metall platzte und zischend schmolz. Der ekelerregende Qualm legte sich auf Magen und Lunge. Die Augen brannten, der Mund war trocken und ausgedörrt. Seit Stunden hatten wir nichts mehr getrunken. Wir konnten kaum noch laufen, Mutter hatte große Schwierigkeiten. Herta rief ihr zu: »Wir müssen über den Platz, komme, was da wolle. Dahinter ist der Friedrichshain, im Park können wir Rast machen.« Richard übernahm von Herta Dieter. Richard sah mich an und fragte: »Ich kann mich auf dich verlassen?« Ich nickte nur, denn das Sprechen fiel mir schwer. »Gut«, sagte er, »deine Mutter geht voran, Herta hinterher, dann ich mit dem Jungen, du hast dich als tapfer und umsichtig erwiesen, du macht den Letzten. Du schreist, wenn Gefahr droht. Dann los!« Der Trupp setzte sich im Gänsemarsch in Bewegung. Mitten im Lauf sah ich, daß die Vorderfront eines vierstöckigen Hauses wankte und auf den Platz zu fallen drohte. Ich schrie aus Leibeskräften: »Richarrrd!!!« Es muß wohl ein besonderer Schrei gewesen sein. Er drehte sich blitzschnell um, sah die wankende, kippende Hausfront, und jetzt schrie er: »Lauft!« Zum ersten Mal in meinem Leben hörte ich aus dem Munde eines Mannes einen Entsetzensschrei. Die Mauer drohte uns zu erschlagen und unter sich zu begraben. Mit einem irrsinnigem Getöse fiel die Vorderhausfassade mit ihren vier Etagen auf den Platz. Wir liefen und sprangen über Hindernisse wie flüchtende Rehe. Ich kann mit Gewißheit sagen, daß mir quasi die letzten Steine in die Hacken polterten.

Ich konnte bisher einfach nie darüber sprechen, selbst das Schreiben fällt mir heute noch schwer: Die Hindernisse, die wir übersprangen, waren Leichen. Es waren kleine und große Leichen, Kinder und Frauen. Sie waren alle halb nackt, wahrscheinlich war ihnen die Kleidung weggebrannt. Beim Überspringen einer Frau und eines Kindes bin ich auf die Hand des toten Kindes getreten. Ich spürte Schmerz, es tat mir weh. Ich hätte schreien können, vielleicht habe ich auch geschrien. Denn Richard drehte sich um und rief mir zu: »Nicht umdrehen, nur nach vorn sehen!« Ich glaube, er wußte, was mir widerfahren war. Heute noch packt mich das blanke Entsetzen, und ich habe das grauenhafte Gefühl immer noch im Fuß. Ich kann dieses Erlebnis nicht verdrängen. Immer, wenn ich unverhofft auf etwas Weiches trete, eine Schnecke oder ähnliches, überfällt mich urplötzlich das Erlebte. Es ist ein nicht zu beschreibendes, grauenhaftes Gefühl. Ich spüre dann die kleine weiche Hand unter meinem Schuh.

Endlich war der Friedrichshain erreicht, und wir freuten uns auf eine Verschnaufpause und die reine Luft, die wir atmen könnten. Aber es sollte anders kommen. Auffällig war, daß hier viel Feuerwehr, Polizei und andere Uniformierte herumliefen, auch Leute mit Rot-Kreuz-Binden. Ein Lkw stand da, an der Plane hantierte ein Soldat, er schien im Begriff fortzufahren. Richard eilte mit Dieter auf dem Arm hinüber und sagte zu mir: »Du wirst den Soldaten erklären, wo wir hin wollen. Das Übrige werde ich schon regeln.« Richard versuchte, dem einfachen Soldaten zu befehlen, er sollte uns mitnehmen. Der Soldat nahm weder Haltung an, noch grüßte er militärisch. Er öffnete wortlos ein wenig die Plane, und wir sahen nur tote Körper. Richard schüttelte traurig den Kopf und klopfte dem Soldaten mitleidig auf die Schulter. Wir gingen weiter, und der Lkw fuhr Richtung Balten-Platz.

Mutti und Herta wollten sich auf eine Bank setzen. Richard gestattete es nicht, er meinte, wenn wir uns jetzt setzten, dann kämen wir nicht mehr hoch. Natürlich hatte er recht, auch wenn es hart war. Es waren kaum noch drei Kilometer bis zur Prenzlauer Allee. Wir waren schon seit zwölf Uhr unterwegs, gerannt oder gelaufen durch Feuer, Rauch, Tod und Elend. Die Zeiger standen jetzt auf 19 Uhr. Seit sieben Stunden hatten wir nichts gegessen; Hunger hatten wir nicht, aber Durst und noch einmal Durst. Wahrscheinlich war es vormittags neun Uhr gewesen, als wir zum letzten Mal getrunken hatten. Wir waren vollständig ausgelaugt, und die Kraft verließ uns merklich.

Endlich war das unversehrte Haus meiner Großmutter zu sehen. Wir schleppten uns weinend, selbst Richard schluckte einige Male, die vier Treppen hoch. Das Brot hielt ich immer noch krampfhaft unter meinen Arm. Einige Mieter öffneten die Türen, stützten und geleiteten uns nach oben. Wir fielen auf die Stühle und wollten nur trinken, essen und schlafen. Die Nachbarn stellten uns Betten und Waschgelegenheiten zur Verfügung. Das Wort Solidarität kannten wir nicht. Bei uns hieß es nur: »Einer für alle, und alle für einen!« Mutti und ich schliefen in einer nicht bewohnten Wohnung. Die Mieterin war dienstverpflichtet. Gegen 21 Uhr lagen wir beide im Bett und konnten nicht einschlafen. Uns tat der ganze Körper weh, und geringfügige Brandverletzungen hatten wir auch. Unsere Nerven waren hochgradig aufgepeitscht. Mutti bat mich, in ihr Bett zu kommen. Wir hielten uns gegenseitig fest und schliefen endlich ein.

Ein schrecklicher Tag war vorüber. Dieser Tag wird nie mehr vergessen werden können. Wie würde der nächste Tag sein? Nur nicht denken. Am Morgen mußten wir feststellen, daß Herta und Richard schon früh nach Oranienburg aufgebrochen waren. Sie hatten dort eine Dienststelle, die sie aufsuchen mußten. Unser aller Kleidung war dreckig, zerrissen und vom Funkenflug zum Teil versengt. Unser Schuhwerk war nicht besser dran. Auch unsere Füße waren wund gelaufen und hatten Brandblasen. Teilweise hatten die Sohlen Brandlöcher. Weder am Tage noch in der

Nacht gab es Fliegeralarm. Was war los, wollte man uns eine Pause gönnen?

Großmutter telefonierte mit ihrem Bruder in Nauen. Kurioserweise funktionierte das Telefon. Es dauerte ein bißchen, aber die Verbindung stand. Sie bat ihn, uns in Nauen aufzunehmen, damit das Kind dort in Ruhe und Sicherheit zur Welt kommen könne. Er versprach, sich nach einem Quartier für uns umzusehen. Muttis Schwägerin mit ihren zwei Kindern wohnte schon bei ihm.

Am 5. Februar bat meine Mutter mich, zur Kommandantenstraße zu fahren. Bis zum Alexanderplatz kam ich noch, die U-Bahn fuhr nur bis zur Neanderstraße. Ich wußte ja, daß die Straßendecke auf dem Bahnhof lag. Als ich den U-Bahnhof Neanderstraße verließ und auf der Straße stand, war ich fassungslos über das Ausmaß der Zerstörung. Rückwärts schauend, sah man die Jannowitzbrücke und Ruinen. Nach vorn blickend, zum Moritzplatz hin, sah ich nur ein riesiges Trümmerfeld. Die Dresdnerstraße, die Annenstraße, die Stallschreiberstraße, die Alexandrinenstraße, die Neanderstraße, das ganze Neanderviertel war ein einziger Trümmerhaufen. Die Straßen waren einfach nicht mehr da. Es gab nur noch Trümmerberge und Reste von Mauerfassaden. Einige Trümmerberge qualmten immer noch. Dazwischen irrten Menschen suchend umher, und ich hatte bei manchen den Eindruck, daß sie sich nicht ganz normal benahmen. Aber was war noch normal? Zwischen den Trümmerbergen hatte man auf der anzunehmenden Straße einen Fußgängerpfad geschaufelt. Ich ging in Richtung Moritzplatz und kam gerade dazu, als man eine Frau wegführte. Ihre Haare hingen wirr ins Gesicht, die Hände bluteten. Sie rief verzweifelt nach ihrem Kind und wühlte mit bloßen Händen mal hier und mal dort in den Trümmern. Ich dachte bei mir, nur nicht verrückt werden, bloß nicht verrückt werden, aber weit entfernt von diesem Zustand waren die Menschen nicht mehr.

Unvermittelt stand ich vor dem Bombenkrater und konnte in den U-Bahnhof blicken. Den U-Bahnwagen hatte man schon beseitigt. Irgendwen hörte ich sagen, es solle hier viele Tote im Bahnhof gegeben haben. In die Oranienstraße einbiegend, sah ich, daß hier noch zwei Häuser, kaum beschädigt, standen. Hoffnung machte sich in mir breit. Als ich mich orientierend nach der Kommandantenstraße umsah, bot sich mir ein Bild des

Grauens. Warum das Schicksal es so wollte, wird mir immer ein Rätsel bleiben. Ausgerechnet das Haus vom Zigarrenhändler Hinze, in dessen Keller Mutter Dieter untergebracht hatte, stand noch. Allein an diesem Haus konnte ich überhaupt erkennen, daß hier die ehemalige Kommandantenstraße war. Von diesem Haus als Orientierungspunkt konnte ich auch ungefähr ausmachen, welcher Trümmerhaufen unser Haus gewesen war. Die Wassertorstraße gab es nicht mehr. Das ganze Gebiet, das Neanderviertel längs der Spree bis zur Hochbahn, westlich der Spittelmarkt, der Dönhoffplatz bis zur Wilhelmstraße, dort wieder bis zum Alex, dann wieder östlich, das gesamte ehemalige Köllnische Berlin und wieder hinunter bis zur Jannowitzbrücke, muß ein Flammenmeer gewesen sein. Zwei Tage nach dem Angriff war es immer noch eine rauchende Trümmerwüste, über welcher der Hauch des Todes lag. Mehr als 3000 Tote innerhalb von sechsundfünfzig Minuten, überwiegend Frauen, Kinder und alte Leute, gehen auf das Konto von Sir Harris und Winston Churchill. Dabei war der 3. Februar 1945 nur die Generalprobe für Dresden. Diese Zahlen sind erst nach dem Krieg bekanntgegeben worden, das Reichssicherheithauptamt hatte sämtliche Verlust- und Schadensmeldungen, aus Geheimhaltungsgründen dem Feind gegenüber, nicht veröffentlicht.

Mutterseelenallein

Ich bin Jahrgang 1937. Geboren bin ich in Reinickendorf, Schillerring, und wohnte während des ganzen Krieges in der »Weißen Stadt«, in der Genfer Straße 67. Mein Vater war nicht Soldat, da er bereits im Ersten Weltkrieg mit 17 Jahren sein rechtes Bein verloren hatte. Meine zwei Halbbrüder waren bei der Luftwaffe bzw. bei der Infanterie und hatten sagenhaftes Glück, denn sie überstanden beide den Krieg – fast unversehrt. Ich selbst begann meine berufliche Laufbahn im Jahre 1956 bei der Schultheiß-Brauerei in Spandau. Im Jahre 1961 heiratete ich und war – beruflich wie auch privat – recht glücklich, bis im Jahre 1992 meine Frau verstarb. Zu diesem Zeitpunkt war ich Product-Manager im Marketing der gleichen Brauerei, die ich am 31. Dezember 1992 in den vorzeitigen Ruhestand verließ.

Hans-Joachim Loll

121

1944 ... Das schlimmste Jahr in der Schlacht um Berlin. Fast täglich Bombenalarm! Tagsüber kamen die Amerikaner, nachts die Engländer. Wir lebten fast nur noch im Keller. Ich war damals sieben Jahre alt, und in diesem Alter prägen sich solche Erlebnisse unauslöschlich in das Gedächtnis ein. Im Herbst 1944 war ich zu Verwandten nach Cottbus gebracht worden, um den furchtbaren Angriffen nicht mehr ganz so direkt ausgeliefert zu sein. Dort wurde ich allerdings krank, und meine Tante mußte mich nach Berlin zurückbringen. Unser Hausarzt stellte fest, daß ich an einer weit fortgeschrittenen Diphtherie litt, und schickte mich auf schnellstem Wege ins Kinderkrankenhaus im Bezirk Wedding, Reinickendorfer Straße. Hier machte man einen Kehlkopfschnitt und setzte mir ein Silberröhrchen ein, damit ich atmen konnte. Allerdings mußte ich absolut still liegen und wurde deshalb an den Stäben des Kinderbettes festgebunden. Das Zimmer war auf einer Quarantänestation mit zimmerhohen Fenstern, so daß ich die danebenliegende Station gut sehen konnte. Eines Abends gab es wie üblich Bombenalarm, und alle flüchteten in die Luftschutzkeller – nur ich konnte nicht mit! Beim Transport hätte Gefahr bestanden, daß das Silberröhrchen in die Luftröhre rutschte und mich erstickte! Da lag ich also – mutterseelenallein – das Bett oben abgedeckt mit Brettern. An der Seite konnte ich noch durchblicken und erlebte den nun folgenden Bombenangriff sehr intensiv. Die Flak schoß, Motoren dröhnten, Bomben pfiffen und explodierten. Draußen war es taghell durch die abgesetzten »Weihnachtsbäume«. Dann kam der Höhepunkt – ich hörte nur ein gewaltiges Pfeifen, dann einen ohrenbetäubenden Krach und sah, wie die zirka 150 Meter entfernte Nachbarstation in einer großen Rauchwolke verschwand. Eine Luftmine hatte das Gebäude getroffen und weggeblasen. Ich weiß nur noch, daß ich wie am Spieß geschrien habe und die raumhohen Fenster ins Zimmer geflogen kamen. Am nächsten Morgen buddelten mich dann die Schwestern unter den Glasscherben aus und waren froh, daß ich noch lebte.

Tage darauf holte mich meine Mutter aus dem Krankenhaus ab. Sie hatte einen Bollerwagen dabei, in den sie mich setzte. Dann ging es nach Hause. Straßenbahnen fuhren nicht, die Oberleitungen hingen herab. Es war dunkel wie in der Nacht, überall schwarzer Rauch. An den Hauswänden wie auch auf den Straßen brannten noch Reste von Phosphor.

Haus um Haus

Ich bin Jahrgang 1939 und war zum Zeitpunkt des Erlebten fast sechs Jahre alt. Wir wohnten bei meinen Großeltern in der Rückertstraße 8 in Charlottenburg. Mein Vater fiel 1941. Die Wohnung meiner Eltern wurde 1942 ausgebombt. Nach der Schule wurde ich Schneiderin, später Bürokauffrau. Mein letzter Arbeitgeber war die Buchhandlung Lange & Springer. Ich habe 1968 geheiratet. Mein Mann war bis zu seinem Tod 1992 in der Bundesanstalt für Arbeit tätig.

Edeltraud Ludwig

Wenn die Sirenen heulten, wurden wir Kinder aus dem Schlaf gerissen, auf das Schnellste angezogen, bekamen Puppe oder Teddy in den Arm gedrückt und einen Bonbon in den Mund gesteckt. Dann hieß es für die Familie von der vierten Etage hinunter in den Luftschutzkeller, der im Vorderhaus lag. Dort saßen dann alle Hausbewohner, überwiegend Frauen und Kinder und einige wenige Männer, darunter auch mein Großvater.

Ab etwa Januar 1945, so schilderte es mir später meine Mutter, liefen wir fast jeden Tag und jeden Abend hinunter, ab März 1945 lebten wir nur noch im Keller. Dann begann das angstvolle Warten auf dieses herannahende, immer lauter werdende dunkle Dröhnen der Bomberverbände. Dieses Dröhnen ist es, das sich in meinem Gedächtnis bis heute eingenistet hat. Und wenn dann die Bomben in unserer Umgebung einschlugen, wurde es sehr still in unserem Keller.

Dann, eines Nachts, hatte es unser Haus erwischt. Ich weiß nur noch, daß der Kellerboden bebte und das Licht in dem Augenblick erlosch, als uns die Bombe traf. Ich schrie ganz fürchterlich, aber unsere Mutter, die uns an den Händen hielt, blieb stumm. Irgendwann wurden Notlichter angezündet, und da sahen wir, daß unser Keller nicht zerstört war, nur sahen wir alle vom Trümmerstaub wie gemehlt aus. Die Bombe war Gott sei Dank in der ersten Etage steckengeblieben, aber die herabfallenden Trümmer hatten unseren Kellereingang verschüttet. Wir konnten uns nicht selbst befreien, und es dauerte sehr lange, bis der Eingang wieder freigeräumt war. Damals hatten wir Glück gehabt.

Später, im April, Mai 1945, als die russische Armee den Kaiserdamm herunterkam, begann der Endkampf in dieser Region, wo Straße um Straße und Haus um Haus erobert wurden. Unser

Haus hatte den Bombenterror heil überstanden. Aber einige fanatische Blockwarte in der kleinen Rückertstraße leisteten mit Waffengewalt Widerstand. Das war Grund genug, die eine Seite dieser Straße mit rund acht Häusern noch am letzten Kriegstag in Brand zu stecken. Wenn man durch diese kleine, kurze Straße geht (sie liegt zwischen Kaiserdamm und Schillerstraße im Bezirk Charlottenburg), so sieht man noch heute eine unbebaute Straßenseite mit einem Zaun in ganzer Länge.

Berlin brannte

Ich bin Jahrgang 1929 und habe den gesamten Krieg in Berlin miterlebt. Anfang 1944 habe ich eine Lehre als Maßschneiderin begonnen. Die Firma wurde Ende 1944 ausgebombt. Ich wohnte damals in Friedenau am Grazer Damm bei meinen Eltern. Ich heiratete 1950, bekam eine Tochter und arbeitete selbständig in meinem Beruf weiter. Mein Mann war im Krieg U-Bootfahrer und ging 1946 in den Lehrberuf. Bis zu seiner vorzeitigen Pensionierung wegen eines Herzinfarktes war er Realschulrektor. Dann begann er eine erfolgreiche schriftstellerische Laufbahn mit heiteren Berlin-Büchern und ist heute ein bekannter U-Boot-Autor bei Ullstein. Ich selbst konnte mein Berufsziel Modezeichnerin nicht realisieren. Heute beschäftige ich mich mit Fliesenmalerei nach historischen Delfter Motiven. Einige Friesenhäuser auf Föhr sind mit meinen Arbeiten ausgestattet. Außerdem war ich 22 Jahre ehrenamtliche Richterin am OVG.

Marianne Maasch

Ab 1944 absolvierte ich eine Schneiderlehre bei einem der damals führenden Modehäuser, Geringer & Glupp in Berlin-Mitte, in der Kronenstraße 1. Dieses alte Haus besaß keinen ausgebauten Luftschutzkeller, sondern nur einen tiefgelegenen, von Heizungs- und Wasserrohren durchzogenen Keller ohne zweiten Fluchtausgang. Deshalb wollte niemand von uns hier einen Luftangriff durchmachen. In unserem Atelier lief stets ein Radio, in dem der »Drahtfunk« über die Flugziele der Bomberverbände informierte. Drohte ein Angriff auf Berlin, rafften wir unsere Sachen zusammen und rannten zur Reichskanzlei in der Voßstraße. Dort befand sich ein mit Metallrahmen eingefaßtes Stück

Straßenpflaster. Wenn wir Glück hatten, ergatterten wir einen Stehplatz darauf. Heulten die Sirenen auf und gaben Alarm, fuhren wir damit in die Tiefe und landeten im Bunker der Neuen Reichskanzlei. Hier waren wir absolut sicher, obwohl auch dieser enorme Bunker unter den Bombenexplosionen wie ein Pudding wackelte. Dieser »Fahrstuhl« funktionierte allerdings bei Alarm nur einmal, danach schloß sich das Straßenfenster wieder. Verpaßten wir den richtigen Augenblick, rannten wir weiter zum S-Bahnhof Potsdamer Platz und liefen, wenn die Bahn nicht mehr fuhr, über die Gleise bis zum Anhalter Bahnhof und gelangten so in den dortigen Hochbunker.

Ende 1944 brannte unsere Firma aus. Wir Lehrlinge befanden uns währenddessen in der Berufsschule in der Kastanienallee und erlebten dort einen der fürchterlichsten Angriffe im Keller der Schule. Ich werde nie vergessen, wie wir Gesichter und Haare mit nassen Tüchern schützten, bevor wir die Schule verließen. Berlin brannte lichterloh, als wir uns zu Fuß auf den grauenhaften Heimweg machten. Unser Weg nach Steglitz führte uns durch die brennende Innenstadt. Am Alex stand Hertie in Flammen, der Feuersturm raste und wirbelte glühende Asche durch die Straßen, die zerstörten Gasrohre brannten meterhoch, und oft genug mußten wir an Blindgängern vorbei, die jeden Augenblick in die Luft fliegen konnten. Wir liefen in der Mitte des Dammes, um nicht von herabstürzenden Mauern erschlagen zu werden. Kronen- und Mauerstraße waren ein einziges Trümmer- und Flammenmeer. Wie glücklich war ich, daß das heimatliche Haus noch stand und meine Angehörigen lebten. Die Firma Gehringer & Glupp fing in wenigen Räumen in der Schlüterstraße mit geretteten, oftmals angesengten Stoffen wieder neu an. Mit verzweifeltem Mut, den Zoobunker in der Nähe, arbeiteten wir weiter.

Hatten wir die Tagangriffe überstanden, rissen uns die nächtlichen Alarme aus dem kurzen Schlaf. Noch im Halbschlaf knoteten wir das Laken um das Bettzeug, warfen uns das Bündel über die Schultern, griffen nach den Koffern mit den wichtigsten Papieren und flüchteten in den Luftschutzkeller. Wir wohnten am Grazer Damm und hatten dort massive Schutzräume mit Schleusen und Stahltüren. Die Häuserblöcke waren 1938/39 für die umgesetzten Mieter von Potsdamer Platz und Umgebung gebaut worden. Deren Häuser sollten abgerissen werden, weil Hitler dort einen riesigen runden Platz bauen lassen wollte. Diesen

Abriß besorgten nun die Bomber. Die Keller am Grazer Damm überdauerten alle Angriffe und hielten selbst einstürzenden Häusern stand. Unser Haus wurde von Brandbomben getroffen. Noch während der laufenden Angriffe und der donnernden Abschüsse der Flak bildeten wir Frauen und Kinder eine Eimerkette, reichten die vollen Wassereimer von Hand zu Hand bis zum Brandherd weiter und retteten so unser Haus.

Als die Russen Berlin einkesselten und die Angriffe Tag und Nacht anhielten, zogen wir gemeinsam mit den Mietern des Nachbarhauses in die Luftschutzkeller. Alarmsirenen gab es nicht mehr, wir lebten in ständiger Lebensgefahr. Ein Tiefflieger hat mich bei dem Versuch, zu einem Lebensmittelladen zu gelangen, mit seinem Maschinengewehr beschossen. Nur ein Sprung in die Vorgartenanlage rettete mir das Leben. Drei Wochen lebten wir zusammengepfercht im Keller, dann kam die Rote Armee und mit ihr ein neues Entsetzen. Nur der Rat eines hohen russischen Offiziers, uns in die obersten Stockwerke unserer Häuser zu flüchten, rettete uns Frauen und Mädchen vor den Massenvergewaltigungen. Seltsamerweise wagten sich die einfachen Soldaten nicht höher als bis in den zweiten Stock. So waren wir relativ sicher.

Fast drei Wochen hausten wir dort oben, versorgt von den wenigen alten Männern unserer Hausgemeinschaften, die den Russen in den Küchen halfen und uns nachts die abgezweigten Lebensmittel brachten. Unter dem unaufhörlichen Geheul der Stalinorgeln, so nannte man die vielläufigen Raketenwerfer, die vor unseren Häusern aufgestellt waren und die Innenstadt sturmreif schossen, teilten wir uns das wenige Essen. Dieses grelle Mündungsfeuer, das die Nächte zum Tag machte, geistert immer noch durch meine Erinnerung und läßt mich vor jedem Silvestergeböller fliehen. Erst Ende Mai 1945 wagten wir uns wieder in unsere Wohnungen, und der nächste Überlebenskampf begann. Diesmal gegen den Hunger.

Plötzlich Stille

Ich bin Jahrgang 1929. Die Bombennacht erlebte ich im März 1945, wenige Tage vor meinem 16. Geburtstag, in einer Laubenkolonie im Wedding, Müllerstraße. Das Kriegsgeschehen Anfang 1945 hatte mich nach Verlassen meiner Heimat in Westpreußen in abenteuerlicher Flucht vor der Roten Armee, Kriegseinsatz zwischen Hela und Danzig, Entkommen über die Ostsee nach Swinemünde hierher verschlagen. Zusammenbruch und Chaos der Kapitulation im Mai 1945 führten mich schließlich nach Ilsenburg im Harz. Auf der Flucht getrennt, fand ich im Herbst 1946 meine schon verloren geglaubten Angehörigen wieder, die nach strapazenreicher Vertreibung in Berlin bei Verwandten lebten. Verschollen ist bis heute mein vier Jahre älterer Bruder Kurt, damals 20 Jahre alt.

Berlin wurde mit der Rückkehr zu meinen Eltern und meinen jüngeren Brüdern mein neues Zuhause. Hier habe ich geheiratet, eine Familie gegründet und meine Grundausbildung als Vermessungstechniker durch intensives Abendschulstudium im Bau- und Städtebaulichen Bereich zu erfolgreicher beruflicher Tätigkeit erweitert. Heute übe ich mich neben familiären Verpflichtungen in handwerklicher Geschicklichkeit zum Wohle insbesondere meiner Enkel, schreibe Reiseberichte und bin dabei, meine bereits 1945/46 gefertigten, doch verschwundenen Aufzeichnungen über meine Erlebnisse zwischen Weichsel und Harz zu rekonstruieren.

Günter Marquardt

März 1945. Zu dritt und noch nicht 16 Jahre alt, hatten wir uns aus dem Kriegsgebiet jenseits der Oder auf abenteuerlichem Weg nach Berlin durchgeschlagen. Wir fanden Bleibe in einer Laubenkolonie im Wedding. Drei Tage, wenn auch ständig mit Tag- und Nachtalarmen und immer bedrohlicheren Anzeichen einer Bombardierung konfrontiert, immerhin glimpflich davongekommen, traf uns in dieser Nacht die ganze Wucht eines konzentrierten Luftangriffs.

Das Heulen der Sirenen und das anschwellende Motorengedröhn der sich nähernden Bombergeschwader trieb uns, von Luftschutzwarten zu höchster Eile ermahnt, in einen nahen, mit Holzbohlen ausgekleideten und überdeckten Splittergraben. Gespannt starrten wir noch auf die unheildrohend über uns stehenden, die Nacht taghell erleuchtenden und das Zielgebiet markierenden Christbäume, als uns der einsetzende Bombenhagel förmlich in den Unterstand hineinschleuderte. Die Luft war erfüllt vom Rauschen abgeworfener schwerer und schwerster Kaliber, unter deren Einschlägen die Erde barst. Gewaltige Detonationen in unmittelbarer Nähe ließen die Aussteifungen unseres Schutzgrabens gefährlich schwanken. Sand und Erde rieselte aus den geweiteten Fugen der Deckenbohlen auf unsere Köpfe. Unter der Wucht der Druckwellen stürzte ein Nachzügler mitten zwischen uns. Kinder schrien, Frauen weinten und beteten, Verletzte stöhnten. Ein Volltreffer hätte uns allen den Garaus gemacht.

In das Rauschen der Luftminen mischte sich das Jaulen und Pfeifen wohl leichterer Sprengkörper, Brandsätze oder herumfliegender Bombensplitter. Der Lärm der Explosionen drohte die Trommelfelle zu sprengen. Verzweiflung und Angst mündeten in Panik, als sich der Geruch von Rauch und Feuer verbreitete und die Luft stickig wurde. Das Inferno aber wollte nicht enden.

Irgendwann war plötzlich Stille. Wie gelähmt warteten wir, bis auch das letzte Geräusch der abfliegenden Bomber erstarb. Als sich wieder Leben regte, Bunkerlichte entzündet wurden und einige abgedunkelte Taschenlampen aufleuchteten, sah man in deren fahlen Schein in graue, gezeichnete Gesichter – und in das Antlitz derer, die das Bombardement nicht überlebt hatten. Wir bahnten uns einen Weg nach draußen. Überall loderten Brände, trieb beißender Qualm zu uns herüber, lagen die Trümmer zerstörter Häuser. Erste Rettungsmannschaften und Angehörige suchten zwischen Hoffnung und Verzweiflung nach Verschütteten. Wir waren davongekommen. Aber die umgepflügte Erde und Bombentrichter um unseren Schutzgraben machten deutlich, wie nahe wir dem Verderben gewesen waren.

Wilmsstraße 7

Ich bin Jahrgang 1922 und 1927 von Pfungstadt/Hessen mit meinen Eltern nach Berlin gezogen. 1940 trat ich in die Finanzverwaltung ein und wohnte in Kreuzberg in der Graefestraße. Ab 16. Oktober 1941 war ich Soldat bei einer Panzereinheit, ab Anfang 1943 bis 8. Mai 1945 als Funker im Panzer an der Ostfront. Am 31. August 1943 sind Vater und Schwester in der Kreuzberger Wilmsstraße 7 bei Bombenangriffen ums

Leben gekommen. Ab Mai 1945 bis November 1949 Gefangenschaft in Sibirien. Ab 1950 Wiedereinstellung beim Finanzamt Tempelhof bis zum vorzeitigen Ruhestand 1982. Ich habe für mehrere Fernsehsendungen Interviews gegeben und habe noch 125 Briefe von meiner und an meine Mutter aus den Jahren 1941 bis 1944.

Curt Merker

Auf der Luftaufnahme der Amerikaner vom 3. Februar 1945, welche die Gegend um das Hallesche Tor zeigt, konnte ich unser beim Luftangriff vom 31. August 1943 total zerstörtes Haus Wilmsstraße Ecke Baerwaldstraße identifizieren. In diesem durch eine Luftmine getroffenen Haus kamen damals über fünfzig Berliner um, darunter mein Vater und meine Schwester. Ich war zu dieser Zeit Soldat an der Ostfront und hätte zur Zeit des Bombenangriffs Heimaturlaub gehabt. Wegen der schweren Kämpfe bei Orel wurde Urlaubssperre verhängt, was mich vor dem Schicksal bewahrte, als Soldat im Luftschutzkeller umzukommen. Es ist mir allerdings nicht erspart geblieben, den größten Luftangriff auf Berlin am 3. Februar 1945 als Fronturlauber mitzuerleben. Der 3. Februar war ausgerechnet mein letzter Urlaubstag. Den Angriff habe ich im Fichtebunker überstanden, den mehrere Bomben trafen, ohne Opfer zu fordern. Ich mußte mich am selben Tag noch durch die zerstörte Stadt zur Kommandantur durchschlagen, um meinen Marschbefehl zu erlangen. Diese war ebenfalls ausgebombt und schließlich in Potsdam untergebracht. Meine fast zehnstündige Irrfahrt durch das zerstörte Berlin war das traurige Ende meines Urlaubs.

Ich habe Berlin erst im November 1949 wiedergesehen.

BBC London

Ich wurde am 8. Februar 1932 in Berlin geboren, ging in der Frommelstraße zur Schule, nach der Evakuierung ab 1942 ins Dorotheenstädtische Realgymnasium. 1951 schloß ich meine Schornsteinfegerlehre ab, machte den Meister und war 1963 bis 1997 selbständiger Schornsteinfegemeister in Mahlsdorf.

In der Freiwilligen Feuerwehr war ich 20 Jahre, außerdem als Dozent an Betriebsakademien. 1988 gründete ich das erste Feuerstättenmuseum (kein Ofenmuseum!) der Welt mit über 500 Feuerstätten aus über zehn Nationen vom Baujahr 1962 bis 1980 sowie weiteren 3000 Exponaten. 1990 fuhr ich in voller Schornsteinfegermontur nach Paris. Eigentlich wollte ich 1989 zum 200jährigen Jubiläum der Französischen Revolution Grüße aus Ost-Berlin überbringen. Honecker, Friedensrat und Weltfriedensrat, Oberbürgermeister Kraak und die Liga für Völkerfreundschaft waren aber dagegen.

Bernd Müller

Zuerst war Fliegerangriff ganz schön. Wenn der Angriff nach 24 Uhr war, dauerte die Unterrichtsstunde nur 25 Minuten, und die beiden ersten Schulstunden fielen aus. Als Warnzeichen für Fliegeralarm wurde die laufende Sendung im Radio unterbrochen und ein Kuckucksruf eingeblendet. Das war auch schon das Zeichen für unseren Kater Mister, unter dem Ofen zu verschwinden. Bei Annäherung der Bomber wurden die Rundfunksender abgeschaltet, um den Bomberpulks die Möglichkeit des Anpeilens und Orientierens an den Rundfunkstationen zu nehmen. Jetzt erging die Aufforderung an die Rundfunkhörer: »Der Reichssender schaltet nun wegen Annäherung feindlicher Flugzeuge sein Programm ab, wir bitten die Hörer, den Drahtfunk einzustellen«. Das Radioprogramm wurde nun über das Telefonnetz verbreitet und konnte weder abgehört noch angepeilt werden. Unser Onkel Max hörte regelmäßig BBC London. Er saß am Radioapparat, dick in Decken verpackt, und hörte den »Feindsender«. Das Erkennungszeichen von BBC London war immer ein tiefes Bumbumbum, Bumbumbum. Onkel Max war schwerhörig! Nach der Sendung wurde die Skala gleich weitergedreht, um bei Hausdurchsuchungen den verräterischen Sender nicht drinzuhaben. Aber nach dem Krieg erzählten mir Nachbarn, sie hätten das Bumbumbum immer gehört.

Für die Bevölkerung gab es Sonderzuteilungen, etwa ein Ei oder einige Zigaretten oder ein Achtel Kaffee, eine halbe Flasche Schnaps oder Wein. Bei den vielen Angriffen später fiel alles weg. Die Karten-Ära begann bereits 1936 und dauerte bis 1958. Für Marmelade, Kunsthonig, Seife und Textilien aus Zellwolle wurde die Bewirtschaftung im Oktober 1951 aufgehoben, für Schuhe und Textilien im April 1953 und die Bewirtschaftung für Brennstoffe (Kohle, Koks) war in Ost-Berlin etwa in den achtziger Jahren zu Ende. Die Lebensmittelzuteilung betrug 1939 pro Person und Woche:

700 Gramm Fleisch oder Wurstwaren (1942 auf 300 Gramm gekürzt), 288 Gramm Zucker, 110 Gramm Marmelade oder ersatzweise 55 Gramm Zucker, 150 Gramm Graupen, Grütze, Grieß oder Nährmittel, 63 Gramm Kaffee oder Ersatzmittel, 20 Gramm Tee, 60 Gramm Öle oder Fett und 0,2 Liter Milch pro Tag. Zusätzlich erhielten Kinder unter sechs Jahren einen halben Liter Milch pro Tag, stillende Mütter 0,3 Liter, Schwerstarbeiter pro Tag 50 Gramm Öle, Fette und Fleisch 490 Gramm pro Woche. Im Monat gab es 125 Gramm Kernseife, 200 Gramm Schmierseife und 125 Gramm Haushaltsseife. Am 14. November 1939 wurden die ersten Reichskleiderkarten ausgegeben. Am 15. Februar 1942 wurde die Raucherkarte für Männer ab 18 Jahren eingeführt. Frauen erhielten nur 50 Prozent der Rauchwaren und erst ab dem 25. Lebensjahr.

Ein Kasten Bier

Ich gehöre zum Jahrgang 1930 und zählte 13 Lenze, als ich tags wie auch nachts Nachbarn und »Volksgenossen« in Luftschutzbunkern näher kennenlernte. Die Volksschule besuchte ich wegen der häufigen Fliegeralarme mit Unterbrechungen. Meine Freizeitbeschäftigung bestand größtenteils darin, auf Trümmerhaufen herumzuklettern oder Granatsplitter zu sammeln.

Nach Kriegsende war ich am Wiederaufbau Charlottenburgs beteiligt; tatkräftig mit Hammer (Steine von Mörtelresten befreiend), Schippe und Spitzhacke. Neben Schuttbeseitigung und Trümmerrecycling mußte ich den Lehrberuf Elektriker akzeptieren. Ansonsten hätte ich keine Lebensmittelkarten bekommen. Später folgten Lehrjahre als Artist (Hochseilakrobatik); Ausbildung zum Schauspieler (Max-Reinhardt-Schule); Radioreporter beim RIAS-Berlin sowie Reporter und Moderator für Hörfunk und Fernsehen beim Sender Freies Berlin. Vor der Pensionierung war ich knapp fünf Jahre lang Leiter der Abteilung für Presse- und Öffentlichkeitsarbeit beim SFB. Meine Stimme ist auch im Unruhestand nicht ganz verstummt. Dafür sorgt u. a. seit mehr als fünfunddreißg Jahren meine eheliche Lebensbegleiterin.

Erich Nieswand

1944. Die täglichen Bombenangriffe nahmen zu. Mit abenteuerlichem Drang, weil ich als junger Pimpf die Gefahren nicht richtig
einzuschätzen wußte, stürzte ich mich gemeinsam mit Schul-
freunden heldenhaft in brennende Häuser und half wildfremden
Menschen zu retten, was an Mobiliar noch greifbar war. So turn-
ten wir über nur noch hängende, brennende Treppenhäuser in
die oberen Etagen, um – wie zum Beispiel in der Kantstraße
Ecke Leibnizstraße – einer Frau zu helfen, den geliebten Gas-
herd aus der vierten Etage auf die Straße zu schleppen. Solch
sinnlose Rettungsentscheidungen traf so mancher in dieser Zeit.
Auch meine Mutter!

Als Anfang Februar 1944 alles in Flammen stand – unsere
Wohnung in der Pestalozzistraße und gleich um die Ecke in der
Leibnizstraße unsere Kneipe –, zerrte meine Mutter, vorbei an
lodernden Tischen und Stühlen, einen Kasten mit Bierflaschen
auf die Straße. Den immer parat stehenden Koffer mit den wichtigsten persönlichen Unterlagen ergriff sie zum Glück auch noch.
Hund, Bierkasten und Koffer waren dann auch so ziemlich alles,
was sie retten konnte, bevor das Haus zusammenkrachte.

Als wenn es schneite

Ich bin Jahrgang 1932 und wurde Ostern 1939 in Charlottenburg eingeschult. Bei Kriegsbeginn wurde mein Bruder Hans, Jahrgang 1920, eingezogen und in der Spandauer Kaserne ausgebildet. Ehe er an die Front
mußte, konnten wir ihn dort besuchen. Im Jahre 1947 kam er aus russischer Gefangenschaft. Meine ältere Schwester Charlotte, Jahrgang 1918,
von Beruf Erzieherin, wurde im Laufe des Krieges als Funkerin ausgebildet. Da mein Vater als Schwerbeschädigter nicht eingezogen wurde,
verbrachte die restliche Familie, das heißt meine Mutter, meine zweite
Schwester und ich, die Kriegsjahre in Berlin.

Willibald Ottmann

Mein Vater war im kriegswichtigen Gerätewerk Hakenfelde
beschäftigt. Er mußte für den Werkschutz häufig die Nächte dort
verbringen. Mein großer Bruder war an der Ostfront und meine
große Schwester als Funkerin dienstverpflichtet. Ich hielt sozusagen als »Mann« die Stellung im Hause. Im November 1943

haben wir einen Blick in die Hölle getan, beim Luftangriff, der den Westen Berlins in Schutt und Asche legte. Fast die gesamte Berliner Straße (Otto-Suhr-Allee) bis zum Luisenplatz war betroffen. Durch massenhaften Abwurf von Brandbomben, vermischt mit Sprengbomben, wurden ganze Straßenzüge in Brand gesetzt. Der Kellerboden bebte, das Licht flackerte, bis es auf einmal gänzlich erlosch. Wir Kinder drückten uns ängstlich an die Erwachsenen, die versuchten, uns zu beruhigen. Unsere Nachbarhäuser standen in Brand, und alle verfügbaren Leute waren auf Dach und Boden damit beschäftigt, ein Übergreifen der Flammen zu verhindern. Der unermüdliche Einsatz lohnte sich, unser Haus blieb als eines der wenigen stehen. Inzwischen war schon lange Entwarnung, und wir Kinder des Hauses waren alle in einer Wohnung. Wir spielten dort zusammen und wurden getröstet. Wenn man aus dem Fenster schaute, sah es aus, als wenn es schneite, aber nein, es war der enorme Funkenflug. Fremde, die während des Angriffs auch unseren Keller aufgesucht hatten, wurden naß gemacht und liefen zur U-Bahn, um durch den Tunnel weiterzukommen. Die folgenden Tage waren gespenstisch. Überall rauchende Trümmer und qualmende Balken. Wo sich zuvor die Küchen befanden, brannten Tag und Nacht die geborstenen Gasleitungen wie Fackeln. Im Februar 1944 brannte auch unser Wohnhaus ab. Es wurde von einem Phosphorkanister getroffen, und alle Löschversuche waren vergebens.

Stunden der Angst

Ich bin im Januar 1937 geboren und lebte mit meinen Eltern und meinem Bruder erst in der Neuköllner Donaustraße 19 und nach der Ausbombung in der Donaustraße 84. Dort erlebte ich als Achtjähriger einen Bombentreffer. Mein Vater betrieb eine Schuhmacherei, und ich erlernte später das Malerhandwerk. Durch die Meisterschule für das Kunsthandwerk kam ich zur angewandten und freien Malerei, während mein zwei Jahre älterer Bruder nach einer Ballettschuhmacher-Ausbildung zur Polizei wechselte und Beamter wurde. Ich bin seit 1962 verheiratet und habe eine Tochter.

Gerhard Pagel

Mein Vater war an die flache Hängelampe gestoßen, die über seinem Arbeitsplatz hing, so daß ihre Lichtstreifen durch die Dunkelheit des Raumes tanzten und an den weißkalkigen Wänden auf- und abschaukelten. Dann beruhigte sie sich allmählich und ließ nur einen schmalen, hellen Streifen zurück. Vater stellte einen Schuh auf den Ladentisch und setzte sich wieder auf seinen dreibeinigen Schemel. Ich sah seine gebeugte, immer etwas schief wirkende Gestalt gegen das schwache Licht und dachte daran, wieviel Glück wir doch hatten. Man hatte ihn als untauglich vom Wehrdienst befreit, und wir mußten nicht um sein Leben bangen, an irgendeiner der Fronten. Und doch hätten wir ihn um ein Haar verloren, oben in der Donaustraße 19, wo mein Bruder Wolfgang und ich geboren wurden. In jener kleinen Wohnung mit dem handtuchbreiten Laden, den meine Eltern 1934 als Schuhmacherei eröffnet hatten. Mein Bruder ging schon zwei Jahre zur Schule, aber ich war im Frühjahr 1943 in der Boddinstraße nur eingeschult worden. Hatte beim Fahnenappell auf dem Schulhof stolz strammgestanden und mich vor dem gewaltigen Bart des Schuldirektors gefürchtet. Dann waren wir zu unserem Onkel nach Pommern gefahren, weil der Schulunterricht eingestellt und die Kinder wegen der Bombenangriffe auf das Land geschickt wurden.

Mein Vater war allein geblieben, und als am 24. Dezember gegen fünf Uhr früh die Sirenen heulten, war er spät in den Keller gekommen, denn er hatte bis in die Nacht gearbeitet. Er war sogar noch einmal zurückgegangen, denn er hatte seine Uhr auf dem Nachttisch vergessen, seine schöne Taschenuhr, auf die er so stolz war. An der Wohnungstür hörte er die Bomber über sich und war zurück in den Keller gerannt. Er hat es gerade noch geschafft, die Eisentür zu verriegeln, da explodierte eine große Luftmine, genau auf der Brandmauer zum Nebenhaus. Fünf Häuser hat sie niedergerissen, zwischen der Fulda- und Weichselstraße. Über die Kellerdurchbrüche sind sie dann herausgekrochen. Fünf Mieter sind umgekommen, aber mein Vater hatte überlebt – Weihnachten 1943.

Im Sommer 1944 sind wir aus Pommern zurückgekommen, und eine andere Paterrewohnung wurde unser Zuhause: Donaustraße 84, zwischen der Inn- und Geygerstraße. Sie war größer und auch der Laden geräumiger, mit einem gewinkelten langen Korridor zum hinteren Zimmer und einer Küche, die hoch und dunkel war, weil nur ein Fenster in der äußersten Ecke zum Hof hinausging.

Es war Winter, wir hatten den Küchentisch in den Laden getragen und an den Ofen gestellt. Es war warm und gemütlich, und ich liebte diese Stunden im Halbdunkel, wenn es nach Leder und Kalpoliertinte roch, nach Gummilösung und staubigen Holzleisten, all den Dingen, die im Schuhmacherladen herumlagen. Ich hatte das große Buch über den Krieg 1870/71 hervorgeholt und hockte neben meinem Bruder am Tisch. Ich sah die Bilder der Ulanen und Kürassiere, wie sie vor Gravelotte und Sedan gegen die französischen Kanonen anstürmten und mit flatternden Wimpellanzen und geschwungenen Säbeln die feindliche Infanterie niedermachten. Ich sah Verwundete mit durchbluteten Verbänden am Straßenrand liegen und Bismarck zujubeln, der in einer Kalesche an ihnen vorüberfuhr. Der französische Kaiser saß zerknirscht neben ihm, denn er hatte diesen Krieg gerade mit Pauken und Trompeten verloren.

Aus dem schwarzen Volksempfänger auf der Wandkonsole, den mein Vater nur verächtlich »Goebbelsschnauze« nannte, tönte: »Heimat deine Sterne, wie strahlen sie so hell am Firmament ...« Meine Mutter summte mit geschlossenen Lippen die Melodie und stopfte Strümpfe dabei. Manchmal, wenn ein besonders großes Loch auf ihrem Handballen blitzte, schüttelte sie den Kopf und lächelte. Ganz warm wurde mir aus Liebe zu ihr, so daß ich mich wieder schnell in den großen Bildband vertiefte, mit seinen fremdartigen Schlachten und Scharmützeln. Die Schwester meines Vaters hatte das Buch von Herrn Stefanius bekommen, einem pensionierten Oberförster, dem sie am Pichelsdorfer See den Haushalt führte. Irgend jemand aus seiner Familie war damals dabeigewesen. Er war auch angekreuzt auf einem der alten Gruppenfotos, auf denen durch die gewaltigen Voll- und Backenbärte einer wie der andere aussah.

Plötzlich war die schöne Musik verstummt, und nach einem Moment der Stille kamen die dumpfen Paukenschläge einer Sondermeldung aus dem Radio: »Achtung, Achtung! Hier spricht der Großdeutsche Rundfunk. Feindliche Bomberverbände sind im Anflug auf die Reichshauptstadt! Achtung, Achtung!« Von einem Augenblick zum anderen war alles dahin. Die Geborgenheit und der Friede des Winterabends, die Wärme und das Glück dieser schummrigen Stunde.

Mein Vater legte den Hammer vor sich auf den Werktisch und erhob sich. »Geht lieber zum Bunker, es ist noch Zeit genug«, sagte er und knöpfte sich die grüne Schürze auf. Als wir vor das Haus traten, verstummten gerade die Sirenen des ersten Alarms. Es hatte geschneit, und der Mond warf kalt und strahlend sein Licht auf die weiße Straße. Ich rutschte aus und merkte dabei, daß ich die leere Milchkanne gegriffen hatte, die immer auf der Kohlenkiste stand. Mein Bruder half mir wieder auf die Beine, und wir rutschten und schlidderten die Berthelsdorfer Straße entlang, die so leer und verlassen war wie immer. Jemand rief: »Licht aus!« Und ich wunderte mich darüber, denn bei dem hellen Mondlicht würden die Flieger sowieso alles erkennen können. Wir erreichten die Richardstraße und gingen quer über den Damm zum Passagedurchgang, der wie ein Tunnel zur Bergstraße führte. Ein finsteres Loch mit naßkalten Mauern und brettervernagelten Kinoschaukästen. Wir tasteten uns hindurch, bis der Schnee wieder unter unseren Füßen knirschte und sich die dunklen Wände öffneten.

Da begannen direkt über uns die Luftschutzsirenen zum zweiten Alarm zu heulen. Wie ein Schock fuhr mir das entsetzliche auf- und abschwellende Jaulen in die Glieder, hallte in der Häuserschlucht wider und stürzte lauter und lauter auf uns herab. Voller Angst und Schrecken begann ich zu laufen. Achtete nicht mehr auf die Glätte und rannte über die Bergstraße, vorbei an der U-Bahntreppe in der Straßenmitte, die hinter verschlossenem Gittertor wie ein stockdunkler Höllenschlund drohte. Ich rannte zur Ecke der gegenüberliegenden Straßenseite mit seinen vernagelten Kaufhausscheiben, bis die Glätte meine Panik jäh stoppte, weil ich der Länge nach hinstürzte. Noch immer hielt ich die zerbeulte Milchkanne in der Hand, so krampfhaft, als wäre es das Wichtigste, was ich vor den Bomben retten müßte. Es dauerte etwas, bis ich mich aufrappelte und merkte, daß meine Mutter und mein Bruder weit hinter mir waren.

Aus allen Richtungen liefen Menschen auf den Eingang des niedrigen Bunkers zu, der gleich hinter den Häusern am Ende der Straße lag. Gemeinsam warteten wir, bis die Menschen vor uns die enge Treppe hinabgestiegen waren und auch wir uns hinuntertasten konnten in die muffig-stickigen Bunkergänge. Ich hatte noch einmal nach oben gesehen, wo am mondhellen Himmel schon die Lichtfinger der Flakscheinwerfer herumtanzten.

Es war voll im Bunker, und die Menschen versuchten, so gut es ging Platz zu finden, während oben das dumpfe Poltern der Bombeneinschläge begann. Was würde passieren, wenn eine der Bomben direkt auf diesen Bunker stürzte? Würde der Beton stark genug sein, uns zu schützen? Ich fühlte mich sicher, und weil es warm war, lehnte ich meinen Kopf an die Wand und schloß die Augen. In Kreuzberg waren wir einmal in jenem großen Rundbunker untergekommen, von dem Flakbatterien pausenlos auf die Bomber geschossen hatten. Nach dem Angriff waren wir kaum nach Hause gekommen, weil alles gebrannt hatte und die Straßen voller Trümmer waren. Auch dort standen schwarze, große Buchstaben an den Wänden, und meine Mutter hatte sie mir vorgelesen: »Ruhe bewahren, nicht drängeln, den Anordnungen der Luftschutzwarte Folge leisten!« Auch das Plakat mit diesem dunklen Kerl hing in den Bunkern: »Pst – Feind hört mit«, hatte mir meine Mutter vorgelesen, und ich hatte geglaubt, daß dies also der Feind wäre. Überall hing dieses Plakat, und immer war es mir unheimlich.

Mir gegenüber saß ein Mädchen auf dem Boden. Sie hatte sich an die Knie ihrer Mutter geschmiegt und die Augen geschlossen. Ich sah sie immerfort an, sah ihre blonden Zöpfe unter der Pudelmütze hervorquellen mit zwei hübschen blauen Schleifen. Plötzlich öffnete sie die Augen, und ein leichtes Lächeln zog über ihr Gesicht. Nach der Entwarnung sah ich sie noch einmal im schwachen Licht der Bunkertreppe, zwischen all den Menschen, die nach oben drängten, aber dann war sie auch schon in der Dunkelheit verschwunden.

Wir liefen nach Hause, so schnell es bei der Glätte möglich war. Aber jetzt schien kein Mondlicht mehr auf unserem Weg, und der Himmel war so glutrot wie immer nach einem Bombenangriff. Der Brandgeruch wurde schlimmer und schlimmer, ich spürte kaum noch den Kalkgestank der Ruinen und den Modergeruch der Kellerlöcher, der immer da war in den Straßen, der uns immer begleitete und sich in unsere Sachen gekrallt hatte. Als wir durch die Passage kamen, sahen wir im Böhmischen Dorf die Feuer lodern. Die schönen alten Häuser mit ihren kleinen Höfen, die mich immer an Pommern erinnerten, die alte Schmiede auf dem Richardplatz, all das war so anheimelnd gewesen, so wunderschön, und ging nun im Flammenmeer unter.

Aber die Angst, ob auch unser Haus getroffen und Vater bei

der Brandwache etwas passiert wäre, würgte wie ein Kloß im Hals und trieb uns weiter über den Schnee, der jetzt nichts Strahlendes mehr hatte. Dann standen wir an der Ecke der Donaustraße, und unser Haus lag friedlich und still im Dunkel. Meine Mutter drückte ihre beiden Jungen an sich. Wir rangen nach Luft, und wir waren glücklich, denn wir waren wieder einmal davongekommen.

Die Bunker boten Sicherheit, aber sie waren nicht immer zu erreichen. In den Nächten stolperten wir schlaftrunken hinunter in den Luftschutzkeller, und schon auf der Kellertreppe fiel der Karbidgeruch über mich her. Dieser eklig-süße Gestank, der mir den Magen umdrehte und mich würgte. Zum Brechen war mir jedesmal, wenn ich die steile, dunkle Stiege hinuntergeklettert war, die am Ende auch noch ein Abwasserrohr überspannte, und durch den finsteren, langen, Gang tastete. Immer an der kalten, steinigen Wand entlang, um den Holzsplittern der Kellerverschläge zu entgehen. Dann hockten wir uns auf eine Bank und rückten zusammen, weil alle Platz finden mußten. Frau Lösch mit der kleinen Gisela, Herr Scheponeck und seine Frau, der Friseur Braun und all die anderen Mieter aus dem Vorderhaus und Seitenflügel. Wenn die schwere Eisentür verriegelt war, sprach man leise und horchte nach oben. Und wenn das Brummen der Bombenflugzeuge näherkam, sah mein Bruder mich an und flüsterte: »Hörst du es, sie kommen.« Aber ich wollte sie nicht hören. Ich saß zusammengekauert neben ihm und jammerte in mich hinein. Nein, ich wollte sie nicht hören und daran denken, daß sie näher und näher kamen. Ich wollte schlafen, weiterschlafen, oben unter meiner warmen Steppdecke, unter der ich gerade erst eingeschlafen war. »Zieht euch nur die Schuhe aus«, hatte Mutter gesagt nach dem ersten Bombenangriff in dieser Nacht. »Sie kommen bestimmt noch einmal, bevor es Morgen wird.« Nicht einmal die Sirenen hatte ich dann gehört, diese verfluchten Sirenen, die mir soviel Schrecken einjagten. Bestimmt waren sie es, die mit ihrem Geheule die Flugzeuge heranlockten, das konnte mir keiner ausreden. Sie kamen näher und näher, und der Kellerraum begann zu beben unter den Einschlägen ihrer Bomben. »Ach - ott - ach - ott«, stammelte die ostpreußische Oma aus dem vierten Stock. »Nu sin wir dran, achottachott – Chot steh uns bi.« Auch Herr Scheponek, der uns mit seiner Ruhe immer Mut machen konnte, saß kalkweiß auf seiner Bank.

Er hatte seine knochigen Hände gefaltet und bewegte lautlos die Lippen. Ich drängte mich noch näher an meine Mutter und sah unter ihren schützenden Armen die Lichtbogen der schaukelnden Glühbirne über den Kellerboden tanzen. Sah die Schatten der hölzernen Deckenstützen wie Ratten über die kalkigen Wände huschen und vergrub mein Gesicht im Schoß meiner Mutter, so wie ich es früher getan hatte, wenn ich ihren Schutz brauchte. Ich atmete den Duft ihres Körpers durch den Zwiebel- und Kartoffelgeruch ihrer Kittelschürze und preßte meinen vor Kälte, Müdigkeit und Angst zitternden Körper in ihre Wärme und Geborgenheit. Lieber Gott, dachte ich, bitte steh uns bei, ich will auch nie wieder meine Eltern ärgern oder meinen Bruder, nicht mal die Potsche, Ehrenwort!

Das Beben ging weiter, das Zittern und die Angst, aber allmählich wurden die Erschütterungen schwächer, die Einschläge leiser. Ich hob meinen Kopf und lauschte nach oben, wo das Brummen der Flugzeuge sich nach und nach verlor. Auch die Glühbirne an der niedrigen Kellerdecke hörte auf zu schaukeln. »Na Atze, noch mal Glück gehabt«, sagte mein Bruder lächelnd. Es schien keine Bomberwelle mehr zu kommen, denn es blieb still. Bald darauf tönte das langgezogene, gleichmäßige Heulen der Entwarnungssirene zu uns herunter, und ein Aufatmen ging durch den stickigen Raum. Als wir die steile Kellertreppe hochkletterten, in den dunklen Hof und das glutrote Viereck des Himmels, da wußte ich nicht, ob es Stunden oder nur Minuten gewesen waren, die wir unten angstvoll durchlebt hatten.

Wir stemmten die schwere Haustür auf. Vater stand neben Friseur Braun und unserem Hauswart Koslowski auf der Straße. Sie blickten schweigend zum Kohlenplatz hinüber, hinter dessen dunkler Silhouette eine Feuerwand loderte. Ich sah den Widerschein der Flammen in ihren Gesichtern und griff nach der Hand meines Vaters. »Das ist die Richardstraße«, sagte er. »Verdammt nah dran.« – »Ja«, antwortete Koslowski, »wir haben wieder mal Schwein gehabt. Nicht mal 'ne Brandbombe.« Er nahm seinen Luftschutzhelm ab und wischte sich die Stirn. Ich spürte plötzlich keine Müdigkeit mehr und keine Kälte, und auch meinem Bruder schien es so zu gehen. Aber als wir loslaufen wollten, hinüber zur Berthelsdorfer Straße, da tauchte unsere Mutter auf und zog uns zurück in das Dunkel des Hausflures. »Ihr müßt doch noch etwas schlafen, Jungens!«

Die Wohnungstür stand offen, und als wir hineingingen und die trübe Korridorlampe anknipsten, war es fast schon morgens. Unsere beiden Betten standen in der großen Küche, eng aneinandergerückt, unter dem bleichen Grün des Ölfarbenpaneels. Das geöffnete Fenster war heil geblieben, und mein Bruder kletterte auf den Küchenhocker, um es zu schließen. Unsere Mutter stand an den Türrahmen gelehnt und sah zu uns herüber, als wir uns auszogen und in die Betten kletterten. »Schlaft gut, jetzt kommen sie sicher nicht mehr«, sagte sie und löschte das Licht. Ich zog die Decke über mich und erschrak über die Kühle des Bettes, aber dann riß mich schon der Schlaf in eine dunkle, traumlose Tiefe. So durchlebten wir die Nächte dieser schlimmen Zeit, bis Anfang 1945 auch die Tage zum Horror wurden. Die deutsche Luftwaffe war weitgehend vernichtet, und die Amerikaner schickten jetzt Tag für Tag ihre Bomber nach Berlin, während die Engländer weiter ihre Nachtangriffe flogen. Berlin erlebte die schlimmsten Zerstörungen seit dem Beginn der Angriffe. Auch ich erlebte im Februar jenen Augenblick, vor dem ich mich immer gefürchtet hatte. Jenen Augenblick der Stille, der das immer lauter und deutlicher werdende Pfeifen einer auf uns niederstürzenden Bombe jäh abbrach. Mein Onkel hatte davon gesprochen und gesagt: »Wenn das Pfeifen aufhört, dann die Nese in den Dreck, dann knallt et gleich!« Aber in unserem Luftschutzraum gab es keine Erde, in die man sich krallen konnte, wir saßen gedrängt an den Kellerwänden, und es gab keine Deckung und kein Entkommen. In den schattenhaften Gesichtern um mich herum konnte ich das Entsetzen und die Todesangst erkennen. Einige sahen nach oben zur Kellerdecke, als wollten sie sie aufhalten, sie beschwören, nicht uns zu treffen, nur nicht uns. Es hatte doch immer nur um uns herum eingeschlagen in all den Nächten, hatte den Keller erzittern lassen und manchmal heftig erbeben. Aber wir waren doch immer wieder davongekommen. Sollte jetzt alles vorbei sein? Grenzenlose Wut und Enttäuschung überfiel mich in diesem entsetzlichen Augenblick. Das sollte alles gewesen sein? Ich wollte doch erwachsen werden. Oder wenigstens ein paar Jahre älter, so wie die HJ-Jungen oben an den Flakbatterien, die es den verfluchten Bombern zeigten. Ich wollte doch auch Panzer abschießen, wie mein Onkel Heinz, und dann vielleicht den Heldentod sterben. Aber doch nicht in diesem muffigen, nach Karbid stinkenden Kellerloch verrecken. Doch dann kamen mir plötzlich Augenblicke des pommerschen Sommers in den Sinn. Kornfelder wie wogende, goldene Meere und die dunklen, schattigen Bauminseln darin. Das funkelnde Silberband der Ostsee und die verschwiegene Laubhütte im Weinstock hinter der Scheune. Ich sah plötzlich die braunen, großen Augen meiner geliebten beiden Pferde vor mir und ihre samtfeuchten Nasen, an die ich mein Gesicht gepreßt hatte in der Glut der Sommerhitze. Ich sah das lächelnde Mädchen aus dem Bunker, mit ihren schleifengebändigten, blonden Zöpfen. Ich sah das alles in Bruchteilen von Sekunden, aber es kam mir wie eine Ewigkeit vor, die ich, zusammengekauert, die Hände über dem Kopf, durchlebte.

Dann riß ein furchtbares Krachen den Raum in die Höhe und stieß mich wie eine Faust durch abgrundtiefe, berstende Dunkelheit. Ich bekam keine Luft, würgte, hustete und keuchte. Wußte nicht, wo oben noch unten war, und der Wirbel riß mich im Kreis, schneller und schneller, um mich mit dröhnendem Kopf in eine lautlose, betäubende Finsternis zu stürzen. Dann spürte ich Steine und Schutt unter mir, tastete über zersplitterte Balken und stieß an etwas Weiches, Warmes. Eine Hand berührte mich, und plötzlich, nach unendlich langer Zeit, ein Licht kreisrund und blendend, ganz nah an meinem Gesicht. Kerzen flackerten auf, zuckten weiß im Nebel der Trümmerschwaden. Ich rang würgend nach Luft, und ekelhafter Karbid- und Kalkgeruch krempelte meinen Magen um. Aber ich lebte.

Die Kerzen wurden wegen des Gasgeruches schnell wieder gelöscht, und im zuckenden Licht einer Taschenlampe sah ich meinen Bruder und meine Mutter im Schutt herumkriechen. Sie zog mich zu sich herüber, legte mir eine Decke um, und durch einen Nebelschleier sah ich, wie sich ihre Lippen lautlos bewegten. Der Kalkstaub brannte so in meinen Augen, daß ich sie schloß und zurückfiel in die betäubende Finsternis. Dann kamen, ganz langsam und leise, Stimmen näher, zögernd und bruchstückhaft, wie durch ein Meer von Watte. Ich öffnete wieder meine Augen und sah einige Taschenlampenkegel umhergleiten und in weiße Gesichter leuchten. Sah die anderen Hausbewohner, wie sie sich hustend und keuchend aufrappelten und gegenseitig halfen. Einige bluteten, aber ernsthaft verletzt schien niemand zu sein.

Die schwere Eisentür des Luftschutzkellers ließ sich nicht öffnen. Sie war von außen verschüttet, aber hatte dem Trümmerdruck

141

standgehalten. Eine Kellerwand war eingestürzt und blockierte den Notausstieg zur Straße. Wir saßen in der Falle. Einige Frauen riefen um Hilfe und schlugen gegen die Wände, aber es rührte sich nichts. Angst befiel uns, die Angst, unbemerkt zu bleiben und nach und nach in diesem Loch zu verrecken, jetzt, nachdem wir den Bombentreffer überlebt hatten. Es dauerte noch Stunden, Stunden bedrückender Angst, bis man uns herausholte und wir unseren Rettern in die Arme fielen.

Die Bombe sollte eine Möbelfabrik im Nebenhaus treffen, deren Schornstein über die Dächer hinausragte. Aber sie fiel schräg in unseren Hof und riß einen Krater, in den Teile des Seitenflügels stürzten. Ein riesiges Loch in der Fassade und die zertrümmerten Wohnungen dahinter ließen uns schaudern, als wir benommen dabeistanden und es nicht fassen konnten, überlebt zu haben. Unser Hauswart lag neben dem Krater, er war tot. Meinen Vater hatten sie zum Volkssturm geholt und brachten ihm gerade in einer Schule in der Boddinstraße das Schießen bei. Er bekam einen Tag Bombenurlaub, und als er sich zurückmeldete, war seine Einheit zu den Seelower Höhen abgerückt. Niemand von ihr ist zurückgekommen. So rettete diese Bombe sein Leben.

Der Krieg ging zu Ende, und wir hatten das Glück, ihn zu überleben. Aber seine Schrecken dauerten an. Noch Jahre später kamen die Bomber manchmal in den Nächten zurück, flogen über den Südstern herein nach Neukölln, und ich stand auf dem Hermannplatz und sah sie näherkommen, näher und näher. Ich wollte flüchten, in den Bunker oder irgendeinen der Keller, aber ich konnte es nicht. Meine Füße waren wie Blei, und der Asphalt umklammerte sie wie zäher, schwarzer Morast. Sie kamen immer näher, und ich schrie vor Verzweiflung und Todesangst. Als sie über mir waren, sah ich, wie ihre Schächte sich öffneten und die Bomben auf mich herabstürzten. Sie schlugen um mich herum ein, und die Straße bebte wie bei einem Erdbeben. Da sah ich meinen Bruder, der unendlich langsam seine Hand nach mir ausstreckte, und dann sein Gesicht, ganz nahe vor meinem, und ich hörte seine Stimme: »Was hast du denn, Atze, warum schreist du denn so?«

Gottes Flügel über uns

Ich wurde 1937 als einzige Tochter meiner Eltern in Berlin geboren. Mein Vater war Mechaniker bei Siemens, meine Mutter Wirtschafterin des amerikanischen Konsuls, der 1943 Berlin verließ. Wir wohnten in der Winterfeldtstraße in Schöneberg. Begütert waren wir nicht, aber an Herzenswärme fehlte es nie. Zur Zeit des geschilderten Bombenangriffs war ich sieben Jahre alt. Mutter und ich überlebten den Krieg. Später erlernte ich das Damenschneiderhandwerk und wanderte 1958 nach Australien aus. In den sechziger Jahren leitete ich ein Modeatelier in Sydney. Meine Mutter vertrug das Klima dort nicht. Deshalb kehrte ich 1970 nach Berlin zurück. Im zweiten Bildungsweg (Abendschule) erwarb ich Bürokenntnisse und erhielt eine Anstellung im Öffentlichen Dienst. Noch 26 Jahre arbeitete ich im Rathaus Schöneberg. So konnte ich meiner Mutter beistehen bis zuletzt. Nach 46 Berufsjahren beziehe ich nun eine bescheidene Rente.

Renate Paternoga

Meine Mutter und ich saßen im Tiefgeschoß des U-Bahnhofs Nollendorfplatz. Das war ein Bunker für Mutter und Kind. Es gab kaum Licht, war schummrig und sowieso beängstigend. Bevor die Bomben einschlugen, hörten wir selbst hier unten ein unverkennbares Pfeifen, und danach schwankte jedesmal der Boden. Wir fühlten uns wie auf einem Schiff. Dann ging das blaße Licht aus. Wir kauerten im Dunkeln. Bald darauf strömte irgendwo Wasser aus und ergoß sich in unseren Luftschutzkeller. Das Wasser stieg, die Leute schrien. Meine Mutter tränkte ein Handtuch. Wir haben gezittert und gebetet, während es um uns herum nur so krachte.

Irgendwann öffnete sich eine Tür, und wir kletterten hinaus. Es gab keine Treppe mehr. Auch die Kuppel war eingestürzt. Je höher wir uns emporarbeiteten, desto heller sahen wir die lodernden Flammen sämtlicher Häuser rund um den Nollendorfplatz. Mühsam bewegten wir uns an brennenden Teilen vorbei, das nasse Handtuch half uns beim Atmen. Auch schlug Mutter damit die Funken von meinen langen Zöpfen.

Endlich waren wir unterm Bülowbogen angelangt. Dort standen, saßen und lagen verzweifelt schreiende Kinder, zum Teil in Decken gehüllt, auf Sesseln und Kleinmöbeln, während ihre Mütter noch zu retten versuchten, was möglich war, vielleicht sogar die Geschwister aus dem Inferno holten. Viele schafften es nicht mehr hinaus. Unzählige wurden von den Trümmern begraben.

Mutter und ich gingen dicht aneinandergeschmiegt auf dem Damm, der lichterloh brennenden Maaßenstraße. Zu beiden Seiten stürzten lange, dicke Balken wie Fackeln auf die Bürgersteige. In der Winterfeldtstraße brannten die meisten Dachstühle. Alles rannte, rettete, flüchtete. Offenbar hatten die Bomber das Fernamt und den Sportpalast treffen wollen. Auch unser Haus hatte eine Sprengbombe abbekommen. Doch ausgerechnet hier war die Feuerwehr und löschte nach besten Kräften. Man ließ uns durch den Hausflur, und dann kletterten wir auf den verschütteten Hof. Das zum Sportpalast gewandte Gartenhaus stand. Unsere Wohnung befand sich im ersten Stock. Sämtliche Türen waren aus den Angeln, Möbel und Lampen durcheinandergeschleudert. Überall lagen Scherben, alle Fenster waren entzwei. Auch der Sportpalast brannte lichterloh. Meine beherzte Mutter riß sämtliche Gardinen von den Fenstern, stellte überall mit Wasser gefüllte Eimer vor die Fenster und kämpfte mit nassen Gardinen gegen die züngelnden Flammen und Funken von gegenüber, die bereits unseren Balkon erreichten. Es gab weder Strom noch Gas, aber das Feuer leuchtete. Auf dem Küchentisch fanden wir ein Lebenszeichen meines Vaters, der beim Volkssturm eingesetzt war. Darauf stand: »In wieviel Not hat nicht der gnädige Gott über uns Flügel gebreitet – Vati.«

Und dann war da noch das lange, sperrige Brett im Wohnzimmer, über das wir immer wieder gestiegen sind, ohne zu wissen, wie es dahingekommen war. Außerdem rutschten Mutter und ich ständig aus auf etwas undefinierbar Glattem. Hatte sich eine von uns mühsam erhoben, ohne sich in dem Durcheinander zu stoßen, so fiel doch prompt die andere lang hin. Aber zu erkennen war nichts. Als nach dieser durchkämpften Nacht endlich der Morgen graute, trauten wir unseren Augen nicht: Der heftige Luftdruck hatte Mutters Schüssel mit den wässernden Salzheringen vom Fensterbrett in die Küche gerissen und den glitschigen Inhalt überallhin verteilt. Und das Brett im Wohnzimmer war eine ausgebrochene Türfüllung. Immerhin maß unser Altbau eine stattliche Höhe von drei Meter sechzig.

Nach dieser Bombennacht wurden wir evakuiert. In der Schule schlug mir der Klassenlehrer mit dem Rohrstock die Hände blutig, die ich ausgestreckt auf den Tisch legen mußte, nur weil ich mit »Guten Morgen« statt mit »Heil Hitler« grüßte.

Ein Jahr später wurde mein Vater auf dem Heimweg von der Arbeit im Alter von 43 Jahren auf dem S-Bahnhof Schöneberg von einem Russen erstochen. Meine Mutter war 38 und ich acht Jahre alt.

Bombe gegen Splitter

Ich bin Jahrgang 1930, in Berlin geboren und aufgewachsen, war 1944/45 Angehöriger der Seeberufsfachschule Görlitz und in dieser Eigenschaft im Kriegseinsatz in Schlesien. Nach der Gefangenschaft bei den Engländern in Norddeutschland begann ich eine Maschinenschlosserlehre, die ich 1948 abschloß. 1950 wurde ich Polizist, später beamtet, und wegen Arthrose 1971 in den Ruhestand versetzt. Ich holte auf dem zweiten Bildungsweg das Abitur nach, war zeitweise tätig als Versicherungsagent, Privatdetektiv und Fahrlehrer und gründete 1983 ein Reiseunternehmen »pickert tours international« für Fernflugreisen, das bis 1996 bestand. Dabei habe ich über 100 Fernreisen auf alle Kontinente unternommen, da ich meine Kunden selbst als Reiseführer begleitete.

Ich war im Leistungssport tätig (1946-1949 Fußball, 1946-1966 Boxen) und bin seit 1958 aktiver Angehöriger der DLRG Berlin (Rettungsschwimmer). Ich bin Träger des Bundesverdienstkreuzes.

Ich bin geschieden, hatte einen Sohn (verstorben) und habe eine Adoptivtochter, die im Ausland lebt. Heute bin ich zu achzig Prozent schwerbehindert.

Wolfgang Pickert

Einmal fand ich eine Stabbrandbombe. Die war sechseckig, zirka 70 Zentimeter lang, gefüllt mit Magnesium. Beim Aufschlag entwickelte sie eine Flamme, die mit tausend Grad die getroffenen Dachstühle in Brand setzte. Aus unerfindlichen Gründen war diese tückische Bombe – später waren die abgeworfenen Phosphorkanister noch schlimmer – nicht explodiert. In meiner Unwissenheit schleppte ich das schwere Ding von etwa zehn Kilogramm in die Schule, wo die Klassenkameraden sogleich einen Tausch gegen Splitter anboten. Unser Lehrer Stanitzki, ebenso unwissend in diesem Krieg wie wir, urteilte selbstbewußt, daß dieser Fund ungefährlich sei. Wie wir später erfuhren, fehlte nur das Leitwerk aus Leichtmetall. Ich wollte das kostbare Stück unbedingt behalten, also nahm ich es mit nach Hause. Mutter wußte auch nichts damit anzufangen, und so lagerte die Bombe einige Tage in der Wohnung. Dann kam ein Klassenkamerad zu Besuch. Im Hof stampfte ich das komische Ding einige Male mit dem schweren Ende auf den Boden. Seltsamerweise passierte gar nichts! Also hatten wir die glorreiche Idee, es doch von oben aus dem vierten Stock zu versuchen. Und siehe da, es klappte – die Bombe explodierte mit einem Riesenknall, und die Brandmasse breitete sich blitzschnell aus. Wir flitzten nach unten und sahen die Bescherung. Glücklicherweise war sie nur auf Asphalt aufgekommen, der zwar geschmolzen war, doch gab es lediglich ein großes Loch. Der Brand verlosch mangels brennbaren Materials.

Dann war ich als »Luftschutzmelder« eingesetzt, mit Armbinde, die blau war und ein weißes »M« aufwies, Luftschutz-Stahlhelm und Feuerschutzbrille ausgerüstet, bei jedem Alarm auf dem Sprung. Das hieß, ich mußte warten, bis die ersten Bomben fielen, um dann gegebenenfalls zum Alarm-Einsatzort zu rennen und eben Meldung zu machen. Das mit dreizehn Jahren! Während eines Angriffs hörten wir in unserem Luftschutzkeller ungewöhnliche Geräusche. Es war kein Bombeneinschlag, aber etwas Furchterregendes. Ich rannte die Treppe nach oben und sah, was los war. Es brannte und knisterte über mir, als ich den letzten Stock erreichte. Ich lief die Hausbewohner im Luftschutzkeller informieren. Nun eilten alle nach oben und holten aus ihren Wohnungen in aller Eile heraus, was sie konnten. Mutter auch, obwohl nicht viel zu machen war, nur einige Koffer konnte sie aus dem Fenster werfen, da das Feuer bereits durch die Decke gekommen war. Ich hatte zu tun, mit Wassereimern und »Feuerpatsche« gegen die Flammen anzukämpfen. Diese »Feuerpatsche« war ein eigens öffentlich angeordnetes Abwehrmittel, das aus einem Schrubber- oder Besenstiel mit einem daran festgebundenen Scheuertuch bestand. Mit mir zusammen war ein Nachbarmädchen, zwei Jahre älter als ich. Wir beide allein waren es, die das Haus retteten. Wie wir das geschafft haben, weiß ich nicht mehr. Nur die oberen Etagen brannten aus, so auch unsere Wohnung. Zum Glück konnten Mutter und ich in eine Wohnung im zweiten Stock ziehen, denn wir hatten den Schlüssel von den Inhabern, die in Köln waren und auch nicht mehr wieder-

kamen. So hatten wir Glück im Unglück. Mein Vater war in Rußland und wußte von alledem nichts.

Wir Pimpfe wurden auch abwechselnd bei einer Einsatzleit-
stelle eingesetzt. Sie befand sich im »Prälaten« in der Haupt-
straße, wo wir auf den Befehl zum Einsatz warteten, der stets
während eines Angriffs kam. So auch in jener Nacht, als die Bomben fielen und wir zusammen mit älteren Kameraden der HJ hin-
ausgejagt wurden, in die Goltzstraße. So rannten wir durch den
Feuersturm, der bei jedem Angriff durch die Straßen fegte und
der diesen unsäglichen Brandgeruch hatte, den man noch lange
Zeit nicht los wurde. Er erforderte eine Feuerschutzbrille, um
Ruß und Hitze abzuwehren. Als wir an der Ecke Pallasstraße
ankamen, sahen wir Hausbewohner, die in ein Haus rannten, um
Sachen zu retten. Jemand schrie, daß noch Menschen oben
seien. Wir waren drei, die über die verqualmte Treppe rasten.
Irgendwelche Balken lagen herum, und es stürzten andere Dinge
herunter. Tatsächlich war eine Familie zu viert mit einer alten
Frau, die nicht laufen konnte und nie in den Luftschutzkeller
ging, oben geblieben. Sie wollten ihre Oma nicht alleinlassen.
Ich weiß noch, daß die Stubendecke halb heruntergekommen
war und das Feuer durchloderte. Wenn ich das jetzt schreibe, ist
die Erinnerung daran noch ganz frisch, als ob alles erst vor kurzer Zeit passiert wäre. Es wird mich das ganze Leben nicht loslassen. Wie wir es damals geschafft hatten, diese Leute herauszu-
zerren, sie die Treppe herunterzubringen, kann ich nicht mehr
beschreiben. Ich habe als Andenken eine Narbe von einem
Phosphorspritzer am Arm.

Scherben

Ich wurde 1926 in Berlin geboren. 1931 zogen wir nach Lichtenberg, wo
wir bis 1955 lebten. Nach der Mittleren Reife 1942 begann ich eine kaufmännische Lehre in einer Kohlengroßhandlung in der Bismarckstraße 107, nach deren Ausbombung im November 1943 Unter den Linden 53.
Bis Mai 1945 war ich in Grube Ilse in den Niederlanden. Zurück kamen
wir über die Autobahn zeitgemäß zu Fuß. Ich fand meinen Vater arbeitslos, er hatte 34 Jahre im Oberschlesischen Steinkohlengroßhandel gearbeitet. Wir mußten beim russischen Arbeitseinsatz beim Abbau des

Großkraftwerks Klingenberg helfen. Medizinisch-technische Assistentin wurde ich zwischen den Ruinen in der Nähe des Oranienburger Tors. Nach dem Fachhochschulstudium arbeitete ich 15 Jahre zunächst in zwei Krankenhäusern im sowjetischen Sektor, ab 1955 in Unikliniken im Westen. Anschließend Heirat, drei Kinder, Hausfrau und Mutter, später Bürotätigkeit.

Ilse-Dore Pilz

Wieder einmal war die gewohnte Alarm-Routine abgelaufen, und wieder einmal hockte man beieinander, schweigender als bisher, wohl auch ängstlicher. Trotz der unerbitterlich hochkriechenden Kälte hatte sich niemand mehr fest in seine Decke gewickelt, sondern sie nur noch locker über die Knie gelegt, um im Notfall beim Aufstehen nicht behindert zu sein. Flakgebell setzte ein. Dann lief alles ab wie vor wenigen Tagen – das Flackern des Lichts, das bedrohlich näherkommende Dröhnen der Flugzeugmotoren über den tiefhängenden Wolken, wieder dieses merkwürdige Atemanhalten und gleichzeitig das Heben des Bodens, das Erlöschen des elektrischen Lichts, dumpfes Poltern und ein so grausames Scheppern der Kellertüren und der Hoftür, daß man fürchtete, sie würden augenblicklich aus den Angeln gerissen werden, fast untergegangen der Angstschrei einer Frau, dann Schweigen, und wieder angstvolles Lauschen. Aber alles blieb still, nur atembeklemmende Mörtelwolken kamen herunter. Endlich geisterte hier und da der schwache Strahl einer Taschenlampe auf, zeigte die mit weit aufgerissenen Augen schweigend oder ängstlich wimmernd an ihre Mütter gepreßten Kinder, die noch immer Hand in Hand sitzenden alten Leutchen, Bemühung um eine ohnmächtige, vom Stuhl gesunkene Frau. Herr F. sagte mit gewohnt ruhiger Stimme: »Ich werde mal nachsehen, was oben los ist«, und war verschwunden, bevor sich noch jemand entschließen konnte, ihn zu begleiten. Doch gleich darauf wurde die Kellertür heftig aufgerissen, und er kam eilig die Treppe herunter. »Bei uns ist alles in Ordnung«, beruhigte er, »aber drüben brennt die halbe Häuserfront, wir müssen raus und helfen.«
In Nullkommanichts war der Keller leer, nur Inge hockte in der von zwei Kerzenstummeln notdürftig erhelten Waschküche mit der noch immer halb ohnmächtigen Frau, einem Baby und einer ganzen Schar kleiner Kinder, der sie Geschichten erzählte,

148

immer eine nach der anderen. Es war unfaßbar, daß keines
Angst zu haben schien oder weinte. Ab und zu fragte eines nach
seiner Mutti, dann beruhigte sie es, so gut sie konnte, und erzählte weiter. Alle sahen zutraulich zu der großen Inge auf, und wenn
es nicht absurd gewesen wäre, hätte man meinen können, ihnen
gefiele diese sonderbare Erzählstunde. Jedenfalls blieben alle
ruhig, bis eine Mutter nach der anderen erschöpft und verrußt
wieder auftauchte, um den Nachwuchs einzusammeln und endlich ins Bettchen zu bringen.

Herr und Frau Conrad gehörten zu den letzten, die herüber-
kamen, als schließlich nichts mehr zu helfen und zu schleppen
war und man es nur noch der Feuerwehr überlassen konnte, ein
Übergreifen des Brandes auf die angrenzenden Gebäude zu verhindern, wobei jeder inbrünstig hoffte, daß in dieser Nacht keine
zweite Welle mehr kommen möge.

Irgendwann hatte es auch Entwarnung gegeben, so daß man
getrost nach oben gehen konnte. Doch aus dem Schlafen wurde
nichts, denn der Schaden in der Wohnung war weit größer, als es
den Anschein gehabt hatte. Vor allem in den nach Norden gelegenen Räumen sah es aus wie – na eben wie nach einem Bombenangriff: Überall war der Putz von den Wänden gefallen, in
Inges Zimmer die Wand zum Bad, Splitter von allen möglichen
Dingen langen herum, bei jeden Schritt knirschten Glasscherben
unter den Schuhsohlen. Selbst in den Schränken war manches zu
Bruch gegangen, vor allem tiefe Eßteller schienen wenig wider-
standsfähig gegen derartige Erschütterungen zu sein. In der
Küche war ein ausgewachsener Splitter zielstrebig in der großen
Wanne mit noch nicht abgetrocknetem Geschirr gelandet, die in
Fensternähe ihren Platz hatte, womit der Hauhaltsbestand an Glas
und Porzellan erheblich vermindert wurde. Ansonsten war die
Küche noch am besten weggekommen. Abgesehen von zwei durch-
schlagenen Scheiben waren nur Pappen herausgeflogen, die
Herr Conrad annageln konnte. Weil Inges Zimmer unnutzbar
war, schleppte die Familie mit vereinten Kräften die Couch aus
dem Wohnzimmer in die Küche, und sie bekam dort ihr Bett
gemacht, übrigens unter der »bengalischen« Beleuchtung, die das
Feuer von der gegenüberliegenden Straßenseite lieferte. Zwar
war Inge unglaublich froh, als sie endlich in ihr Behelfsbett krie-
chen konnte, doch an Schlafen war auch weiterhin nicht zu denken, denn das unaufhörliche, nervtötende Jaulen der Motorspritze

hielt bis in die frühen Morgenstunden an. Der folgende Tag begann für Familie Conrad ungewöhnlich zeitig, wobei sich Übermüdung und die sonstigen Mißhelligkeiten in zunehmender Gereiztheit bemerkbar machten. Die Tochter maulte als erste. Sie wollte unbedingt versuchen durchzukommen. »So so, die Arbeit wartet!? Und was ist das hier«, erkundigte sich Frau Conrad, die Arme streitlustig in die Seiten gestemmt, »wohl keine Arbeit? Was meinst du denn, wer das hier macht, ein guter Geist?«

»Und was meinst du denn, weshalb man als Bombengeschädigter das Recht hat, zu Hause zu bleiben? Ich bleibe schließlich auch hier und helfe und habe sicher Wichtigeres zu tun als du kleiner Lehrling. Also los, Inge, keine Müdigkeit vorgeschützt, je eher wir anfangen, desto früher sind wir fertig, und dann kannst du dich noch immer auf den Weg machen.« Entschied Herr Conrad. Doch schon wenig später, als er die Fenster aushängte, knurrte er: »Das zieht hier ja wie Hechtsuppe, wer soll denn das aushalten?«

»Was meinst du, wie gerne die Leute von da drüben das aushalten würden?« fragte seine Frau zurück und wies auf die Häuserzeile, von der nur noch die geschwärzten Mauern standen. Von da an herrschte eisiges Schweigen, jeder konzentrierte sich auf seine Arbeit, schließlich hoffte man, die neu verglasten Fenster noch am gleichen Tag abholen zu können, und auch hier galt: Wer zuerst kommt, malt zuerst. Dazu mußten die Scherben aber zunächst aus dem Fensterrahmen entfernt werden. Eine feine Beschäftigung! Hatte die Scheibe letzthin schon ein- oder mehrmals ersetzt werden müssen und war der Kitt noch weich, war es kein Problem, die Glasstückchen herauszuziehen, saß sie jedoch bestens seit mehr als einem Dutzend Jahren fest im Rahmen, war es ein äußerst mühseliges Unterfangen, die Glasreste mit Schraubenzieher und Hammer behutsam herauszuschlagen, was zudem gründlich zu geschehen hatte, wollte man nicht vom Glaser abgewimmelt werden. Auch Sorgfalt war gefragt, mußte doch unbedingt vermieden werden, Holzspäne abzuspalten, und all das mußte mit kälteklammen Fingern bewerkstelligt werden!

Nachdem der letzte Fensterrahmen zum Glaser, der sich in einem Keller des gleichen Häuserblocks etabliert hatte, getragen war, machten sich Mutter und Tochter daran, Eimer um Eimer mit Schutt und Scherben zu füllen, die Vater Conrad dann hinunterschleppte und am Straßenrand ausleerte. Gegen Mittag war die Küche wieder benutzbar. Nach Tisch fuhr Herr Conrad ins Geschäft und überließ es seiner Frau und Inge, die Möbel mit Schippe und Handfeger vom Kalkstaub zu befreien, aufzuwischen und alles wieder wohnlich herzurichten, eine ebenso anstrengende wie zeitraubende Tätigkeit, so daß es Inge im Verlauf der Zeit klar wurde, wo an diesem Tag ihr Platz war.

Auch ihr Vater kam rechtzeitig zurück, um die verglasten und jetzt schwer transportierbaren Fenster abholen zu können. Er war auch weder so erschöpft noch so verschmutzt wie am Vortag, erzählte, daß sich das Leben in der nur wenig getroffenen Innenstadt schon wieder normalisiert hatte, aber daß man außer den bekannten Gerüchten noch immer nichts genaues über die Schäden im Westen wußte. Allerdings hatte er einen Anruf bekommen, in dem er gebeten wurde, seiner Tochter auszurichten, daß sich alle Betriebsangehörigen am kommenden Morgen im Ausweichbüro an der bekannten Adresse Unter den Linden 53 einzufinden hätten, die Firmenräume seien ausgebombt. Totalschaden!

Mein 20. Geburtstag

Ich bin Jahrgang 1925. Meine Ausbildung zur veterinär-medizinisch technischen Assistentin hatte ich mit der staatlichen Prüfung bestanden und im Januar 1945 meine erste Stelle angetreten. Die Tierärztliche Hochschule war mir durch die zweijährige Ausbildungszeit vertrautes Gelände. 1957 habe ich geheiratet, zwei Kinder bekommen, meinen Beruf aufgegeben und mich in meines Mannes Ingenieurbüro eingearbeitet, als kaufmännische Angestellte. Ich habe meinen Mann 15 Jahre lang zu Hause an der künstlichen Niere (Dialyse) betreut. Seit 1992 bin ich Witwe. Jetzt widme ich mich den Enkelkindern, Hund und Garten.

Elisabeth Pochinger

Der 3. Februar 1945 war ein kalter, klar-sonniger Tag. Fliegerwetter! Mein Labor-Arbeitsplatz lag in einem kleinen Gebäude der Hundeklinik in der Tierärztlichen Hochschule, mitten in der Stadt. »Meine« Hunde unterstanden der Wehrmacht. Dort gab es viele Ausfälle durch Staupeerkrankungen der Tiere. Damals gab es die Schutzimpfungen noch nicht. Also wurde ein Forschungsauftrag erteilt, in Zusammenarbeit mit Schering. Ich erfuhr als damals letztes Ergebnis: Das Staupevirus ist auch nach acht Monaten im Trockenblut noch virulent. Das bedeutet: Der Erreger überlebt sehr lange im trockensten Straßenstaub.

Ich hatte von mehreren Hunden Blut zur Untersuchung abgenommen und mit dem Mikroskopieren begonnen, da kam Fliegeralarm. O nein, dachte ich, heute ist Sonnabend, um 14 Uhr Feierabend. Ich möchte pünktlich nach Hause gehen. Was soll schon passieren hier, bei den einzeln zwischen hohen Bäumen stehenden Häusern? Keiner weiß, wo ich stecke, wenn ich alleine hierbleibe und weiterarbeite. Jedoch nach einer Weile überkam mich ein großes Angstgefühl, wohl auch, weil es streng bestraft wurde, wenn man den Luftschutzraum nicht aufsuchte. Ich räumte die Blutproben weg und verwahrte das Mikroskop luftschutzmäßig. Dann rannte ich durch den Park zu dem großen Luftschutzkeller, der sich unter der Pferdeklinik befand. Neben unserer netten Mensaköchin bekam ich einen Sitzplatz.

Ich war noch nicht lange dort, als erst ferner, dann immer näher die Geräusche der Flugzeuge und Bombeneinschläge zu hören waren. Plötzlich war da ein lautes Krachen über uns, ein Gepolter und kräftiges Pferdegetrappel, Putzbrocken und Kalkstaub fielen auf uns, das Licht erlosch, und ich dachte nur noch: Und dann steht in der Zeitungsanzeige: ... an ihrem 20. Geburtstag ... In der Dunkelheit umarmte mich die Köchin und schluchzte: »Kindchen, Kindchen, sind Sie noch da?« Nach einiger Zeit wurde die Außentür geöffnet. Im hellen Sonnenschein stand eine kleine Gruppe weißer Gestalten. Auf die Frage, woher sie kämen, antworteten sie: »Aus dem Leichenschauhaus.« Das lag gegenüber der Pferdeklinik in der Hannoverschen Straße und war ganz kaputt. Nun suchten die dort Beschäftigten einen neuen Schutzort. Die Pferdeklinik war getroffen, aber nicht ganz zerstört. Die Pferde wurden langsam ruhiger; schließlich war auch der Alarm vorüber.

Ich kam zu meiner Hundeklinik und bekam dort die Tür nicht auf. Die danebenliegende Humananatomie war schwer getroffen, und die Gebäudeteile waren in die kleine Hundeklinik gestürzt. Soldaten (Veterinärstudenten) halfen mir, die Tür zu öffnen. Drinnen war alles durcheinandergewirbelt. Die großen, schweren Eisenkäfige waren von einer Seite der Stallgasse gegen die Käfige gegenüber geschoben, so daß sich die Türen gegenseitig versperrten. In den Käfigen hockten die Hunde etwa 30 Zentimeter tief in Schutt und Glasscherben. Der Kalkstaub brannte in ihren Augen, Nasen und Kehlen. Es gab kein Wasser.

Die Hochschule hatte an diesem Tag sieben Treffer abbekommen; die Leitungen waren zerstört. Soldaten halfen mir, die Käfige so weit auseinanderzuschieben, daß man die Türen öffnen und den allergröbsten Schutt herausholen konnte. Wir holten in Eimern Wasser aus der Panke. Viel Zeit für Zuwendung an die verstörten Tiere hatten wir nicht. Es wurde bei soviel Arbeit viel zu schnell dunkel – Anfang Februar. Und es wurde kalt! Die riesigen Fenster waren entzwei und konnten erst am nächsten Tag mit Strohballen abgedichtet werden. In der Nacht fiel das Thermometer auf minus sieben Grad Celsius. Viele Hunde bekamen Lungenentzündung, Durchfall; einige starben am nächsten Tag. Ich begrub sie in dem großen Bombentrichter im Park.

Als es zum Arbeiten zu dunkel wurde, machte ich mich völlig erschöpft auf den Heimweg. Mir war berichtet worden, daß auch der Lehrter Bahnhof getroffen war. Fuhren noch Züge? Ich hatte Glück und mußte nicht sehr lange auf die Abfahrt warten. Nach Nauen oder Wustermark? Das wußte keiner. Egal, ich konnte auch von Dalow aus laufen. Aber mein Zug hielt in Falkensee. In den Straßen totale Verdunkelung, man erkannte nicht, wer einem begegnete. Kurz vor meinem Elternhaus kam mir ein Mann entgegen, ging vorbei – und im nächsten Augenblick erkannte ich: »Vati?« Unser Nachbar war Frisör am Lehrter Bahnhof und hatte meinen Eltern erzählt, daß die Tierärztliche Hochschule total zerbombt sei. Nun wollte mein Vater noch um zwanzig Uhr losfahren, um mich zu suchen. Meine Geburtstagsgeschenke habe ich nicht wahrgenommen. Ich wollte nur ein warmes Getränk, warmes Waschwasser und ein Bett voller Wärmflaschen.

Ein Kratermeer

Ich bin Jahrgang 1930 und war zur Zeit der Bombennächte im Februar 1945 vierzehneinhalb Jahre alt, Schülerin der 5. Volksschule in der Alten Jakobstraße. Wir wohnten in Kreuzberg, Wassertorstraße 35. Ich bin gelernte Chemielaborantin und arbeitete in der Liebig-Schule in Dahlem als Unterrichtslaborantin. 1954 Heirat, mein Mann, Diplom-Politologe, war beim Senat tätig.

Nach der Geburt meiner Töchter 1957 und 1958 war ich Hausfrau und Mutter. Wiedereintritt ins Berufsleben 1968 für vier Jahre als Sprechstundenhilfe. Ab 1972 war ich 18 Jahre als Verwaltungsangestellte beim Bezirksamt tätig. 1976 verstarb mein Mann. Mit 60 Jahren ging ich in den Ruhestand. Seitdem bin ich als Abteilungsvorsitzende der Arbeiterwohlfahrt in Lankwitz ehrenamtlich tätig.

Eva Reichel

3. Februar 1945. Zwischen zehn und elf Uhr vormittags heulten die Sirenen. Nichts wie hinunter in den Luftschutzkeller. Wann hatten wir die Hausbewohner das letzte Mal gesehen? Nachts um zwei Uhr, denn da waren wir auch schon alle im Keller: meine Mutter, mein sechsjähriger Bruder, ich, 14 Jahre alt, und unser Hund Diego, ein Neufundländer. Nun warteten wir auf Entwarnung, um wieder in die Wohnung zu können.

Motorenlärm der Flieger, man hörte ihn, auch das Zischen und Pfeifen der Bomben. Wir saßen in gebückter Haltung. Und dann dieses Krachen, dieser Knall. Das elektrische Licht fiel aus. Der Staub war unbeschreiblich. Kaum daß man sein Gegenüber sehen konnte. Wir blieben ganz still. Von draußen kam ein Geräusch, als würde eine Wasserleitung laufen. Das Prasseln und Lodern der Flammen, man war wie gelähmt und wußte nicht, was zu tun war. Die Sirenen hatten noch nicht zur Entwarnung geheult. Der Motorenlärm der Flugzeuge und die Detonationen waren vorbei. Konnte man sich hinauswagen?

Doch dann hörten wir es rufen von der Kellertür her, die aus ihren Halterungen gerissen war, und auf ihr lagen Schutt und Steine. Wir bemerkten, daß man von draußen Schutt wegräumte. Man rief und forderte uns auf herauszukommen, aber wie? Plötzlich war die Lethargie verschwunden, die Bewohner schafften mit bloßen Händen Stein für Stein beiseite, als letztes die schwere Kellertür. So konnten wir auf allen vieren über Geröll und Steinschutt nach draußen gelangen. Ich hatte Mühe, meinen Hund zu bändigen, der nicht mit in den Keller gedurft hatte.

Draußen war dunkle Nacht, kein Sonnenschein, kein blauer Himmel. Dachstühle brannten. Die Wassertorstraße war ein Kratermeer, aus dem Flammen loderten. Meine asphaltierte Straße, auf der ich so gut Rollschuh laufen konnte! Es war windig, es roch nach Brand, wir hatten Mühe zu atmen.

Meine Mutter kümmerte sich um meinen kleinen Bruder, der wie wir schweres Handgepäck schleppen mußte. Und ich kümmerte mich um unseren Hund, der äußerst aufgeregt war. Doch wohin des Wegs, welche Richtung? Ich wählte instinktiv den mir vertrauten Schulweg. Ich lief Richtung Simonstraße. Es sah so aus, als würden dort weniger brennende Krater die Straße blockieren. Von der Simonstraße ging es in die Alte Jakobstraße, wo meine Schule war. Ich kam nur bis zum Feuermelder. Mein Hund gebärdete sich so merkwürdig, daß ich mein Handgepäck abstellen mußte, um Diego mit beiden Händen an der Leine kurzzuhalten. Dabei sah ich in Richtung Simonstraße und bemerkte, daß dort gleich die Häuserfront eines Wohnhauses krachend auf die Straße stürzten würde. Wir konnten zur Seite springen. Diego hatte unser Leben gerettet.

Inzwischen waren schon mehr Menschen auf der Straße. Wir befanden uns in der Alexandrinenstraße Richtung Gitschinerstraße. Die Luft wurde etwas sauberer und klarer. Mein kleiner Bruder hatte sich inzwischen seines Handgepäcks entledigt. Und mein Handgepäck stand am Feuermelder: Ersatzschuhe, Unterwäsche, alles. Die erste Nacht verbrachten wir in einer Sammelstelle. Dort trafen wir eine Friseuse, die in dem Salon arbeitete, in dem meine Mutter Kundin war. Sie bot uns an, mit in die Wohnung ihrer Eltern zwischen Warschauer Brücke und Schlesischem Tor zu kommen. Die Eltern nahmen uns sehr herzlich auf. Mein Bruder und ich waren tagsüber bei ihnen in Obhut, während meine Mutter Behördengänge machte oder die Sammelstellen für Bezugsscheine aufsuchen mußte.

Ein Surren über uns

Ich bin 1929 in Berlin geboren und wurde 1943 nach Pommern evakuiert. 1944 ist unser Haus in Dahlem, Ihnestraße 85, total zerstört worden. Anfang 1945 floh ich zu meiner Mutter zurück nach Berlin, wo dann im April mein Vater kämpfen mußte, in Gefangenschaft kam und starb. In der Nachkriegszeit arbeitete ich als Serviererin in einer amerikanischen Offiziersmesse. Später ging ich als Sekretärin nach Düsseldorf und kam nach sechs Jahren durch Heirat wieder in die Heimat zurück. Nach der Geburt meiner Tochter war ich halbtags an der Freien Universität angestellt. Ich habe viel über mein Leben geschrieben – auch ein ausführliches Tagebuch über das Jahr 1945 – und war mehrfach Zeitzeugin in Medien und Schulen. Außerdem schreibe ich jetzt Kurzgeschichten, die ich zusammen mit anderen in Seniorenheimen vorlese.

Christa Ronke

Wir lebten, nachdem unser Haus in Dahlem 1944 total durch eine Luftmine zerstört worden war, in einer kleinen Mansardenwohnung in Zehlendorf. Meine Mutter mußte in einer Munitionsfabrik arbeiten, mein Vater war für die Verteidigung Berlins in Hohenschönhausen stationiert.

Auszüge aus meinem Tagebuch:

3. Februar 1945: Ich war grade einkaufen, als Alarm kam, schaffte es aber noch bis nach Hause. Eine Dreiviertelstunde schwirrten die Flugzeuge über uns. Nachher sahen wir den Feuerschein aus der Innenstadt. Also wieder ein Teil von Berlin zerstört! Viel ist wirklich nicht mehr übrig. Mutti kam erschöpft zu Fuß nach Hause.

22. Februar 1945: Zu Frau G. nach Potsdam gefahren. Ging sehr langsam im Pendelverkehr, da auf dem Bahnhof Nikolassee eine Bombe gefallen ist. Dort habe ich das schwarze Einsegnungskleid ihrer Tochter abgeholt, das ich zu meiner Einsegnung am Sonntag tragen werde. Dann noch im Kino, »Truxa« mit La Jana. Mitten in der schönsten Stelle kam Voralarm und gleich darauf Alarm. Schnell in einen Bumber gerannt. Es gab aber bald Entwarnung, und der Film ging weiter. Abends wie üblich Alarm.

9. März 1945: Vati in Hohenschönhausen in seinem Privatquartier besucht. Gut gegessen und ein Brot mitgenommen. Vati sehr deprimiert über die Lage. Zurück unerwartet im Pendelverkehr. Wir hatten Angst, daß wir hängenbleiben, aber es kam ausnahmsweise etwas später Alarm. Viele Bomben fallen gehört, Licht ging aus.

156

In unserer Nähe Fensterscheiben und Türen kaputt. Bei uns zum Glück nichts.

18. März 1945: Wieder Vati besucht. Kaum waren wir da, ertönten Sirenen. Kamen in einem Hochbunker unter. Eigentlich habe ich geglaubt, ich hätte das Gefühl der Angst längst überwunden, doch heute habe ich um mein Leben gezittert. Fürchterliches Krachen, der Bunker schaukelte, das Licht ging aus, Schreie der Menschen. Zwei Stunden dauerte der Angriff. Als wir rauskamen, lagen zwei Bomben neben dem Bunker. Fahrräder und Kinderwagen zertrümmert und ein Leiterwagen hing am Baum. Es brannte ringsum, und über Berlin stand eine schwarze Wolke. Ein grauenhafter Anblick!

19. März 1945: Wir mußten bei Vati über Nacht bleiben, weil die Bahnverbindungen zerstört waren. Ich schlief auf zwei Sesseln. Heute mit Mutti spazierengegangen. Wir sahen sieben Fallschirmspringer, die gestern gefangengenommen wurden. Sie hatten die ganze Nacht mit dem Kopf an der Wand gestanden und durften sich zum ersten Mal hinlegen. Zu Hause Gott sei dank alles in Ordnung. Abends rief noch Inge B. weinend an. Ihre Mutter liegt unter den Trümmern ihres Hauses begraben. Schrecklich!

26. März 1945: Gestern war ich gerade einkaufen, als Alarm kam. Zu Hause angelangt, rannte ich noch schnell nach oben, um einen Koffer zu holen, und mitten auf der Treppe hörte ich schon ein Surren über uns, das Singen einer Bombe. Vor Schreck fiel ich die letzten Stufen hinunter. Mein Fuß schmerzte sehr, ich kann noch nicht auftreten, und nachher bringt mich Mutti im Leiterwagen zum Oskar-Helene-Heim.

Da ich nun liegen muß, kann ich mal ausführlich über die Situation hier berichten. Die Ernährung wird immer schlechter, wir hungern. Täglich sind mehrere Kampfverbände über Deutschland. Jetzt zum 35. Mal hintereinander abends oder nachts schnelle Mosquitos über Berlin. Es heißt, sie sollen sechzigmal kommen, dann ist der Krieg vorbei. Drei schwere Terrorangriffe in den letzten drei Wochen. Wie schön muß das Leben sein, wenn das einmal aufhört! Stimmung des Volkes: Der Kampf ist Wahnsinn. Alle schimpfen auf die Regierung, daß sie endlich kapitulieren soll. Der Krieg ist verloren. Wozu jetzt noch die vielen Opfer, Soldaten und Zivilisten. Viele hören feindliche Sender, ich auch. Wir hoffen so sehr, daß die Amerikaner noch vor den Russen hier sind. Die Nazis reden natürlich noch vom Sieg.

Im Erdloch

Bruno Roth, ein Mann, der Geschichte durchlebte: Geboren wurde er 1892 in der heutigen Dudenstraße als ältester von vier Geschwistern. 1908 beginnt er seine Berufslaufbahn als Telegraphengehilfe im Haupt-Telegraphenamt (Französische Straße, heute Telekom). Als 21jähriger steht er in Uniform und mit Pickelhaube in der kaiserlichen Wachkompanie vor dem Brandenburger Tor. Schlimme Jahre folgen: 1914 beginnt der Erste Weltkrieg, ein Jahr später wird Soldat Bruno Roth verwundet, arbeitet anschließend als Morser bei der Post. 1918 dolmetscht der sprachbegabte Roth – er spricht Englisch, Französisch, Arabisch, Türkisch und Russisch – bei den Friedensverhandlungen von Brest-Litowsk für die deutsche Telegraphenverwaltung. Privates Glück: 1922 heiratet er seine Frau Klara. Zwei Söhne werden geboren, Bruno und Kurt.

Bruno Roth feiert seinen 33. Geburtstag in der Zeit der Depression, große Arbeitslosigkeit in Deutschland. Fünf Jahre verbringt er im Ruhrgebiet in Hattingen, widersteht allen frühen Versuchen der Nazis, ihn für die Partei zu werben. Aber der Lebenskünstler hat Glück. Er leitet dann bis 1947 das Fernsprechamt in Schöneberg, übersteht mit seiner Familie die dunklen Hitler-Jahre und den Zweiten Weltkrieg, packt beim Wiederaufbau der Stadt kräftig mit an.

Dann 1957, vier Jahre vor dem Mauerbau, geht Bruno Roth als Beamter der Senatspostverwaltung in Pension. 1972 stirbt seine Ehefrau im Alter von 79 Jahren. Ruhe gönnt sich der hellwache Senior nicht: Er interessiert sich für Satellitentechnik und spekuliert mit Aktien. Berlins ältester Senior, Deutschlands ältester Postbeamter, ältester und letzter Gardeoffizier des Kaisers starb am 28. Januar 1978.

(Nach Berichten aus der B.Z. und der Berliner Zeitung)

Brief von Bruno Roth am 9. Februar über die Bombennacht vom 30. auf den 31. Januar 1944 an seinen Sohn Kurt:

Aber nun zu den Ereignissen am 30. Januar 1944. Nachdem wir schon am Vortage in Tempelhof Fliegerbesuch hatten, und zwar jenseits der Bahn, standen wir am 30. Januar mit anderen südlichen und südöstlichen Vororten im besonderen Interesse der Feinde. Es war so gegen 20 Uhr, als Alarm gegeben wurde. Wie üblich war vorher schon der Deutschlandsender weg und dadurch die Möglichkeit der Vorbereitung gegeben.

Mutti ging in den Bunker und ich in mein Erdloch, das nicht mehr ganz zuverlässig war, weil die Erdnässe die der Nische gegenüberliegende Wand zum Abbröckeln gebracht hatte. Ich habe deshalb gerade am Vormittage zwei Stützen angebracht und das Loch vom Lehm gereinigt.

Kurz nach 20 Uhr ging dann das Bombardement auf südöstliche Stadtteile wie Neukölln los. Es kam immer näher; immer mehr und öfter hielt ich die Luft an und horchte hinaus. Bald war es taghell über mir, wie schon so oft, und da prasselten dann auch schon im Tiefflug geworfene Bomben hernieder. Reihen zu drei Stück warfen sie diesmal ab, mal weiter weg, mal näher. Unheimlich krachte es, ich wußte nicht wo. Wird es mich treffen? Gott möge mich behüten, denn ich habe ja noch einen lieben Jungen dahinten in Mähren, der nicht ohne Vater sein möchte.

Da, wieder ein Tiefflieger und kurz danach eine Explosion, deren Druck sich leicht auf der Lunge bemerkbar machte und die rechte Nischenwand zum Teil kaputt machte. Ruhig wartete ich ab, ließ den Lehm ruhig auf Taschen und Füße fallen. Draußen splitterten die Sträucher und Bäume, Dachziegel und Steine klapperten. Dann auch Rauschen ohne Explosion; zunächst unerklärlich, später ergab sich, daß das Brandbomben waren, auch Sprengstücke zischten durch die Luft.

Während ich so dasaß und Deiner gedachte, da plötzlich wieder ein Tiefflieger; deutlich hörte ich, wie er auf mich zukam. Mit einem Male ein Blitz, eine gewaltige Detonation, wieder ein Durcheinanderwirbeln von Gegenständen und Einsturz der Wand links von mir, so daß ich nun ganz hübsch von Lehmmassen eingedeckt worden war. Zum Glück hielten die Birkenstämme und gewährten Schutz. Kopf, Oberkörper und Leib waren frei. Werde ich lebend ins Freie kommen? Und siehe da; es kam kein Tiefflieger mehr, das Brummen am Himmel entschwand, und eine Stimme rief: »Herr Roth, Herr Roth!« Das war der junge Herr Loeser, der auf Urlaub hier weilt und wußte, daß ich im Erdloch saß.

Schnell machte ich den Lehm von den Knien herunter und schlupfte hinaus, tief aufatmend und fix ins Haus rennend. Und was sehe ich? Im Garten mancherlei Holz durcheinanderliegend, im Anbau, zu Carloffs hin, ein großes Loch, Vorderwand geneigt, Fenster herausgeschleudert, Türe ebenfalls und kaputt, über Glassplitter und zerfetzte Türen hinweg, vorbei an gerissenen und verbeulten Wänden, stürmte ich nach oben. Ach, wie sah das aus, ein Bild der Verwüstung. Alles Kristall im Gläserschrank bis auf wenige Teile zerstört, dieser selbst von Splittern getroffen. Buffettüre herausgerissen, Türe zersplittert, Betten aufgeschlitzt, überall Mörtel und Glassplitter auf dem Fußboden, schrecklich! Ständerlampe umgeworfen, im Bücherschrank die Scheiben kaputt, Fensterrahmen herausgeschleudert, Badeofen leck, Waschbecken hängt schief ins Badezimmer hinein, Wand geneigt, Wandschranktüren auseinandergerissen, usw. Und oben alles offen, kein Dachziegel auf den Sparren, auch hier die Wände eingefallen und Deckenputz auf dem Fußboden. Ein trostloser Anblick, mein Jungchen!

Die Hauptsache aber, ich bin heil geblieben. Wieder runter und hinüber zu den Großeltern und Onkel Erich! Sie saßen in ihrem Kämmerchen und warteten gespannt das Ende des Angriffs ab. Unsere innere Bewegung und Freude war groß, da wir gesund geblieben waren. Auf gemeinsames Wohl tranken wir eine Flasche Wein (Rauenthaler), die schon zehn Jahre lagerte und uns jetzt im Augenblick unserer Errettung sehr erquickte.

Eine kurze Besichtigung ergab, daß auch ihr Haus stark beschädigt worden ist. Hier ist nicht einmal die Haustüre in den Angeln geblieben. Auch hier eingefallene und gerissene Wände. Als ich wieder zurück ging, sah ich dann, daß bei Schütts Haus eine Minenbombe niedergesaust war, die noch die zwei Nebenhäuser umlegte. Und da war alles erklärlich. Etwa 30 bis 35 Meter weg von meinem Loch war der Kraterrand! Die nächsten Bäume und Zäune sind umgelegt, Äste abgerissen, unserem Birnbaum fehlt die Spitze, unser Zaun liegt um, die Tanne, die Kiefer, der Lebensbaum stehen. Bei allem Unglück also doch noch Glück insofern, als nicht alles vernichtet wurde. Und welch ein Glück, daß ich das allerbeste Porzellan eingepackt habe! Hoffentlich ist es ganz geblieben!

Und dann keine Brandbombe im Haus. Gott sei Dank! Dagegen lag bei Loesers zwischen unserem Schornstein und dem Wasserbehälter der Zentralheizung, die übrigens auch kaputt ist, eine Brandbombe. Sie wurde von mir und Loesers Sohn gelöscht. Ich kletterte zu diesem Zweck mit Eimer und Spritze aufs Dach und goß das Wasser hinunter. Auch Herr Brendel half spritzen. Während dieser Zeit entstand ein heftiger Sogwind, der, verstärkt durch aufkommenden Wind, helle Flammen entfachte bei Schölls und Königs (am Ende des Thuyrings), und schräg gegenüber, die völlig ausgebrannt sind. Auch Schütts Häuserblock brannte dann noch aus. Weiterhin brannte das Torhaus, die Pommersche (Meierei Boelkestraße Ecke Hessenring), das Eisenbahnerdienstgebäude am Bahnhof und das Bahnhofsrestaurant, die Wehr-Ersatzinspektion, Pistor (Feinkostgeschäft Berliner Ecke Ringbahnstraße), usw. usw. Ringsherum Brände! Ein schaurig-schönes Bild.

Nun sind wir ohne gemütliches Heim. Wie es durchs Haus zog, und wie kalt ist es darin. Der einzige wärmere Raum ist die Küche, die wir mit Briketts beim Kochen heizten, da kein Gas ist. Elektrisches Licht fiel aus und wurde durch Kerzen ersetzt. Essen holten wir uns von den grünen Baracken bei Tante Illa. Von morgens bis abends Aufräumungsarbeiten, daß man todmüde war. Dazu wieder heftige Schmerzen in der Wirbelsäule. Mutti völlig erschöpft. Wenig fremde Hilfe. So haben wir sehr schwere Tage hinter uns, und Du begreifst, daß wir an Dich nicht schreiben konnten.

Da das Haus unbewohnbar ist, schläft Mutti im Bunker, ich bei Onkel Walter (Bruder meines Vaters im Kleineweg). Bis Sonntag hatte ich Urlaub, heute auch, weil die Italiener heute die Fenster mit Brettern vernagelt und den Schutt weggeräumt haben. Befriedigt hierüber habe ich sie mit Zigaretten beschenkt, und Mutti gab ihnen Kartoffeln und eine Dose Kondensmilch mit, worüber sie sehr erfreut waren. Es wird noch lange dauern, ehe wir einigermaßen den Staub gebannt haben und damit endgültig fertig sind.

Die Wiking-Modelle sind, obwohl nach Freistadtl umadressiert, letzten Sonntag hierher zurückgekommen. Also nicht verlorengegangen. Wir behalten sie hier.

Eine Sprengbombe

Ich bin am 29. September 1935 geboren und war also im Mai 1945 neuneinhalb Jahre alt. Wir wohnten in Berlin N 20, Prinzenallee. Mein Vater kam aus Rumänien nicht mehr zurück. Sein letzter Feldpostbrief aus Rumänien ist datiert vom 17. August 1944. Ich selbst habe am 15. Juni 1953 (ein Tag vor dem Volksaufstand, der zwar immer mit dem 17. Juni 1953 benannt wird, aber schon am 16. Juni begann) meine Lehre als Speditionskaufmann auf dem damaligen Fruchthof in Berlin-Marien-dorf angetreten. Nach erfolgreichem Abschluß meiner Lehre war ich noch einige Jahre in der Spedition und danach lange Jahre in der Industrie als Sachbearbeiter für verschiedene Bereiche tätig. Heute bin ich Rentner und mein ganzes Leben lang ledig geblieben.

Horst Rückert

In der Nacht vom 23. auf den 24. November 1943, ich war grade mal acht Jahre alt, brannten die beiden Häuser 9 und 11 in der Prinzenallee (Gesundbrunnen) lichterloh. Vom Dach des Hauses Nummer 10, Hinterhaus, wo wir wohnten, versuchten die Bewohner ein Übergreifen der Brände auf unser Haus zu verhindern. Unbemerkt hatte aber auch eine Brandbombe unser Dach glatt durchschlagen. Diese durchschlug auch noch den Boden bis zur Küche der Wohnung im vierten Stock. In dieser Küche hatte der Nachbar große Aquarien stehen. Wie durch ein Wunder traf die Bombe die Küchenkochmaschine, prallte von dieser ab und zerschlug auf der gegenüberliegenden Seite die Glasscheibe eines Aquariums; fiel auf die Erde und wurde von dem Aquariumswasser gelöscht.Wäre es auch dort zu einem Brand gekommen, dann hätte es für die Leute auf dem Dach keine Rettung mehr gegeben, und unser Haus wäre auch abgebrannt.

Am 3. Februar 1945 traf uns doch noch eine Sprengbombe, und wir hatten nun statt der Stube einen großen Balkon. Noch sieben Jahre haben meine Mutter und ich nur in der Küche mit Balkon gelebt und sieben Winter bitterlich gefroren.

Anfang Mai 1945 mußten wir unseren Keller verlassen, als die Russen bis zum Gesundbrunnen vorgedrungen waren, wo auf der Kreuzung Badstraße/Pankstraße/Prinzenallee ein fahruntüchtiger Panzer eingegraben war, der ihr Vordringen verhindern sollte. Wir begaben uns nach Pankow-Heinersdorf zur Schwester meiner Mutter. Dort mußten wir acht Tage bleiben, weil die Bunker im Humboldthain heftig umkämpft waren. Dabei ging auch ein großer Teil der Badstraße zu Bruch. Unsere Flucht gelang durch die Stettiner Straße, während die Granaten, abgeschossen vom Flakbunker, auf der gegenüberliegenden Seite einschlugen. Überall lagen tote Menschen, vor einem Haus vier zusammengekrümmte russische Soldaten. Radioapparate und andere Wertsachen, die die flüchtenden Menschen nicht mehr tragen konnten, wurden einfach liegengelassen.

Bei unserem Aufenthalt in Pankow-Heinersdorf gab es für mich noch ein besonderes Erlebnis. Ich war nun neuneinhalb Jahre alt. Drei andere Jungen und ich gingen, wie viele andere auch, bei den Russen um ein Stück Brot betteln, als plötzlich ein Soldat uns vier aufforderte, mit ihm zu gehen, was uns Angst machte. Aber dieser Soldat führte uns in das Feldlazarett, das die Russen etwa Prenzlauer Promenade Ecke der heutigen Rothenbachstraße aufgeschlagen hatten, und forderte uns auf, uns auf den Boden zu setzen. Es dauerte eine Weile, und er kam mit vier großen Portionen Quetschkartoffeln mit Speck wieder und forderte uns zum Essen auf. Können Sie sich vorstellen, wie wir da reingehauen haben? Und als er uns verabschiedete, gab er jedem von uns auch noch ein großes Kastenbrot mit, was wir voller Stolz nach Hause trugen!

Ein Bild der Verwüstung

Ich bin Jahrgang 1939, war zum geschilderten Zeitpunkt fünf Jahre, mein Bruder zwölf Jahre alt. Wir wohnten mit meiner Mutter in Neukölln, Werrastraße 36. Meine ausgebombten Großeltern wohnten bis zu diesem Datum in der Brückenallee in Tiergarten (Hansaviertel). Ich bin verheiratet, habe eine Tochter und befinde mich nach meiner Verabschiedung aus dem Postdienst im Vorruhestand.

Klaus Salzwedel

Ich bin in die letzten Kriegstage hineingewachsen. Meine Erinnerungen an diese Zeit sind immer noch recht vielfältig. Mein Vater war zum Kriegseinsatz eingezogen worden. Es gab nur noch wenige Männer in unserem Wohnblock. Entweder es waren die stets auf die Einhaltung der Auflagen für die Zivilbevölkerung achtenden Blockwarte, welche je nach persönlicher Ausprägung und Treue zum Führer jede Verfehlung ahndeten, sei es in der Anfangszeit die nicht hängende Hakenkreuzfahne oder in späteren Zeiten eine mangelhafte Verdunkelung der Wohnungsfenster oder gar das Abhören feindlicher Sendungen, was für die Betreffenden oftmals schwerwiegende Repressalien nach sich zog. Oder es gab die Beschäftigten in den öffentlichen Einrichtungen und Verkehrsbetrieben, soweit diese Posten nicht schon durch

Frauen ersetzt waren, und natürlich die Männer, die wegen körperlicher Leiden zunächst noch wehrdienstuntauglich oder bereits im Rentenalter waren. Es waren also überwiegend die Frauen, welche die Familien führten und ernährten. So sorgte auch meine Mutter auf heute kaum noch vorstellbare Weise für mich und meinen älteren Bruder.

Bei einem der Alarme, bei dem meine Mutter wieder schnellstmöglich alles zusammenraffte, begann sich mein Bruder, statt sich vollständig anzuziehen, plötzlich auszuziehen. Der ständige Wechsel zwischen Hinlegen und Aufstehen hatte ihn völlig durcheinander gebracht. Wir konnten uns erst verspätet auf den Weg zum Luftschutzkeller machen. Im Treppenhaus orientierten wir uns an den schwach leuchtenden Markierungen. Als wir über den Hof rannten, leuchtete der Himmel hell über uns. Es waren bereits von einer Vorausflugstaffel die Christbäume gesetzt worden. Im Kellergang kam uns der Luftschutzwart mit einer surrenden Dynamolampe entgegen. Diese Lampe wurde in einer Hand zwischen Daumen und Handballen gehalten. Die übrigen Finger bewegten einen Hebel auf und ab. Hierdurch wurde ein Schwungrad angetrieben, welches ähnlich einem Fahrraddynamo den Strom erzeugte. Je schneller man pumpte, desto heller war auch der Lampenschein, aber auch das Surren des Schwungrades wurde lauter – im Dunkel des Kellers eine unheimliche Erscheinung. Der Mann wollte nach uns sehen, denn während der Angriffe sollten sich keine Personen mehr in den Wohnungen aufhalten. Schnell kletterten wir durch die Luftschleuse, und dann fielen auch schon die ersten Bomben. Wir hörten noch das Heulen einer fallenden Luftmine, als die Stille durch einen ohrenbetäubenden Knall zerrissen wurde. Wir hatten das Gefühl, als würde der gesamte Keller plötzlich angehoben und wieder fallengelassen. Putz rieselte von der Decke, und Staub füllte den gesamten Kellerraum. Vorsorglich setzten alle Anwesenden die Gasmasken auf. Meine Mutter stülpte mir ebenfalls so eine Maske über. Mit den runden großen Glasscheiben für die Augen, der Nasenklemme und dem großen Filter vor dem Mund sahen wir aus wie Lebewesen aus einer anderen Welt. Ein gespenstisches Bild, das sich mir bot. Zumal eine Verständigung nur noch mit Gesten und Fingerzeigen möglich war. Nach für uns endlos erscheinender Zeit und weiterer Bombenabwürfen kündete der langgezogene Sirenenton vom Ende der Kampfhandlungen. Mit klopfendem Herzen machten wir uns auf den Weg ins Freie. Das Haus schräg gegenüber war nur noch ein Trümmerhaufen. An einigen Stellen loderten Flammen. Die gesamte Straße war mit Schutt, Mauerstücken und Dachziegeln übersät. Vom Dach unseres Hauses fehlte ein großes Stück, und sämtliche Fensterscheiben der Wohnungen waren geborsten. Alles schrie und rannte durcheinander. Meine Mutter holte mich zu sich ins Treppenhaus. Dort hatten sich alle Hausbewohner in entsprechendem Abstand auf den Stufen verteilt und bildeten eine Eimerkette mit Löschwasser. Oben auf dem Dachboden waren jede Menge Brandbomben entdeckt worden, welche nun mit Sand abgedeckt wurden, damit die Glut erlosch. Wo bereits Holzbalken brannten, wurde mit Wasser gelöscht.

Bis zum Morgen dauerten die Lösch- und Aufräumungsarbeiten. Als wir dann endlich in unsere Wohnung konnten, bot sich uns ein Bild der Verwüstung. Einige Zimmertüren waren einfach aus den Zargen gerissen. Zwischenwände, welche die einzelnen Zimmer trennten, waren weggebrochen. Der große Kleiderschrank im Schlafzimmer lag quer über den Betten. Bilder, Gardinen, Geschirr waren in den Zimmern verstreut. Der Luftdruck der berstenden Luftminen hatte ganze Arbeit geleistet. Doch so schlimm das auch alles war, die Hauptsache war, daß wir noch am Leben waren.

Schattenspiele

Ich bin Jahrgang 1912 und war 1944 32 Jahre alt. Bis zur Eheschließung 1938 war ich Angestellte einer Berliner Großbank. Mein Mann war bei der Polizei, 1941 wurde er eingezogen. Er war in Polen, Rußland, Kroatien und Ungarn, wo er in Gefangenschaft kam. 1958 konnte er in die Heimat zurückkehren. Wir haben zwei Kinder, 1939 und 1942 geboren, mit denen ich den Bombenkrieg durchgestanden habe. Außerdem heute zwei Enkel und zwei Urenkel. Mein Mann ist 94 Jahre alt, ich bin 91. Seit 1958 wohnen wir in Charlottenburg in der Schloßstraße. Wir sind 65 Jahre verheiratet. Alle unsere Briefe während der jahrelangen Trennung sind erhalten geblieben, 1500 Stück. Ich gehörte zehn Jahre lang der Schreibwerkstatt des Heimatmuseums Charlottenburg an. Während dieser Zeit entstanden meine Aufzeichnungen.

Eva Schliep

165

Wenn ich abends die beiden Kinder zu Bett gebracht hatte, lohnte es sich für mich eigentlich gar nicht, schlafen zu gehen, denn meist dauerte es nicht lange, bis der Rundfunk sein Programm unterbrach für die Durchsage: »Feindliche Bomberverbände im Raum Hannover-Braunschweig mit Ziel auf die Reichshauptstadt.« Bald darauf heulten die Sirenen, und ich mußte die Kinder aus ihrem warmen Bettchen holen und in den Keller tragen, der als angeblicher Luftschutzraum umgestaltet worden war, indem man starke Baumstämme als Deckenabstützung eingezogen und vor den Kellerfenstern Steinmauern als Splitterschutz errichtet hatte. Es war wohl mehr eine moralische Stütze, im Ernstfall hätte uns das kaum etwas genützt. Als wir dann hörten, daß Menschen von den einstürzenden Häusern erschlagen oder im Keller erstickt, andere durch beschädigte Wasserrohre im eingeschlossenen Keller ertrunken waren, hatten wir zu diesem Schutzraum kein Vertrauen mehr.

Im Garten unseres Hauses hoben wir eine tiefe Grube aus, die mit Holzbohlen verstärkt wurde. Mühsam schleppten wir in Eimern die Erde nach oben und bedeckten mit dieser dann das Holzdach unseres Schutzraums. Eine Holzleiter führte hinab in unseren »Luftschutzbunker«, ein paar Klapphocker dienten uns Erwachsenen als Sitzgelegenheit. Für die Kinder hatte der Opa eine Liegestatt installiert, für Rainer ein Bett mit einem Strohsack drauf, der kleinen Jutta diente eine wie eine Hängematte befestigte Lederschürze als Schlafstätte. Wenn wir auch wußten, daß dieser Unterschlupf bei Bombenangriffen keinen absoluten Schutz bieten konnte, so trösteten wir uns damit, daß nur ein Volltreffer uns gefährlich werden könne, da wären wir dann alle wenigstens sofort tot und brauchten nicht noch lange einem qualvollen Ende entgegensehen.

Die Angriffe wurden immer noch häufiger und schlimmer. Eines Abends sagte ich zu Rainer, als ich ihn zu Bett brachte: »Drücke mal die Daumen, daß es heute keinen Alarm gibt!« Nach einer ganzen Weile ertönte aus dem Kinderzimmer ein weinerliches Stimmchen: »So lange kann ich aber nicht drücken!«

So zogen wir dann beinahe jede Nacht in unseren Erdbunker im Garten. Während uns Erwachsenen gar nicht wohl dabei war, fanden die Kinder das keineswegs schrecklich. Waren wir in unserem Unterstand angekommen und das Gebrumme der einfliegenden Maschinen noch nicht zu hören, schauten wir bei geöffneter Deckenluke zum Himmel empor. Die Flak fingerte mit ihren Scheinwerfern über das Firmament, dann erstrahlten plötzlich die ersten Weihnachtsbäume in der Finsternis. So konnten wir schon ungefähr ausmachen, welche Teile Berlins diesmal den Segen von oben abbekommen würden. Doch dann wurde es ernst. Die ersten Bomben fielen. Detonationen zeigten die Einschläge an. Wenn es stark rauschte, wußten wir, das sind Luftminen, deren Einschlag dann unseren Bunker erzittern ließ. Unsere Deckenklappe war nun natürlich geschlossen, nur ab und zu mußte man mal kurz nachschauen, ob eine Bombe ins Haus gefallen war und gezündet hatte.

Während uns Erwachsenen die Angst im Nacken saß, begann für die Kinder der schönste Teil der nächtlichen Exkursion. Beim Schein einer Kerze machte ich Schattenspiele an der gegenüberliegenden Wand. Da kam dann, von mir auch noch akustisch untermalt, ein Adler mit rauschendem Gefieder angeflogen, dann eine schnatternde Gans, eine meckernde Ziege, ein bellender Hund und als Krönung der Darbietung die Hexe, die solange ihre krumme Nase rümpfte, bis sie laut niesen mußte. Dieses allnächtliche Programm wurde nie langweilig und half auch uns Erwachsenen über die bangen Stunden hinweg. Für unseren Rainer hatte der Opa noch eine ganz besondere Attraktion bereit. Er sang das Lied vom Rehlein, das so traurig endete: »Der Jäger stand schon hinter einem Baum, das war des Rehleins letzter Traum«.

Wenn dann die Angriffe vorbei waren und die Sirenen mit Dauerton Entwarnung gegeben hatten, verließen wir wieder unseren Unterstand, die Weihnachtsbäume am Himmel waren erloschen, einzelne Brände über der Stadt loderten in den nachtdunklen Himmel. Ich blickte hinauf zu den Sternen und dachte an meinen Mann, der irgendwo im fernen Rußland vielleicht zur gleichen Stunde die Sternbilder betrachten würde, hatten wir doch einmal vereinbart, dieses als Gedankenbrücke zwischen uns zu beschreiten. Am nächsten Morgen konnte man dann allenthalben die Stanniolstreifen, das sogenannte »Lametta«, auf der Erde sehen, die von den feindlichen Fliegern abgeworfen worden waren, um die Ortung durch unsere Flak zu stören.

Ein paar Monate konnten ich und die Kinder dem grausamen Bombenterror entfliehen, als wir in einem Polizeierholungsheim in Spitzingsee in Oberbayern waren. Wie schön war es, einmal ruhige Nächte zu haben, die Kinder abends ins Bett zu bringen, ohne fürchten zu müssen, sie gleich wieder hochzureißen.

Aber als wir dann wieder nach Berlin zurückkehren mußten, kamen wir gleich mitten rein in das Inferno. Hatten wir anfänglich hauptsächlich nächtliche Angriffe der britischen Luftwaffe erlitten, so kamen jetzt zusätzlich die schweren Bombenattacken der Amerikaner dazu. Um die Bevölkerung rechtzeitig warnen zu können, hatten man zusätzlich den Drahtfunk eingeführt. Das Radio, unser »kleiner Goebbels«, mußte immer abgehört werden. Wenn die jeweilige Sendung unterbrochen wurde, begann der Drahtfunk zu ticken wie ein Wecker, erste Luftlageberichte wurden durchgegeben; ertönte dann der Kuckucksruf, war bereits mit einem direkten Angriff auf Berlin zu rechnen. Dann kam auch bald das Heulen der Sirenen, riesige Verbände feindlicher Bomber zogen heran, sie sahen aus wie Schwärme silberner Vögel am blauen Himmel, so viele, daß unsere Flak machtlos war, selbst wenn einige abgeschossen wurden. Diese Terrorangriffe waren meist noch schlimmer als die nächtlichen Attacken. So wurden bei einem der schwersten Luftangriffe auf Berlin von 1200 Flugzeugen mehr als 2300 Bomben abgeworfen. 12.5000 Berliner verloren ihre Häuser oder Wohnungen, das Charlottenburger Schloß wurde schwer beschädigt, das Aquarium fast vollständig zerstört. Bei diesem Angriff wurde auch das Haus Pichelswerder Straße 12, in dem ich geboren bin, getroffen und unbewohnbar gemacht. Meine Eltern waren wie so viele andere ausgebombt. Das war am 22. November 1943.

So gingen die Jahre dahin, der Krieg ging nun schon ins fünfte Jahr, und ein Ende war nicht abzusehen. Seit der Katastrophe von Stalingrad glaubte schon keiner mehr von uns an den Sieg. Die Lage an der Front wurde immer trostloser, die Verhältnisse in der Heimat waren nicht viel besser. Das böse Wort ging um: »Genießt den Krieg, der Frieden wird fürchterlich!« Vielleicht gab es noch gewisse Gruppen, die noch etwas zu genießen hatten, für uns arme Würstchen sah es damit sehr schlecht aus, die Versorgung mit Lebensmitteln und Brennstoffen war knapp, Sonderzuteilungen gab es nur nach schweren Luftangriffen. So blieb uns nur die Freude an schönen Sommertagen, am unbeschwerten Lachen der Kinder, die trotz aller Kriegsnöte eine fröhliche, unbeschwerte Kindheit hatten. Und brachte Post wieder einmal einen Brief vom lieben Papi aus der Ferne, war das Leben wieder schön und voller Hoffnung, obwohl man nicht wußte, was alles während der langen Laufzeit so eines Feldpostbriefes geschehen sein konnte.

Aus meinen Kalendernotizen der Jahre 1944/45 geht hervor, daß wir nun jede Nacht schwere Angriffe hatten, ebenso auch am Tage. Der Himmel war manchmal von den Flächenbränden blutrot, die Sonne war nur noch als matte Scheibe durch den Rauch zu sehen. Einen Weihnachtsbaum gab es für uns auch nicht mehr. Die beiden schönen Blautannen, die einst Zierde unseres Vorgartens waren und die wir auch niemals für einen Christbaum geopfert hätten, waren eines Nachts abgehackt und gestohlen worden. Auch das kleine Tännchen am Haus, das wir aus Samen herangezogen hatten, war einem Dieb zum Opfer gefallen.

Im Januar 1945 kam zu den Fliegerangriffen eine neue Bedrohung hinzu. Die Russen waren bis an die Oder vorgerückt und rüsteten nun zum Angriff auf Berlin. Bald konnten wir in der Ferne das Aufblitzen des Mündungsfeuers sehen und das Donnern der Geschütze hören. Es ging das Gerücht um, daß alle Frauen und Kinder aus Berlin evakuiert werden sollten. Doch wohin? Wir bereiteten uns zwar darauf vor, aber es sollte nicht mehr dazu kommen.

Da es nun zwischen den Luftangriffen und dem Artilleriefeuer keine Pausen mehr gab, mußten wir immer im Keller bleiben. Gab es überhaupt noch eine Hoffnung, dies Inferno zu überleben? Am 27. April 1945 rückten die Russen nach schweren Kämpfen in Niederschönhausen ein. Tiefflieger waren über den Garten geflogen und hatten auf alles geschossen, was sich bewegte. Schrapnellkugeln pfiffen uns um die Ohren, wenn wir nur den Kopf rausstreckten. In der Nebenstraße standen drei Stalinorgeln, ihre Feuerschlünde richteten sich mit ohrenbetäubendem Lärm gegen die Innenstadt. Wir waren nun im Raum der russischen Angriffsfront und somit wohl nicht mehr Ziel der angloamerikanischen Bomber. Doch jetzt schien es sich zu bewahrheiten: »Der Frieden wird fürchterlich!«

Für die Russen waren wir Freiwild. Vergewaltigung, Erschießung und Plünderung, dazu der grenzenlose Haß auf die Deutschen, die dem russischen Volk soviel Leid zugefügt hatten, machten uns das Leben zur Hölle. Um dem zu entgehen, hatten Thea und ich uns auf dem Spitzboden direkt unter dem Dach versteckt, wo uns niemand vermuten konnte. Wenn die Luft rein war, bekamen wir etwas Wasser und ein Stück Brot durch die Einstiegsluke gereicht. Aber nachts, wenn die Russen plündernd durchs Haus zogen und immer wieder junge Frauen suchten, stand uns oftmals das Herz still vor Angst.

Die Schlacht um Berlin tobte weiter. Eines Nachts, als wir versuchten, auf unserem Matratzenlager in luftiger Höhe etwas zu schlafen, schreckte ich plötzlich hoch. Durch die fehlenden Dachziegel sah ich, daß der Himmel über uns taghell erleuchtet war: Die Weihnachtsbäume hingen wieder am Himmel und begrenzten haargenau das Areal über uns. Panik ergriff uns. Sollte das nun unser Ende sein? In aller Eile liefen wir nach unten, ergriffen die Kinder und flüchteten in unseren Erdbunker im Garten. Doch nichts geschah, keine Bombe fiel, nur der Schlachtenlärm tobte unvermindert weiter. Später wurde uns klar, daß mit diesem letzten Weihnachtsbaumzauber nur das schon von den Russen besetzte Gebiet gekennzeichnet worden war, damit die Alliierten nicht die bereits von ihren Verbündeten, den Russen, besetzten Teile Berlins bombardierten.

Es folgten noch schlimme Tage und Nächte, bis ich eines Nachts davon aufwachte, daß es nach dem furchtbaren Geschützlärm plötzlich ganz still war. Über Berlin stand noch Feuerschein, aber sonst herrschte eine fast unheimliche Ruhe. War nun das Ende des Zweiten Weltkriegs gekommen?

Dann sickerte die Nachricht durch: Am 2. Mai 1945 hatte Berlin kapituliert, es hieß, der Führer sei bei seinen Soldaten an vorderster Front gefallen. Daß er sich feige durch Selbstmord jeglicher Verantwortung entzogen hatte, erfuhren wir erst viel später. Zunächst konnte ich es gar nicht glauben, daß nun die Kämpfe, die Bombenangriffe zu Ende sein sollten, das Wort Frieden konnte noch gar nicht ins Bewusstsein dringen. Ich stand ganz allein am Fenster, Tränen liefen mir über das Gesicht. War das die Bilanz des jahrelangen Kampfes, der tödlichen Bedrohung und der Entbehrungen? Wofür waren die Millionen Menschen an der Front und in der Heimat gestorben, wenn nun am Ende der totale Zusammenbruch stand? Alles, das Ausharren, die Hoffnung auf ein gutes Ende, war nun sinnlos geworden.

Ganz allmählich gewann draußen der Mai seinen ganzen Zauber. War das nun der Friede auf Erden, nach dem wir uns so lange gesehnt hatten? Bis dieser Friede in unser aller Bewußtsein dringen sollte, dauerte es noch lange Zeit, denn was jetzt auf uns zukam, war nicht für die »Menschen ein Wohlgefallen«. Wir hatten weder Wasser noch Strom, es gab nichts zu kaufen, nur das, was wir noch im Hause hatten bzw. was wir aus dem Garten ernten konnten, rettete uns vor dem Verhungern.

Flakhelfer

Ich bin Jahrgang 1928. Ich wohnte im Bezirk Horst Wessel, heute Friedrichshain, in der Grünberger Straße 50, und bin, nachdem wir ausgebombt wurden, nach Schöneberg in die Apostel-Paulus-Straße 34 gezogen. Die Zeit als Flakhelfer habe ich in Legebruch bei Oranienburg abgeleistet. 1949 habe ich geheiratet.

Kurt Schulz

In den Jahren 1943-45 war ich 15 bis 17 Jahre alt. Wir jungen Leute waren damals auch Halbstarke, wie man heute so schön sagt, nur mußten wir in einer sehr schweren Zeit erwachsen werden, oder besser gesagt, wir wurden durch den Krieg erwachsen gemacht. Ich war in der Hitlerjugend und bin mehrere Male zu anderen Einheiten gewechselt. Bei der Flieger-HJ bekam man einen Bezugsschein für eine Überfallhose, bei der Marine-HJ bekam man einen Bezugsschein für die damals ganz aktuelle marineblaue Hose mit großem Schlag, und im Fanfarenzug konnten wir Musik machen. Wir haben damals auch nicht alles so politisch gesehen. Unterhaltung für die Jugend gab es ja nicht. Wenn man mit einem Mädchen mal ins Kino gegangen ist, gab es bestimmt Fliegeralarm, und man mußte in den Keller. Also spielte sich unser abendliches Leben vor der Haustür oder im Park mit Grammophon und Schellackplatten ab – ein Kofferradio gab es damals noch nicht. Mit meinem Freund habe ich mir ein Detektorradio gebastelt, und wir konnten, wenn wir Glück hatten, manchmal sogar London hören, das war natürlich ein streng verbotenes Erlebnis. Es gab auch damals Leute, denen unser Krach vor der Haustür nicht gefallen hat, und so wurden wir angezeigt, und man hat uns zum Luftschutzdienst eingezogen. Wir mußten nun, wenn die Angriffe vorbei waren, mit einem Holzkarren zu den brennenden Häusern ziehen und löschen.

In der Zeit 1943/44 wurden meistens Stabbrandbomben

171

abgeworfen, die man dann mühelos vom Boden oder vom Dach werfen konnte. Gefährlicher wurden die Phosphorbomben, die gemeinerweise in Verbindung mit Sprengbomben abgeworfen wurden und die erheblichen Schaden anrichteten. Auch den Abwurf der ersten Luftmine habe ich miterlebt. Ich erinnere mich, daß sie in der Frankfurter Allee Ecke Petersburger Straße gefallen sind. In einem Luftschutzkeller, im damaligen Café Leitmeyer, ist eine Hochzeitsgesellschaft getötet worden. Das war für die ganze Gegend ein großer Schock.

Ich wohnte damals mit meinen Eltern, mein Vater war bei der Deutschen Lufthansa dienstverpflichtet, im heutigen Bezirk Friedrichshain, in der Grünberger Straße. Wir waren eine gut funktionierende Hausgemeinschaft, natürlich mit einem Hausobmann, der auch Parteimitglied war. Im Jahr 1944 mußten wir im Garten des Hauses einen Löschteich anlegen. Der Keller war natürlich zu einem Luftschutzkeller mit Gasschleuse ausgebaut. Im Vorderhaus wohnte eine jüdische Familie, die Oppenheimers, die sich laut Anweisung nicht im Luftschutzkeller aufhalten durften. Sie sollten bei Fliegeralarm immer in der Gasschleuse sitzen. Die Hausgemeinschaft hat sich aber durchgesetzt, so daß auch diese Familie mit uns im Luftschutzkeller Schutz suchen konnte. Der Mann hatte übrigens aus dem Ersten Weltkrieg das EK I. Die Familie Oppenheimer war eines Tages weg, und keiner wußte wohin. Auf dem Hof unseres Hauses war eine Fabrik (Firma Zeidler) für gelochte Bleche. Hier arbeiteten auch kriegsgefangene Russen. Meine Mutter hat ihnen immer Brot zugesteckt, weil der Hunger bei ihnen sehr groß war, was sie uns später sehr dankten.

Alles hat sich bei mir am 1. August 1944 geändert, denn ich wurde zur Kinderflak als Luftwaffenhelfer eingezogen. Ich kam nach Germendorf und wurde in einer Scheinwerferbatterie ausgebildet und später zum Einsatz nach Legebruch bei Oranienburg beordert. Wir sollten zum Schutz der Heinkelwerke beitragen. Unsere Stellung bestand aus sieben Jungen und einem Unteroffizier. Wir waren an die Kanonenbatterie in Germendorf angeschlossen. Wir bekamen Truppenverpflegung III, hatten also immer Hunger und sind auch nachts bei den Bauern in ihren Kartoffelmieten klauen gegangen. Zigaretten bekamen wir nicht, denn wir waren ja offiziell Hitlerjungs. Nur wenn die Kampfverbände mit ihren Bombenlasten kamen, waren wir deutsche Soldaten. Wir hatten

Wachmäntel, so lang, daß wir bald draufgetreten sind, und tsche-chische Gewehre, so lang und schwer, daß wir sie kaum halten konnten. Am 15. Dezember 1944 wurde ich als Luftwaffenhelfer wieder entlassen, mit der Vorgabe, sofort zum Wehrdienst über-nommen zu werden, denn wir hatten ja eine militärische Ausbil-dung erhalten.

Am 3. Februar 1945 wurden wir bei einem der schweren Tages-angriffe auf Berlin ausgebombt. Ich arbeitete zu der Zeit bei der Deutschen Bau AG in Hakenfelde bei Spandau und mußte nach dem Fliegerangriff, da ja keine Bahn mehr fuhr, nach Hause lau-fen. Als ich zu Hause ankam, war natürlich alles kaputt, aber die russischen Gefangenen, die von meiner Mutter immer Brot be-kommen haben, haben geholfen, noch brauchbaren Hausrat zu retten.

Wir sind dann nach Schöneberg gezogen. Meine Schwester hatte dort eine Wohnung, in der wir ein Zimmer bewohnen durften. Ich wurde auch nicht mehr zur Wehrmacht eingezogen, offenbar ist durch unseren Umzug nach Schöneberg meine Adresse verloren-gegangen, somit hatte ich noch in allem Unglück ein großes Glück.

November 1943

Ich bin Jahrgang 1929, war 1943 Oberschüler, 14 Jahre alt. Ich lebte mit meiner Mutter und meinen Geschwistern als Evakuierte in Petersdorf im Riesengebirge, im Juni 1946 durch die Polen ausgewiesen. Ich habe eine Lehre als Möbeltischler, später meinen Meister gemacht. 1960 habe ich geheiratet, bin seit 1992 Rentner, seit 1994 Witwer.

Heinz Schwedtke

Da ich der Älteste war, fuhr meine Mutter des öfteren mit mir nach Berlin, und wir holten immer mehr Sachen nach Schlesien. Das eigenartige an unseren Berlinbesuchen war, wir kamen jedes Mal in die immer schwerer werdenden Bombenangriffe. Auch in der Novemberwoche vom 22. bis 28. November 1943 waren wir in Berlin. Am Montag, dem 23. November, fuhr ich allein nach Spandau zu unserer Tante und den Cousins. Meine Mutter fuhr zum Opa nach Pankow. Dienstag wollten wir wieder zurück sein, aber es kam alles anders. Ab Montagabend, jedesmal gegen

173

zwanzig Uhr, heulten die Sirenen, die Angriffe dauerten sehr lange, große Teile von Charlottenburg und Schöneberg wurden in Schutt und Asche gelegt. Seit Dienstag früh versuchte ich nach Hause zu kommen, aber es ging nicht, und von Angriff zu Angriff wurde es schlimmer. Meine Mutter und ich wußten nichts voneinander, ich wußte auch nicht, ob unser Haus noch steht. Erst für Freitag früh, nach vier schwersten Bombenangriffen auf die westliche Innenstadt, hatte mein Onkel für mich einen Dreiradlieferwagen ausfindig gemacht, der mich bis in die Zoogegend brachte. Von dort aus mußte ich sehen, wie ich nach Hause kam. Die Zoogegend, Tauentzienstraße: überall Feuer, es war furchtbar, aber ich kam nach Hause. Unser Haus stand noch, meine Mutter war da. Wir waren überglücklich und zufrieden, alles gesund überstanden zu haben. Am Samstag fuhren wir vom Görlitzer Bahnhof nach Schlesien zurück.

Luftschutzwache im Theater

Ich wurde in Charlottenburg in der Bleibtreustraße 17 am 25. Juni 1927 geboren. Die Reichsbahn übernahm mich nach der 1941 begonnenen Lehre in die technische Beamtenlaufbahn und bezahlte mein Studium an der Ingenieurschule Beuth, Fach Maschinenbau. Ich war knapp 17 Jahre. Es folgte 1944 der Arbeitsdienst und dann die Einberufung zur Wehrmacht. Nach der Kapitulation wurde ich in eine Kohlengrube nach Belgien gebracht. Im September 1947 kehrte ich nach Berlin zurück.

1948	Heirat. Arbeitsvorbereiter Kabelwerk Oberspree
1949 bis 1952	Arbeitslos mit kurzen Unterbrechungen
1952	Halbtags bei der Städtischen Oper Berlin
1953 bis 1957	Bühnenpförtner, Kassenpförtner u.a.
1957 bis 1961	Beleuchter, Tontechniker mit Gastspielen in Wien, Paris, Brüssel, Mailänder Scala
1961 bis 1987	Umzug in den Neubau der Deutschen Oper. Beleuchter. 5 Jahre Bedienung des damals größten Computerstellwerks für Bühnenlicht in der Welt.
1987	Vierzigjähriges Dienstjubiläum mit Ehrung durch den Regierenden Bürgermeister Diepgen. Rente.

Egon Seeling

Die Flugabwehr auf dem Zoobunker beschoß die Flugzeuge mit großen Kalibern. Da wir nur einen Kilometer Luftlinie entfernt wohnten, spürten wir das Flakfeuer sehr intensiv. Mehr litten wir unter den Bombenexplosionen, vor allem von Luftminen, die viele Häuser in der Nachbarschaft einstürzen ließen.

Die Flieger trafen viele öffentliche Bauten, darunter auch Theater. So erlebte ich die letzte Vorstellung im Wintergarten-Varieté vor den Bombenschäden. Dort war die auch U-Boot-Mannschaft mit Kapitän Prien, der gerade zuvor in der Reichskanzlei ausgezeichnet worden war. Gleichfalls die letzte Vorstellung erlebte ich in der Scala. Eine Vorstellung der ausgebombten Deutschen Oper, eigentlich Bismarckstraße, sah ich in der Neuen Welt in der Hasenheide: »Tiefland« im großen Saal voller Biertische. Eine Vorstellung im Hebbel-Theater, »Turandot«, wurde von den Schauspielern allein in der Pause bei offenem Vorhang umgebaut, weil die Bühnentechniker eingezogen waren. Im Schillertheater konnte ich durch meinen Buddelkastenfreund, der sich als Hilfsinspizient betätigte, während der Vorstellung hinter der Bühne beobachten, wie die damaligen Stars wie Horst Kaspar, Will Quadflieg oder Heidemarie Hatheyer ihren Auftritt bekamen. Dabei ergab es sich, daß mir eine Statistenrolle im »Richter von Talamea« angeboten wurde, Hauptrolle Heinrich George. Der Anführer der Bauern war der Schauspieler Herward Grosse. Später, aufgrund der Schließung aller Theater, kam er zum Militär. Zur gleichen Zeit wurde ich, mit 17 Jahren, eingezogen – und traf Grosse in Dänemark in meiner Kompanie wieder. Wir sind dann zusammen den ersten Patrouillengang abends auf einer beleuchteten Straße bei leichtem Schneefall gelaufen. Mit Grosse bin ich bis nach der Kapitulation zusammengeblieben. Später in Berlin trat er am Deutschen Theater auf und spielte auch in Filmen der DEFA, unter anderem die Hauptrolle des Alten Fritz.

Als der Bombenkrieg immer schrecklicher wurde, haben auch wir Jugendlichen Aufgaben übernommen, die für unser Alter nicht üblich waren. So habe ich im Renaissance-Theater nachts Luftschutzwache gehalten. Das Haus wurde von Heinrich George als Generalintendant geführt. Wir waren drei Jungs, die in der Theaterkantine des Schillertheaters Milchreis als Abendessen kriegten und dann rübergingen und dort von dem holländischen Theatermeister ein Quartier im Keller bekamen. Jede Menge Bühnenfotos lagen auf dem Boden verstreut. Wir haben uns dann noch auf der Bühne mit der Beleuchtung, dem Vorhang und den Kostümen beschäftigt.

Später habe ich die Gedächtniskirche brennen gesehen, und als die Deutschlandhalle getroffen worden war, wurden die Tiere von »Menschen, Tiere, Sensationen« den Kudamm herunter zum Zoo getrieben.

Alles in Trümmern

Meine Mutter wurde in Schlawe/Pommern geboren. Ihr Vater war Förster und bei Camenici, dem Siemenserben, angestellt. Sie kam 1935 nach Berlin und war in Charlottenburg als Wirtschafterin bei Prof. Baumgarten tätig, dem Architekten der Deutschen Oper in Berlin und des Schillertheaters. Mein Vater führte eine kleine Fabrik – Schädlingsbekämpfung – in der Gitschiner Straße in Kreuzberg. 1947 wurde die Ehe geschieden, 1958 zum zweiten Mal geheiratet. Meine Mutter wohnte noch bis 1986 in der Alexandrinenstraße. Sie starb 1995.

Ich bin Jahrgang 1942, lernte und arbeitete als Angestellte im Arbeitsamt Berlin-Süd Neukölln, Sonnenallee, habe 1963 geheiratet und nach der ersten Tochter 1964 aufgehört zu arbeiten. Ich habe zwei Töchter. Später habe ich wieder im Arbeitsamt angefangen und bin seit 1989 Hausfrau – weil sich Enkelkinder einstellten.

Ursula Siewerz, geb. Graßhoff

Meine Eltern wohnten seit 1934 in der Alexandrinenstraße 1d in Kreuzberg, gegenüber vom Patentamt. Ich bin dort aufgewachsen. Nur die Häuser Nummer 1 bis zur Berufsschule blieben stehen. Alles in Trümmern. Meine Mutter hat den 3. Februar als Großangriff auf Berlin beschrieben.

Sie hatte Besorgungen gemacht und befand sich auf dem Heimweg. Sie stand auf dem U-Bahnhof Friedrichstraße, als der Alarm kam. Es krachte immer Schlag auf Schlag. Dann wurde Entwarnung gegeben. Es fuhr nichts mehr, und sie lief los. Es war so dunkel; dabei schien vorher die Sonne, es war ein schöner kalter Februartag. Nun alles dunkel, überall Absperrungen. Es brannte an allen Ecken. Endlich war sie am Halleschen Tor. Dort brannte das Haus vom Roten Kreuz. Weiter, weiter. Endlich erreichte sie die Alexandrinenstraße in großer Ungewissheit, ob ihr Kind und ihre Schwester und deren Kind noch lebten. Meine Tante und Cousine waren zu Besuch in Berlin, meine Mutti ging bei Fliegeralarm immer in das Patentamt. Das wußte aber meine Tante nicht, sie war mit uns Kindern in den Hauskeller gegangen.

Als meine Mutter kam, waren wir schon wieder im zweiten Stock in der Wohnung. Mutti war so froh, als sie uns sah, und hat es immer als Gottes Fügung empfunden, daß wir nicht ins Patentamt gegangen sind, denn genau das wurde voll von einer Bombe getroffen. Die Heißwasserrohre sind geplatzt, und mindesten hundert Menschen sind verbrüht und verbrannt. Es war schrecklich. Einmal hatte meine Mutter nach einem Bombenangriff meine Halbschwester (acht Jahre) aus dem Keller auf die Straße geschickt. Sie sollte mal nachsehen und kam ganz entsetzt wieder: »Mutti, da liegen ja lauter tote Menschen, da schickst du mich hin!«

Im Moritzplatz-Bunker

Ich wurde am 3. Dezember 1936 in Berlin geboren und lebte ab diesem Zeitpunkt mit meiner Mutter in Berlin SW 68 in der Fürstenstraße 8 (heute Bergfriedstraße). Mein Vater wurde 1939 in den Krieg eingezogen und ist seit dem März 1945 verschollen. Die von mir geschilderten Erlebnisse spielten sich in Kreuzberg ab, und zwar in einem Gebiet zwischen der Wassertorstraße, der Ritterstraße, der Prinzenstraße, dem Moritzplatz und dem Oranienplatz. Nach dem Krieg wohnte ich mit meiner Mutter bis zum Jahre 1959 in der Halbruine in der Fürstenstraße.

Ich besuchte die Volksschule, dann die Realschule (heute Hermann-Hesse-Schule), schließlich die höhere Handelsschule. Im Januar 1955 begann ich eine Arbeit bei der Union und Rhein-Versicherung, in der HUK-Abteilung als Stenotypistin. Ich heiratete 1960 und habe zwei Kinder. Mein Mann war Polizeibeamter. Nach der Kinderpause arbeitete ich 21 Jahre in einem Gewerkschaftsbüro als Sekretärin und einein-halb Jahre in einem Innungsbüro. 1992 wurde ich aufgrund gesundheit-licher Mängel berentet. Heute geht es mir ganz gut, ich freue mich im Sommer auf meinem Garten und auf Reisen, die ich mit meinem Mann (immer noch demselben!) unternehme.

Christa Smagacz, geb. Marten

Meine Erinnerung beginnt im Jahre 1942, dem Jahr meiner Einschulung. Da schon einige Schulen durch Bomben zerstört waren, mußte ich von unserer Wohnung in der Fürstenstraße bis zur Alexandrinenstraße laufen. Dort war die Schule. Da es ein ziemlich weiter Weg war und wir dort nur Hakenkreuze usw. zeichnen mußten, nahm mich meine Mutter – ich war das einzige Kind, und mein Vater war im Krieg – aus der Schule und unterrichtete mich zu Hause.

Oftmals fingen schon am Tage die Angriffe der Luftwaffe an. Unser Köfferchen stand immer bereit. Und nachdem in den folgenden Monaten die Angriffe noch häufiger wurden, hatte man in der Ritterstraße ein U-Bahngitter geöffnet. So hatten wir die Möglichkeit, eine Leiter hinunterzusteigen, um auf den Gleisen den U-Bahnhof Moritzplatz zu erreichen. Für eine Sechsjährige war das natürlich eine angstmachende Situation. Es gab nur Notbeleuchtung, und in der Ferne konnte man das helle Viereck des Tunnelendes sehen. Der Verkehr war eingestellt, aber ich hatte immer das Gefühl, jetzt kommt hinter uns gleich ein Zug und fährt uns tot. Außerdem war das Laufen schwierig: Meine kleinen Beinchen konnten die Schwellenabstände nicht bewältigen, und wir waren immer heilfroh, wenn wir am Bahnhof waren und von dort aus in den Bunker am Moritzplatz gehen konnten.

Bis zum April/Mai 1945 gingen wir immer dorthin. Dann hieß es: Die Russen kommen. Es sollten Mongolen sein, die als besonders fürchterlich galten. Wir hatten Angst, nur Angst. Dann kam ein SS-Mann herein und sagte, man habe die Russen zurückgetrieben. Der tat so, als seien sie bis nach Rußland gejagt worden. Als wir fragten, sagte er: »Na, bis zum Oranienplatz!« Dann waren die ersten Russen irgendwann da, und wir mußten aus dem Bunker. Zu unserer Wohnung konnten wir nicht, die Kämpfe tobten noch. Wir wurden über den Oranienplatz – da hing ein SS-Mann an einer Laterne – in Richtung Reichenberger Straße getrieben und kamen dann bei Bekannten unter.

Nach drei Tagen konnten wir in unsere Wohnung in der Fürstenstraße zurück. In unserem Haus war die russische Kommandantur untergebracht, so daß wir unsere Ruhe hatten. Unsere Seegras-Matratzen wurden Futter für die Pferde. Am 9. Mai hatte meine Mutter Geburtstag. In der Nacht vom 8. Mai gab es ein »Feuerwerk«, und wir wußten, jetzt ist dieser schreckliche Krieg vorbei. Mein Vater blieb verschollen und wurde 1955 für tot erklärt.

Trotz allem habe ich diese Zeit gut verarbeitet. Lediglich vier
»Macken« habe ich bis heute:
1. Ich lasse immer ein bißchen Wasser im Kessel, falls das Wasser abgestellt wird.
2. Ich habe an einem festen Platz Taschenlampe, Kerzen und
Feuerzeug griffbereit, falls der Strom ausfällt.
3. Ich lege meine Kleider so, daß ich im Dunkeln alles finden
kann.
4. Ich hänge die Kleiderbügel immer in einer Richtung auf die
Garderobenstangen. Bei einem eventuellen Feuer kann ich viele
Kleiderstücke greifen und von der Stange nehmen.

Härteprüfung

Ich bin Jahrgang 1927, war 1943 im Alter von 16 Jahren Gymnasiast am
Realgymnasium Weißensee, Woelckepromenade, und wohnte in Ahrens-
felde bei Berlin. Im gleichen Jahr wurde ich zum Luftwaffenhelferdienst
herangezogen. Mein Vater ist 1944 im Krieg gefallen. Ich heiratete 1951,
war überwiegend als Ingenieur in der Energiewirtschaft tätig und habe
zwei Kinder. Meine Frau hat in der Bauwirtschaft gearbeitet und ist
bereits verstorben. Ich betätige mich ehrenamtlich seit über zehn Jahren
als parteiunabhängiger Gemeindevertreter in meinem Wohnort Ahrens-
felde.

Hans Soost

Aus den öffentlichen Lautsprechern der Stadt klangen die Sie-
gesfanfaren. Es war der 14. Juni 1940 und Paris unter dem An-
sturm der faschistischen Wehrmacht gefallen. Wir Gymnasiasten
der Quarta waren gehalten, das Lied »Siegreich werden wir
Frankreich schlagen ...« anzustimmen. Danach gab es schulfrei.
So lief es in der kommenden Zeit wiederholt ab, bis zum
4. Februar 1943, der verlorenen Schlacht um Stalingrad. Dieser
Schock für die deutschen Kriegsführer wirkte nicht lange nach.
Wenig später, noch im gleichen Monat, wurde bereits ein neuer
künstlicher Siegestaumel inszeniert, indem der Minister Dr.
Goebbels im Sportpalast Berlin in einer suggestiven Massenver-
anstaltung mit seinem Ruf: »Wollt ihr den totalen Krieg?« sich
denselben durch einen Begeisterungssturm bestätigen ließ.

Ich wurde, wie viele meiner Mitschüler, als 15jähriger Gymnasiast im Juni 1943 zum Luftwaffenhelferdienst einberufen, und damit befand sich von Stunde an meine Schulbank an einem Kriegsschauplatz, nämlich dem Luftverteidigungsring von Berlin. Zu Beginn waren wir ob des Geschehens noch neugierig. Selbstverständlich kam für die überwiegende Mehrheit von uns nur der Einsatz an einem Flakgeschütze in Frage – wer verspürt in diesem Alter nicht schon eine männlich geschwellte Brust. Wir wurden in der Flakstellung getestet. Eine Munitionskiste mit drei Granaten von mehr als 30 Kilogramm Gewicht war über eine Strecke von hundert Metern zu tragen. Wer es schaffte, kam zu den sechs Geschützen. Auch ich war darunter und wurde Richtkanonier am 8,8 Zentimeter-Flakgeschütz Dora bei einem väterlichen Wiener Unteroffizier namens Sommer. Von Stunde an lief unser Leben fern von zu Hause ab, einschließlich Schulunterricht, kaserniert mit militärischer Disziplin in der Flakbatterie. Unsere Schullehrer reisten täglich an. Wenn Alarm ausgelöst war, und das geschah zunehmend mit den Tagesangriffen der Alliierten auf die Reichshauptstadt, mußte sogar von der augenblicklich geschriebenen Klassenarbeit weg der Gefechtsposten eingenommen werden, militärisch voll bekleidet sowie ausgerüstet mit Stahlhelm und Gasmaske.

Nach diesen Kasernenmethoden sollte uns der Kriegseinsatz jedoch noch in ganz anderer Form begegnen. Bomben fielen in unmittelbarer Nähe. Sie galten uns. Die Nachtangriffe auf die Hauptstadt nahmen zu, die Einsätze dauerten Stunden. Bis zu 150 Schuß pro Geschütz in einer Nacht waren keine Seltenheit. Die Geschützbunker waren wiederholt leer, und es mußte Munition aus mehreren hundert Meter entfernten Reservebunkern herangetragen werden. Das taten sowohl Soldaten als auch wir Helfer, aber insbesondere auch die zum Dienst am Geschütz gezwungenen sowjetischen Kriegsgefangenen. Letztere fristeten ihr Dasein in der Flakstellung abgeschlossen in einer Baracke. Ein älterer deutscher Unteroffizier namens Wolkenhaar, ein Lehrer, war ihr Kommandeur. Wir Luftwaffenhelfer mußten zwar vorgeschriebene Distanz halten, und selbst am Geschütz hatten sie in einer Ecke zu verbleiben. Dennoch gab es zwischen uns insgeheim Gemeinsamkeiten. So fertigten sie aus Münzen allerlei Schmuck, und wir gaben ihnen Brot und Zigaretten dafür. Sie erhielten trotz des Kampfeinsatzes nur eine magere Gefangenenverpflegung, und Hunger tut bekanntlich weh. Dieses Empfinden hatten auch wir, wenn auch gefahrlos, denn auch wir verspeisten ob der vielen Einsätze oftmals unsere Tagesration auf einmal. Für den weiteren Hunger bereiteten wir uns dann jedoch Margarinestullen mit roher Zwiebel.

Zehn weißfarbige Ringe an unserem Geschützrohr sollten von unseren »Heldentaten« künden. Zehnmal hatte unser Geschütz nachweisbar Tod und Verderben den alliierten Flugzeugen und ihrer Besatzung gebracht. Wir mußten zum Teil die in der Nähe Abgeschossenen ansehen, der Sieger den Besiegten. Es ist mir deutlich in Erinnerung, wie die zermalmten Körper der Besatzung da vor uns lagen. Unser Feldwebel nannte es eine Härteprüfung. Wer von uns ohnmächtig wurde, erhielt beim nächsten Mal den Befehl einer Wiederholung.

Nach über einem Jahr Luftwaffenhelferdienst, bereits dekoriert als nunmehr 16jähriger mit einem Flakkampfabzeichen, ging es weiter im Heldengang über den Arbeitsdienst bis zum Einsatz als Wehrmachtssoldat. Selbstverständlich hatte uns Schule und Hitlerjugend zu einer bewußten Staatsjugend erzogen. Ein anders orientiertes Elternhaus war machtlos. So war der Eintritt als Kriegsfreiwilliger und Offiziersbewerber für einen Gymnasiasten obligatorisch.

Stumm vor Angst

Ich bin Jahrgang 1926, besuchte bis zur Mittleren Reife im April 1942 die Mädchen-Mittelschule II in Neukölln und wohnte in Neukölln, Emser Straße 13-14. Im Jahr 1942 begann ich eine kaufmännische Lehre bei der Deutschen Lufthansa am heutigen Platz der Luftbrücke. Bis Kriegsende war ich Sekretärin in der Flugabrechnung. 1947 heiratete ich, zog zu meinem Mann in den Ostsektor nach Niederschönhausen; 1954 aus politischen Gründen Flucht nach West-Berlin. Erst dann konnte mein Mann sein Studium an der FU beginnen und 1960 als Dr. phil. abschließen. Ich war fast all die Jahre in verschiedenen, auch leitenden kaufmännischen Positionen berufstätig. Wir haben zwei Töchter, wohnten berufsbedingt von 1960-1992 in den verschiedensten Bundesländern und sind nun wieder in unsere Heimatstadt zurückgekehrt, wo wir mit unserer jüngeren Tochter und deren Familie leben. Ich pflege weltweite

Brief- und persönliche Freundschaften und engagiere mich für die Zeit-zeugenBörse. Viele Jahre hindurch hatten wir ausländische Schüler oder Studenten im Haus.

Veröffentlichungen in: »Der Todeskampf der Reichshauptstadt«, Chronos 1994; »Der Zug in die Freiheit« im Buch »Berliner Stadtbahn« bei Ullstein, viele weitere Beiträge, so auch unter meinem Mädchennamen Petersohn in Antony Beevors Buch »Berlin 1945 – das Ende«.

Gerda Steinke

Meine Schwester erwartete im April 1944 ihr Baby und fuhr jeden Abend in den für Entbindungen hergerichteten Luft-schutzbunker der Charité. Dort wurde meine Nichte auch am 24. April 1944 geboren. Ich besuchte meine Schwester dort unten im Bunker, in dem die vielen Wöchnerinnen bei Kunstlicht und schrecklicher Luft in den Betten lagen. Vier Tage später konnten wir sie und das Baby nach Hause holen.

Auf dem Weg mit der Taxe durch Berlin sahen wir schon über-all vor den Luftschutzbunkern lange wartende Menschenschlangen, und wir wußten sofort, daß Bomber gemeldet waren. Kaum zu Hause angekommen, heulten schon die Sirenen. Es war keine Zeit mehr für den Bunker. Wir mussten hinunter in unseren unsi-cheren Hauskeller. Es war ein besonders schwerer Luftangriff. Wir hörten mehrere Luftminen über uns hinwegpfeifen und in der Nähe einschlagen. Dieses Geräusch war mörderisch; aber wir beruhigten uns immer mit der Beschwörung: »Wenn wir sie hören, treffen sie uns nicht.« Meine Mutter beugte sich schützend mit ihrem ganzen Körper über das Neugeborene, denn von den Kellerwänden rieselten in grauen Wolken Kalk und Mörtelstaub herab. Wir zitterten, stumm vor Angst.

In den folgenden Monaten waren wir immer froh, wenn das Wetter schlecht und regnerisch verhangen war. Dann konnten wir eventuell vor Angriffen sicher sein. Doch wir lebten nur noch zwischen den Alarmen und konnten kaum je richtig ausschlafen.

Ihr Haus brennt!

Ich bin Jahrgang 1930, war 1944, im Alter von 14 Jahren, Bürolehrling bei der Firma Richard Vogel, Unter den Linden (damals Nr. 52). Mit meinen Eltern wohnte ich bis zur Ausbombung in Friedrichshain, Tilsiter Straße 76 (heute Richard-Sorge-Straße). Trotz Bombardierungen führte mein Vater seine Sattlerei in unterschiedlichen Unterkünften bis zu seinem Tode 1947 weiter, danach betrieb meine Mutter bis 1969 ein Lederwarengeschäft. Nach Tätigkeiten u.a. in meiner ehemaligen Lehrfirma arbeitete ich die meiste Zeit meines Lebens als Sekretärin in der Geschäftsstelle des Diakonischen Werks der Evangelischen Kirchen und bin verheiratet mit einem Pfarrer.

Gisela Talkenberger, geb. Pannier

Die für mich schlimmsten Erinnerungen an Bombardierungen fallen in die Jahre 1944/45. Der 21. Juni 1944 war ein herrlicher, warmer Sommertag. Ich ging in einem leichten Sommerkleid, mit einer kleinen Tasche und den damals obligatorischen Klapperlatschen zur Arbeit in meine Lehrfirma Unter den Linden. Gegen zehn Uhr gab es Voralarm, dann Hauptalarm. Unsere älteren Mitarbeiter brachten die Schreib- und Rechenmaschinen in den Keller. Dann eilten wir alle in den nächsten öffentlichen Luftschutzbunker. Da bebte schon die Erde, das Licht flackerte. Menschen schrien und jammerten. Endlich kam Entwarnung, es ging zurück an die Arbeit. Auf dem Weg dorthin sah ich schwarze Brandwolken – etwa in Richtung Alexanderplatz.

Wegen des Angriffs an diesem Tage konnten wir früher von der Arbeit nach Hause. Aber wir mußten laufen, denn die U-Bahn fuhr nicht. Unterwegs ein Bild des Grauens! Je näher ich zum Alexanderplatz kam, desto schlimmer wurde es. Dort sprachen mich zwei Frauen an, die mich kannten. Sie sagten mir: »Ihr Haus brennt!« Ich fragte, ob sie meine Eltern gesehen hätten, was sie bejahten. Durch Qualm, Funkenflug und Trümmer bahnte ich mir einen Weg in die Tilsiter Straße. Dabei wehte ein ganz starker Wind, der durch die Brände verursacht wurde. Wegen zahlreicher Wasserrohrbrüche wurden ich und viele andere, die auch nach Hause wollten, stellenweise von Luftschutzhelfern über die Straße getragen. Dann endlich sah ich unser brennendes Haus – ein einziges Chaos. Die meisten Häuser in der Straße brannten!

Ich fand meine Eltern, die wie andere Bewohner unseres Hauses fassungslos vor den rauchenden Trümmern standen. Meine Mutter erzählte, daß zuerst Brandbomben gefallen waren. Als Hausbewohner dann beim Löschen waren, wurden in einer zweiten Angriffswelle Sprengbomben und schließlich in einer dritten Welle gekoppelte Spreng- und Brandbomben geworfen. Dabei sind drei Menschen aus unserem Haus nicht mehr aus dem Luftschutzkeller herausgekommen – das waren eine Mutter und ihr etwa zehnjähriger Sohn Peter sowie Katja, eine russische Fremdarbeiterin, die im Kuhstall auf unserem großen Hof arbeitete. Noch Tage später riefen russische Fremdarbeiter vor den Trümmern nach Katja, und der Vater von Peter – auf Heimaturlaub – stand immer wieder fassungslos an der Stelle, wo seine Frau und sein Sohn den Tod gefunden hatten.

Wir Ausgebombten wurden in die Schule in der Eckertstraße gewiesen, wo wir für drei Tage übernachten konnten und Verpflegung erhielten. Aber immer wieder trafen wir uns vor den Trümmern unseres Hauses, das tagelang brannte.

»Berlin ist tot«

Diese Briefe einer Friedrichshainer Mutter an ihren Sohn an der Front wurden freundlicherweise von Pfarrer Wolf-Dietrich Talkenberger zur Verfügung gestellt. Die Originale befinden sich im Museum Friedrichshain-Kreuzberg. Wir bitten die Familie, sich beim Verlag zu melden.

Berlin, den 20.11.43

Lieber Ernst!

Du schreibst, lieber Ernst, daß es Dir gut geht. Von uns kann ich es Gott sei Dank auch sagen. Aber beinahe wäre es um uns geschehen. Muß mit Blei weiterschreiben, da die Feder nicht mehr will. Wir hatten vom 17./18. Alarm. Da war es aber nicht schlimm. Aber vom 18./19. war wieder Alarm, und es ging ziemlich hoch her. Um uns herum hat es gebrannt; es kamen bei uns nur Brandbomben herunter. Die Baracke der Feldpost, die neben der Plaza steht, hat lichterloh gebrannt. Ein Teil von der Plaza auch,

in der Königsberger Straße 28 und 29 hat es in den Fabrikge-
bäuden gebrannt. Königsberger Straße 9 und 10 waren nur einzelne heruntergekommen, die schnell gelöscht wurden. Es war
richtig tageshell; ich war so erschrocken, daß mir ganz schlecht
wurde. Sie warfen in fast allen Teilen. In Reinickendorf, Pankow,
Buch, Friedrichsfelde, Schöneberg und Charlottenburg, in Ah-
rensfelde und, wie ich eben im Milchladen hörte, auch in Schö-
nefeld. Papa ist seit gestern bei seinem Hauptmann. Da sind Sprengbomben heruntergekommen. Das Nebenhaus ist vollständig runter, und beim Hauptmann ist in der Wohnung alles drunter und
drüber. Jedenfalls haben wir großes Glück gehabt. Übrigens
wurde gestern im Vorderhaus eine Brandbombe gefunden, die
nicht gezündet hat. In der vergangenen Nacht konnten wir wieder gut schlafen. Hoffentlich in der kommenden auch. Ja, es war
eine große Überraschung für uns, da man mit so etwas gar nicht
mehr gerechnet hat. Wollen nun alles dem Schicksal überlassen.
Schreib recht bald.

Es grüßt und küßt Dich viele Male
Deine Mutti, Papa und Kurt

Berlin, den 23.11.1943

Unser lieber Junge!

Vor einer Weile sind wir aus dem Luftschutzkeller gekommen; es
ist jetzt 10 Uhr, und auch dieses Mal sind wir verschont geblieben. Aber es war wieder sehr schrecklich. Es steht wieder um uns
alles in Flammen. Königsberger 34, 35, 36 liegen Blindgänger,
und das andere Ende bis zu Tietz brennt. Sonst wissen wir nichts
näheres. Kurt ist im Einsatz. In der vergangenen Nacht ist sehr
großer Schaden entstanden. Es war wohl der schwerste bis jetzt.
In allen Teilen der Stadt waren sie gewesen. Alexanderplatz,
Spittelmarkt; die Leipziger Straße hat heute Mittag noch gebrannt.
Charlottenburg, Schöneberg, die Lothringer Straße (heute Torstra-
ße, Red.) soll furchtbar aussehen. Die Gasanstalt in der Danziger
Straße ist auch entzwei, das Zeughaus ist ausgebrannt, auch das
Lehrervereinshaus und noch sehr viel anderes. Die Post am Schle-
sischen Bahnhof ist auch von einer Sprengbombe getroffen. Der
Stettiner Bahnhof und die Post daneben sollen ganz ausgebrannt

sein. Auch der Tiergarten soll sehr verwüstet sein. Es gab heute den ganzen Tag über keine Möglichkeit, nach der Stadt zu fahren, und von den vielen Rauchschwaden, die über die Stadt zogen, war es den ganzen Tag so dunkel, daß man Licht brennen lassen mußte, so dunkel war es. Hatte heute keine Gelegenheit, mir was anzusehen, da ich Wäsche hatte. Morgen will ich zu Tante Linda gehen und mal sehen, was dort los ist. Ja, mein liebes Kind, es gibt doch soviel Elend und Unglück auf der Welt, und es will kein Ende nehmen. Wenn doch bloß der liebe Gott sich unser erbarmen möchte und bald dem Unglück ein Ende bereitet. Der Kaiserdamm soll auch sehr gelitten haben und die ganze Nord-West-Achse. Es ist eben zehn Minuten nach 23 Uhr. Wir waren in der kleinen Stube am Fenster. Der Feuerschein ist aber noch nicht kleiner, und man hört immerfort Explosionen. In unserem Haus sind viele Scheiben raus. Bei uns sind die Fenster in Ordnung, nur die Treppenfenster sind alle kaputt. Aus unserem Haus soll keiner raus, da drüben noch Blindgänger liegen, und Kurt ist immer noch nicht zu Hause; wird wohl auch so bald nicht kommen. Papa sitzt am Tisch und schläft; man hat keinen Mut, ins Bett zu gehen ...

Berlin, den 24.11.1943

Eben sind wir von unten gekommen. Es ist dreiviertel eins. Das Feuer wütet immer noch sehr. Das Haus, in dem Pegstows wohnt, und das daneben stehen in hellen Flammen. Kurt ist vom Einsatz gekommen. Konnte nicht mehr weiter, da er bis auf die Haut naß ist. Die Feuerwehr kann nicht überall sein, und so brennen viele Häuser aus, ohne daß Hand angelegt wird. Wie lange soll noch dieses Elend über uns herrschen! Die Gubener Straße, die Zweier Straße und die Frankfurter Allee stehen in einer Flamme. Die Frankfurter Allee von Tietz bis Bretmeier. Ach, man kann so gar nicht alles aufzählen; es ist ja nur das, was Kurt erzählt hat. Überall, wo man hinsieht, brennt es, der Himmel ist vom Feuer rot, und es ist tageshell. Papa und Kurt sind nun schon im Bett, und ich kann mich nicht entschließen, ins Bett zu gehen, trotzdem unser Haus außer Gefahr ist. Es ist zwei Uhr nachts, war eben noch mal mit Frau Orgis vor der Tür. Man darf sich nicht lange aufhalten wegen der Blindgänger. Die Memeler Straße (heute

Marchlewskistraße, Red.) bis zur Schule brennt immer noch, und auf der Weberwiese brennen schon die Bäume. Eben hat bei uns alles gewackelt; wahrscheinlich ist ein Blindgänger losgegangen. Ja, Ernst, es sind sehr ernste Stunden, die wir hier durchkämpfen. Und wer weiß, wie lange noch. Nun will ich auch versuchen, ins Bett zu gehen; ob ich schlafen kann, weiß ich nicht. Wollen uns dem lieben Gott anvertrauen. Er möge uns gnädig sein und uns und Dich, unseren lieben Jungen, beschützen und uns ein Wiedersehen schenken ...

Berlin, den 28.11.1943

Lieber Ernst!

Heute ist Sonntag, und der uns so lieb gewordene Sonntagsgruß ist heute ausgeblieben. Wahrscheinlich werden wir alle Post mit einemmal erhalten. An Dich habe ich in dieser Woche auch fast alle Tage geschrieben; hoffentlich erhältst Du alles. Ja, Berlin ist tot, es kommt keine Post, keine Fahrverbindung, keine Zeitung, es spielt kein Kino; nur in den Außenbezirken, die nicht betroffen sind, ist Leben. Die Innenstadt ist fast ganz zerstört. Der Norden, Moabit, Charlottenburg und zum Teil der Osten sehen grauenhaft aus. Ich selbst habe noch nicht viel gesehen, aber Papa erzählt, wie Du weißt, nicht mehr, als es ist. Am Donnerstag war ich bei Tante Olga; die Gegend erkennt man kaum, man findet sich in den Straßen beinahe nicht zurecht. Die Bahnhöfe sind alle ausgebrannt, der Lehrter, der Stettiner, der Potsdamer. Vom Schlesischen fahren die Züge nur noch nach dem Osten, und die Stadtbahn hielt gestern schon bei Jannowitzbrücke, vom Osten kommend. Die Königsberger Straße (heute Fredersdorfer Straße, Red.) bietet ein furchtbares Bild; von der Memeler Straße bis Tietz stehen wohl nur zwei Häuser, und nach der Feuerwehr die Memeler entlang, die Ecke von Pageborn bis zur Feuerwache stehen außer zwei Häusern nur ausgebrannte Ruinen. Der Betrieb von Löhnke ist von einem Volltreffer zerstört, und im Hof und Vorderhaus sind Brandbomben heruntergekommen. Die Ecke Königsberger und Memeler, wo Reichelt und Koschowa war, kennt man nicht wieder. Die Überreste haben sich über die Straße gelegt und sind noch nicht fortgeräumt. Ach, ich will gar nicht mehr davon schreiben. Vielleicht hast Du Glück, bald in Berlin zu sein; dann wirst Du ja alles sehen. Jedenfalls haben wir in den letzten Tagen sehr viel erlebt, und unsere Seelen haben sehr gelitten. In der letzten Nacht haben wir nicht in den Keller brauchen. Es ist furchtbar, wenn man die armen Menschen mit ihren bißchen Habseligkeiten auf der Straße oder in den U-Bahnhöfen sitzen sieht. Rauchen und brennen tut es in den Trümmern immer noch. Wenn man durch die Straßen geht, rollen einem die Tränen, ohne daß man weinen will. Das Herz bricht fast entzwei ...

Berlin, den 3.12.1943

Liebes Ernstelchen!

Du wirst sicher wieder auf Nachricht warten; wir aber auch. Haben von dir Post vom 25.11. und 21.11. erhalten, weiter aber auch nichts mehr. Wie Du schreibst, hast Du wenig Zeit, aber es wird wohl morgen oder Sonntag bestimmt von Dir etwas kommen. Den Angriff in der vergangenen Nacht vom 2./3. haben wir gut überstanden. Ach, man ist von dem letzten Angriff in der vergangenen Nacht ganz mürbe geworden, und wenn der Abend kommt, ist man unruhig und hat zu nichts Lust. Wie Du schreibst, ist bei euch auch oft Alarm, und so hat man immer nur Sorgen ...

4.12.

Es ist eben halb 5 morgens, seit 3 Uhr haben wir im Keller gesessen ...

Berlin, den 11.12.1943

Unser lieber Junge!

Deinen Brief vom 7.12. haben wir heute erhalten und uns darüber gefreut, aber auch betrübt hat er uns. Es ist nun das, was ich befürchtet habe, eingetroffen, und Du, unser lieber Junge, wirst wohl in Kürze wieder im Osten sein. Hoffentlich gelingt es Dir wenigstens, für ein paar Tage noch mal zu uns zu kommen. Du schreibst da vom Ziel, was meinst Du damit? Du hast einen Lehrgang durchgemacht, hast aber nie geschrieben, was das für ein Lehrgang ist. Lieber Ernst, Du schreibst, wir sollen Dir nichts mehr schicken; haben Dir gestern das erste Weihnachtspäckchen geschickt und wollten heut das 2. und 3. schicken. Nun muß das ja unterbleiben. Hoffentlich bekommst Du das erste noch. Hab Dir einen Kopfschützer genäht und werde ihn Dir als Doppelbrief schicken. Solltest Du noch was brauchen, so schreibe recht schnell. Hier ist noch ein schöner warmer Schal. Einer von den grünen. Soll ich ihn Dir schicken? Ja, mein liebes Kind, heute in 14 Tagen ist der erste Weihnachtsfeiertag. Wer weiß, wie die Feiertage verlaufen werden; es sind gerade dunkle Nächte. In dieser Woche, da die mondhellen Nächte sind, haben wir Ruhe, aber man denkt schon mit Schrecken an die dunklen Nächte. Eben hat Ribbentrop gesprochen; hast Du das auch gehört? Du schreibst ja nicht, ob Du die Briefe mit den Kuchenmarken bekommen hast, hab Dir welche hineingelegt. Ach, es tut mir so leid, daß ich Dir nicht schon eher einen Kuchen geschickt habe, aber man war von den Ereignissen in letzter Zeit so gedankenlos und zerfahren ...

Berlin, den 31.1.1944

Unser lieber Junge!

Du wirst Dich wundern, schon so schnell von uns Nachricht zu erhalten. Es ist aber gestern Abend in unserer Nähe viel zerstört worden, und Papa sagt, ich soll gleich schreiben. Also, bei uns ist alles in Ordnung bis auf bei Frau Schulz das Küchenfenster. Im ersten Hof sind viele Scheiben raus, und im Nordhaus fast alle. Nachdem wir kaum eine halbe Stunde zu Hause waren, kam Alarm, und es waren noch nicht alle unten, da krachte es schon, ohne daß vorher geschossen wurde.
In der Rüdersdorfer Straße ist eine Mine und eine Sprengbombe und auf dem Küstriner Platz (heute Franz-Mehring-Platz, Red.) auch eine runtergekommen. Der Küstriner Platz sieht furchtbar aus. Die Häuser sind alle getroffen; die Fensterrahmen hängen alle heraus; in der Rüdersdorfer Straße sind zwei Häuser kaputt und die Leute im Keller verschüttet. Nun, mein liebes Kind, bleib gesund und schreibe bald.

Es küßt Dich viele Male Deine
Mutti, Papa und Kurt

Berlin, den 16.2.1944

Lieber Ernst,

Gestern erhielten wir Deine Karte vom 18. aus Soltau. Es wundert uns sehr, daß Du noch keine Nachricht hast, hab Dir doch vorige Woche mehrmals geschrieben. Hoffentlich ist nun alles inzwischen eingetroffen, und ich brauch' wohl nicht alles noch einmal wiederholen. Vor allem gestern hatten wir wieder Alarm, und es hat wieder gereicht. Als wir aus dem Keller kamen, war der Himmel wieder blutrot, es ist wieder sehr viel passiert, auch in unserer Nähe. In der Mühlenstraße sind Minen und Brandbomben runtergekommen. Heute bin ich zum ersten Mal durch die Rüdersdorfer Straße gekommen, doch sie war gesperrt. So etwas habe ich noch nicht gesehen. Man muß es selbst gesehen haben, um sich eine Vorstellung zu machen. In der letzten Nacht ist wieder in der Innenstadt sehr viel Schaden entstanden. Papa ist heute zur Nachtwache, und es ist eine furchtbare Unruhe in mir. Kurt muß morgen zur Nachtwache. Übrigens hat Kurt mit seiner Gesellenprüfung heute angefangen, und morgen geht es weiter, und danach will er an Dich schreiben ...

Berlin, den 22.5.1944

Unser lieber Junge!

Nun will ich Dir wieder mal etwas mehr schreiben. In dem Brief vom 12. schreibst Du, ein Urlauber hätte erzählt, der Schlesische Bahnhof hätte Volltreffer. Das stimmt nicht. Es ist wohl zum Teil etwas beschädigt worden und auf der Strecke auch, so daß zwei Tage der Fernverkehr ausblieb. Aber sonst ist er noch, wie er war. Im Gegenteil, es war das einzige Verkehrsmittel, das ging. In vielen Stadtteilen wurde die U-Bahn sehr betroffen. Doch am Freitag, den 19., hatten wir wieder einen sehr schweren Tagesangriff. Bei uns unmittelbar war nicht nur der Güterbahnhof getroffen, es wurde ein beladener Zug getroffen, der ausbrannte. Auch die Gegend Weidenweg, Insterburger, Strausberger Platz, dann die Frankfurter Allee, aber erst ab Voigtstraße, dann nach Lichtenberg, die Gegend hat auch viel abgekriegt. Aber auch der Norden wurde reichlich bedacht, in der Gegend bei Tante Linda die Luisenstraße, Rosenthaler Platz. Die Alte Schönhauser und

Jostystraße (heute Mollstraße, Red.) sehen grauenhaft aus. Das habe ich am Sonnabend selbst gesehen, als ich auf dem Friedhof war. Das Stadtinnere hat auch wieder gelitten, der Spittelmarkt und auch am Schloß. Es waren zum großen Teil Brandbomben ...

Berlin, den 12.9.1944

Unser herzlieber Junge!

Heute wieder mal kurz. Deinen Brief vom 4.9. haben wir erhalten und uns darüber sehr gefreut. Als ich Dir am Sonntag geschrieben habe, konnte ich Dir berichten, daß wir in den letzten Tagen und Nächten Ruhe hatten. Als ich aber kaum eine halbe Stunde im Bett war, wurde ich geweckt, und es gab Alarm. In der letzten Nacht war es ebenso und heute auch am Tage. Soviel ich weiß, ist nichts von Bedeutung passiert. Es soll nur in Lichtenberg was runtergekommen sein, aber näheres weiß ich nicht. In der letzten Nacht haben sie sehr geschossen. Hoffentlich habt Ihr alles gut überstanden. Den Berichten nach geht es immer noch heiß her bei Euch. Sei nur vorsichtig beim Obstessen. Ich freue mich, daß Du Gelegenheit zum Obstessen hast.

Viele herzliche Küsse von Deiner Mutti, Papa und Kurt

Ich wußte nicht, wie mir geschah

Ich war während der Angriffe zwischen 16 und 19 Jahre alt, lebte mit meinen Eltern in der Strelitzer Straße, nur wenige Häuser von der Bernauer Straße entfernt. Im März 1944 erhielt ich meinen Kaufmannsgehilfenbrief, wurde vier Monte später zum AEG-Forschungsinstitut in Reinickendorf einberufen. Mein Vater starb im März 1944 an Magenkrebs, meine Mutter litt an Tbc. Sechs Verwandte starben durch unmittelbare Kriegseinwirkung, sieben wurden in KZs vergast. Nach Kriegsende arbeitete ich als Chefsekretärin beim (Ost-) Berliner Rundfunk in der West-Berliner Masurenallee. Zusammenarbeit mit dem Journalisten Herbert Gessner, dessen Leben und Tod für viele tausend Intellektuelle der frühen DDR steht, die durch psychischen und physischen Druck und durch die

191

Zerstörung ihrer eigenen Wertbegriffe und ihrer geistigen Neuorientierung vom sozialistischen Regime zerbrochen worden sind.

Nach meiner Tätigkeit beim Rundfunk war ich beschäftigt in einem Ministerium in der Leipziger-/Wilhelmstraße bis zum Rausschmiß »aus Gründen der Sicherheit«. Flucht Ende Mai 1953 nach West-Berlin. Heirat 1954, 1960 Geburt eines Sohnes. Die letzten zehn Berufsjahre als Sekretärin an der FU. Von 1966 bis heute parteipolitisches Engagement, vor allem für Obdachlose, Tschernobyl-Kinder, die Aufarbeitung von National- und Real-Sozialismus.

Helga Thiele-Wende

Mein Vater erkrankte 1942 an Magenkrebs und kam 1943 in das Lazarus-Krankenhaus in der Bernauer Straße. Nach den schwersten Bombenangriffen wurde das Krankenhaus nach Birkenwerder ausgelagert. 20 bis 30 Schwerkranke lagen dort zusammen in einem Luftschutzkeller, ohne Tageslicht. Ich konnte ihn nur einmal besuchen. Er hielt es nicht aus und setzte sich Weihnachten 1943 nach Hause ab. Im Bahnhof Gesundbrunnen brach er zusammen. Das Rote Kreuz brachte ihn zu uns. Während eines besonders schweren Angriffs erlitt mein Vater im Luftschutzkeller einen Blutsturz. Ich verbrachte eine ganze Weile mit ihm draußen im Hof. Im März 1944 starb er. Er konnte sich noch darüber freuen, daß ich die schriftliche Prüfung vor der IHK bestanden hatte.

Meine Textillehrfirma befand sich in der Oranienstraße in SW 68, im Damenoberbekleidungs-Viertel, gleich neben dem Zeitungsviertel W 8. Zwei außerordentlich zerstörte Bezirke. Wenige Wochen nach meiner Prüfung wurde ich zum Kriegsdienst beim AEG-Forschungsinstitut in Reinickendorf in der Arosa Allee unweit des Schäfersees eingezogen. Alles, was da geforscht wurde, war streng geheim. Grund für die Warnung vor dem Feind war bei uns vorhanden: Wir bauten mit an der deutschen Entlastungswaffe V 2 in Peenemünde, deren Einsatz das Ruder zum Sieg noch herumreißen sollte. Mein praktischer Laboreinsatz bestand im Entrosten kleiner Schräubchen in Öl. Dabei konnte ich mit zwei freundlichen französischen Gefangenen verstohlene Blicke austauschen. Meine Mutter packte mir gelegentlich ein paar Brote für sie ein. Nach dem Krieg ging dann noch Post zwischen Paris und Berlin hin und her.

1942/1943 wurde eine dreiköpfige Familie aus unserem jüdischen

192

Familienzweig in die KZs Lodz und Treblinka deportiert und vergast. Der alte Vater starb in Theresienstadt. Ein anderer jüdischer Verwandter kam als einziger aus Auschwitz zurück. Seine Eltern und sein Bruder starben im Gas. Bangen um unsere restliche jüdische Familie am Weinbergsweg in Prenzlauer Berg: Abholung des Familienvaters in der Nacht durch die SA, Verbringung in die Sammelstelle zum Abtransport in die KZs in der Rosenstraße am Alexanderplatz. Meine nicht-jüdische Cousine war eine der mutigen Frauen, die sich im März 1943 an dem in der Hitlerzeit einmaligen erfolgreichen Protest gegen Deportierungen beteiligte: Alle protestierenden, nicht-jüdischen Frauen konnten ihre Ehemänner und Söhne mit nach Hause nehmen.

Weihnachten 1944. »Die werden doch nicht heute kommen«, sagte meine Mutter. Aber wie sie kamen! Mit schwersten Kalibern, am frühen Nachmittag. Sie warfen tonnenweise Brandbomben auf die Bootswerften entlang der Spree. Das Holzhaus, das wir retten wollten, brannte wie Zunder. Als ich schon völlig durchnäßt war, durfte ich mich entfernen. Ich mußte versuchen, schnellstens meinen Mantel zu trocknen, weil wir aufs Land nach Soldin wollten. Wir haben immer mal wieder ausprobiert, ob man aus dem Entsetzlichen der Stadt nicht wenigstens ein bißchen entfliehen könnte. Als ich gerade nach Hause kam und schon meine Mutter sorgenvoll im ersten Stock des Hauses am Fenster stehen sah, gab es einen furchtbaren Knall und einen starken Druck. Ich wußte nicht, wie mir geschah. Ich wurde auf den Boden geworfen und konnte nur noch erkennen, daß es ein Soldat war, der sich schützend über mich warf. Die Fenster im Haus gingen zu Bruch. Die Scherben fielen auf die Straße. Aber uns beide hat nichts getroffen. Wir erhoben uns von der Erde, und ehe ich mich überhaupt bedanken konnte, ging er, so schnell wie er gekommen war. Dieses Erlebnis habe ich vielleicht einmal im Leben erzählt. Es ist so phantastisch, daß es mir nie jemand geglaubt hätte. Ein Nachzügler hatte noch schnell seine restliche Bombenlast loswerden wollen. Es hatte längst Entwarnung gegeben.

Und ich fuhr am nächsten Tag im vom Kanonenofen leicht angesengten Mantel. Wir sahen Berlin in über hundert Kilometern Entfernung brennen. Als ich meine Angst um meine Angehörigen ausdrückte, bekam ich zu hören: »Ihr habt doch alle im Sportpalast Ja geschrien!«

Wieder einmal Berlin

Ich wurde 1930 geboren und war gegen Ende des Krieges in einer Lebensphase, in der ein heranwachsender Jüngling besonders aufgeschlossen ist für die abenteuerlichen Ereignisse, die Luftschutz und Fliegeralarm mit sich brachten. 1944 begann ich als kaufmännischer Lehrling meine Berufsausbildung im Osthafen, die ich 1947 abschloß. Mein Vater wurde 1945 als Volkssturmmann verwundet und starb im Juni an seinen Verletzungen.

Ich bin seit 1956 verheiratet, habe zwei Söhne, trat 1957 in den Postdienst ein und befinde mich seit 1992 im Ruhestand.

Klaus-Jürgen Ulandowski

1943 mußten wir zwölf- und dreizehnjährigen Knaben in unserer Schule in der Manteuffelstraße in SO 36 Luftschutzwache schieben. Ein Lehrer und zwei Schüler gehörten jeweils zu einer Besatzung, um bei Fliegeralarm den in der Schule gelegenen öffentlichen Luftschutzraum zu öffnen und die Schutzsuchenden zu betreuen. Wir Knaben schliefen im Kartenzimmer, der Lehrer nebenan. Auf unsere Stahlhelme waren wir sehr stolz, denn damit konnte man Eindruck schinden. Wir standen halt an der Heimatfront und wurden gebraucht. Das war schon wichtig. Bei Fliegeralarm in der Nacht brauchten wir am nächsten Tag erst zwei Stunden später zum Unterricht zu erscheinen.

Wir wohnten im Eckhaus Köpenicker Straße 172/Eisenbahnstraße 24. Im Haus gegenüber war auf dem Dach die »Heulsuse«, die Sirene. Bei ihrem Ertönen stand man sofort senkrecht im Bett. Im Treppenhaus herrschte Gedränge auf dem Weg in den Luftschutzkeller, Licht durfte nicht angemacht werden. Meine Taschenlampe mit roten, grünen und blauen Wechselscheiben erwies sich da als sehr nützlich.

Eines Nachts schien der Angriff vorüber zu sein. Es fielen keine Bomben in unserer Nähe, und die Flak schoß auch nicht mehr. Die ganz mutigen Leute gingen auf die Straße, um die Lage zu peilen. So auch unsere Luftschutzwartin mit ihrem Sohn Gerhard, 11 Jahre alt. Mein Vater gesellte sich zu mehreren Männern, die sich zwei Häuser weiter vor dem Restaurant »Köpenicker Hof« aufhielten. Unter ihnen war auch mein Schulfreund Heinz. Da geschah es! Ein Nachzügler der Briten mußte noch eine Bombe gehabt haben, und die knallte vor unserem Haus auf die Straße. Instinktiv sprang mein Vater in den toten Winkel des Hauseingangs Nr. 173 und riß meinen Freund Heinz mit. Zwei andere Männer waren auf der Stelle tot. Am Nebenhaus standen vor der Tür Vater und Sohn. Der Sohn wurde sofort getötet, der Vater schwer verletzt.

Mein Vater hörte Schreie vor unserer Haustür und eilte dorthin. Unsere Luftschutzwartin lag dort mit schweren Beinverletzungen. Meinem Spielkamerad Gerhard hatten Bombensplitter seinen Bauch zerfetzt. Mein Vater hat alle Binden und Tampons aus seiner Sanitätstasche in den offenen Leib gesteckt. Es half nichts, Gerhard starb unter seinen Händen.

Der 3. Februar 1945 war ein sonniger Tag mit blauem Himmel. Ich lag mit Lungenentzündung im Bett, und meine Eltern waren arbeiten. Die Luftlagemeldung kündigte im Rundfunk feindliche Kampfverbände im Anflug auf die Deutsche Bucht, dann auf die Räume Hannover-Braunschweig und später Magdeburg-Dessau an. Das sagte alles: Berlin war wieder einmal fällig. Voralarm! Der Briefträger trug pflichtgemäß noch die Post aus; meine Mutter traf ein, als die Alarmsirene (zum letzten Mal) ertönte. Ab in den Keller.

Es dauerte nicht lange, bis das Bumsen der Einschläge immer näher kam. Das mußte ein Bombenteppich sein. Dann knallte es auch direkt in unserer Nähe. Der Keller bebte, das Licht ging aus. Wie sich später herausstellte, war es eine der letzten Bomben des Teppichs. Sie knallte schräg in den Luftschutzkeller der Eisenbahnstraße 20, der allerdings leer war, weil die Hausbewohner alle zu einer Beerdigung außer Haus waren. Ein oder zwei Bomben trafen die Emmauskirche auf dem Lausitzer Platz, während die letzte in die Polizeikaserne Zeughofstraße fiel. Als wir den Keller verließen, war das Tageslicht ganz fahl vom Rauch und Staub. Die Köpenicker Straße brannte in Richtung Stadtmitte auf beiden Seiten. Beim Eckhaus gegenüber brannte der Dachstuhl, deshalb gab die Sirene auch keine Entwarnung mehr. Im Laufe des Tages stand ich stundenlang am Fenster und mußte tatenlos zusehen, wie dieses Haus Stockwerk für Stockwerk niederbrannte. Ich konnte es einfach nicht fassen. Man hätte das Feuer doch löschen können, die Spree war ja nicht weit. Meine Mutter ließ mich wegen meiner Lungenentzündung nicht aus dem Haus, obwohl ich gern geholfen hätte, auch beim Bergen von Hausrat. Wie sich später herausstellte, war die Feuerwehr total überfordert. Das hatte auch zur Folge, daß die benachbarte Pücklerstraße in halber Länge beidseitig ausbrannte, indem ein Haus das nächste in Brand setzte. Ich kann das auch heute noch nicht begreifen.

Trotz allen Ungemachs, am Abend gab es im Haus eine »Feuersbraut«. Gretchen, die Tochter des Hauswarts, verlobte sich mit einem Leutnant, der wieder an die Front mußte.

1. März 1943

Ich bin Jahrgang 1936, war zum Zeitpunkt meiner Schilderung, im März 1943, sechseinhalb Jahre alt und wohnte damals in Lichterfelde-Süd, Schwelmer Straße 6. Mein Vater war von Beruf Kaufmann und in beiden Weltkriegen Soldat. Die Eltern und auch mein jüngerer Bruder sind inzwischen verstorben; ich selbst heiratete 1969, bin jedoch kinderlos. Ich war Postbeamter und befinde mich jetzt im Ruhestand.

Peter Ulrich

Auch wir Kinder waren schon so an diesen Zustand gewöhnt, daß wir ihn beinahe als normal empfanden. Das Geheul der Sirenen in der näheren und weiteren Umgebung vereinigte sich stets zu einem mehrstimmigen Höllenkonzert; es war gewissermaßen die Auftaktmusik zu einem erregenden, grandiosen Abenteuer. In den verlängerten Kellergängen zwischen den Häusern rumzurennen, konnte schon Spaß machen; meist aber wurden wir von unseren Müttern zur Ordnung gerufen und setzten uns im Luftschutzraum auf unsere Plätze. Es dauerte auch nicht lang, bis draußen das erste brummende Motorengeräusch zu vernehmen war. Doch unser Wohnort Lichterfelde-Süd wirkte sich lange Zeit als Vorteil aus, da die feindlichen Flugzeuge über uns hinwegzogen in Richtung Innenstadt, wo sie ihre Bombenlast abzuladen pflegten.

Für uns Kinder wurde es besonders dann unangenehm, wenn wir bei beginnendem Alarm allein zu Hause waren. Das kam zwar nur selten vor; aber an ein bestimmtes Datum erinnere ich mich sehr genau. Es war der 1. März 1943. Unsere Mutter war in die Stadt gefahren, um Einkäufe zu tätigen, und es kann noch nicht allzuspät am Abend gewesen sein. Doch es war bereits dunkel, als plötzlich und unerwartet die Sirenen losheulten, früher als sonst. Wir beiden Jungen wußten sofort, was zu tun war; wir nahmen unsere Sachen und öffneten die Tür, als im gleichen Augenblick auch die Wohnungsnachbarin Frau E. herauskam. Sie war eine patente und vertrauenswürdige Frau, die zeitweise auch einen Zweitschlüssel für unsere Wohnung hatte. Von Angst und Sorge erfüllt, erzählten wir ihr, daß unsere Mutter noch unterwegs sei, und die Nachbarin und ihr Mann fackelten daher gar nicht lange, sondern nahmen außer ihrem eigenen auch unser Notgepäck. In gewohnter Eile strebten alle Hausbewohner in den Keller.

Wir hatten eine gute Hausgemeinschaft, und gerade in solchen schweren Zeiten war es geboten, daß man zusammenhielt und einander half. Außer uns beiden Brüdern gab es noch drei weitere Kinder im Haus; sie gehörten zu dem »Dreimäderlhaus« der Familie K. Nicht nur die Eltern, auch wir Kinder harmonierten untereinander sehr. Und weil wir so gute Freunde waren, hielten wir beiden Jungen uns jetzt überwiegend an Frau K., die quasi als Ersatzmutter für uns fungieren mußte. Doch die Furcht, die uns bedrückte, galt eigentlich weniger uns selbst, als vielmehr unserer abwesenden Mutter, denn immerhin hatte inzwischen das Bombardement eingesetzt, und der Gedanke, es könnte ihr etwas passieren, machte uns fast verrückt und ließ uns kaum zur Ruhe kommen. Wir hofften, sie möge sich irgendwo in Sicherheit gebracht haben, und da wir andererseits auch wußten, daß bei Alarm alle Verkehrsmittel stehenblieben, rechneten wir kaum vor der Entwarnung mit ihrer Rückkehr.

Unser Wohnort Lichterfelde war auch diesmal nicht unmittelbar betroffen; zumindest schien es so. Aber die Einschläge, die wir laufend registrierten, konnten auch nicht allzuweit entfernt sein. Die Hausbewohner, überwiegend Frauen, waren rührend um uns besorgt und trösteten uns so, gut sie es vermochten, aber die Sorge konnten sie uns doch nicht nehmen.

Es gab eine Feuerpause; etwa eine Viertelstunde mochte vergangen sein, seit wir keine Einschläge mehr gehört hatten. Das Brummen der Flugzeuge aber vernahm man immer noch entfernt, also war die Gefahr noch nicht gebannt. Und was wir so bald nicht zu hoffen gewagt hatten: Oben ging plötzlich die Haustür, jemand trat herein, eilige Schritte kamen die Kellertreppe herunter ... da fiel ich total aufgelöst meiner Mutter, die sich zu uns herunterbeugte, um den Hals und wollte sie überhaupt nicht mehr loslassen. Und auch Dieter, mein kleiner Bruder, war kaum noch zu beruhigen.

Eine Nacht in der Hölle

Ich bin Jahrgang 1924, Berlinerin. 1943 Schulabschluß, bis Kriegsende bei der Deutschen Lufthansa – kein Arbeitsdienst, keine Flakhelferin. 1947 Heirat. Ich lebe heute das 74. Jahr in der Wohnung meiner Eltern – alle Stadien eines Lebensweges habe ich hier erlebt!

Hildegard Urban, geb. Lischka

16. Dezember 1943: Ich ging vom Ku'damm zum Bahnhof Zoo zur S-Bahn nach Spandau. Es war 18 Uhr und dunkel. Unruhe und die Sorge, heil nach Haus zu kommen. Ich war 19 Jahre, das einzige Kind, meine Eltern hatten zu Hause Angst um mich.

Im Zug saßen ein junger Leutnant und ich, ganz allein. Am Bahnhof Heerstraße gab es Alarm. Wir zwei, die wir nur ein paar Minuten im Abteil gemeinsam verbracht hatten, rasten los in die Ungewißheit, um irgendwo unterzukommen. Links neben der Treppe nach oben zur Heerstraße gab es einen Unterstellraum der Bahn, nur mit einem Dach. Wir zwei standen dort mit anderen Menschen in großer Enge – und die Hölle brach los. Ich lag in den Armen des Leutnants. Wir waren eins, bebend vor Angst, Angst vor den um uns fallenden Bomben, ohne Pause. Es bebte, zitterte, Dunkelheit. Es ist nicht zu beschreiben – Stunden dauerte es. Das Unfaßbare dieses schwersten Angriffs der Bomber war, daß unser winziger Unterstand am Bahnhof uns wenige Meter entfernt von den Bombendetonationen Schutz gegeben hat.

Diese Hölle, unfaßbar, wir hatten sie überstanden! Dank, daß wir noch lebten! Kein Gedanke, nur heraus aus diesem Inferno. Ich mußte nach Spandau, der Leutnant nach Döberitz. Als wir aus unserer Höhle nach oben kamen – trafen wir auf ein Inferno, wie es entsetzlicher nicht sein konnte. Die ganze Heerstraße war ein beinahe unüberwindlicher Trümmerhaufen! Glühend heiß, kaum begehbar. In der Ferne sahen wir Spandau in Flammen. Was mochte mich zu Haus erwarten? Wir brauchten Stunden zum Überwinden des Feuers, der heruntergestürzten Bäume, der Straßenbahnleitungen! Andere Geister dieser Nacht versuchten ebenfalls Richtung Spandau zu gelangen. Entlang der Heerstraße stolpern, hinfallen, klebenbleiben, ach, es ist so schwer zu beschreiben!

Nach Spandau. Finsternis, von grellen Feuern wiederholt erleuchtet, ein Suchen, Tasten, heil durch dieses Inferno zu kommen. Die Hände geschunden, die Schuhsohlen in Fetzen vom Haltsuchen in den Trümmern, Knie und Bein verletzt und tiefe, tiefe Angst im Herzen. Was erwartete mich zu Hause? Stolpern, Schmerzen nicht beachten, schwelende Glut, endlos die Not, die Kräfte schwanden. Als der Leutnant und ich in den Kerstenweg kamen, wurden wir mit Tränen, Umarmungen, Glück über die Rettung empfangen. Die größte Angst, mich nicht mehr wiederzusehen, war gewichen. Alle lieben Menschen hier hatten mit meinen Eltern um mich gebangt! Obdachlose dieser Nacht fanden in meinem Elternhaus unbegrenzt Obdach. Dem Leutnant wurde herzlich gedankt, mich beschützt zu haben. Er mußte nun noch zu Fuß nach Döberitz in die Kaserne. Meine Eltern waren glücklich, dankbar, daß er mir Schutz und Hilfe in dieser Nacht des Grauens gegeben hatte. Vielleicht liest er diese Zeilen, und sie erinnern ihn an diese Nacht in der Hölle, gemeinsam mit einem fremden, jungen Mädchen.

Wir trugen die Folgen

Das von mir geschilderte Erlebnis datiert vom Sommer 1944. Zu dieser Zeit war ich mit meiner Flakbatterie in Berlin-Lichtenberg stationiert, wo wir auch zu Bergungsarbeiten eingesetzt wurden. Ich bin Jahrgang 1928 und war 1944 als Oberschüler und Luftwaffenhelfer bei der Flak in Berlin-Lichtenberg stationiert. Nach amerikanischer und französischer Kriegsgefangenschaft kehrte ich 1947 nach Berlin zurück, um das Abitur nachzuholen. Von 1954 an war ich zunächst Nachrichtenredakteur, dann Chef vom Dienst und schließlich bis 1991 Chefredakteur des Berliner Tagesspiegel. Heute bin ich noch freiberuflich als Luftfahrtjournalist und Buchautor tätig.

Hans von Przychowski

Am 12. Januar 1944, drei Tage vor meinem 16. Geburtstag, wurde ich zusammen mit meinen Klassenkameraden der Steglitzer Elisen-Oberschule (heute Hermann-Ehlers-Oberschule) als Luftwaffenhelfer zur Flak einberufen. Nach einer schnellen Ausbildung wurde ich zur Bedienung eines Zwei-Zentimeter-Vierlingsgeschützes auf dem Dach eines Lichtenberger Fabrikgebäudes eingeteilt. Zugleich hatte auch ein stark eingeschränkter Schulunterricht wieder begonnen, zu dem ein Lehrer unserer Schule für einige Stunden in die Stellung kam.

An einem sonnigen Vormittag im Frühjahr 1944 hatten wir gerade mit einer Stunde Englischunterricht begonnen, als die Vorwarnung eintraf, ein amerikanischer Bomberverband befinde sich im Anflug auf die Reichshauptstadt. Der Unterricht wurde abgebrochen, und wir eilten an die Geschütze. Und dann heulten auch schon die Sirenen. Mit bloßem Auge war die Bomber-Armada zu sehen, die auf uns zuflog. Pfadfinder-Flugzeuge setzten Rauchsignale, mit denen das Gebiet markiert wurde, in dem die Bomben fallen sollten. Die letzte Rauchbombe ging nur rund 200 Meter vor uns nieder, und dann rauschte unüberhörbar der Bombenteppich herunter. Fassungslos sahen wir die Bombenexplosionen immer näher kommen. Dann fiel die letzte Bombe in ein Haus auf der gegenüberliegenden Straßenseite. Der Spuk war zu Ende. Der Bomberverband hatte uns überflogen und drehte ab.

Feuerwehr und andere Hilfskräfte baten uns um Unterstützung bei den Bergungsarbeiten in den zertrümmerten und brennenden Straßen. Wir wurden zu einem stark zerstörten Haus abkommandiert, aus dem die Toten abtransportiert wurden. Einem zugedeckten Toten fiel der Arm unter der Plane herunter, und ich erhielt die Anweisung, den Arm zurückzulegen. Die Berührung mit dem ersten Toten war für mich schockierend und bleibt unvergessen. Dann drangen wir in den Luftschutzkeller des Hauses vor und schleppten Verwundete heraus. Unter den angeknickten Stützpfeilern des Kellers war ein Mann eingeklemmt, und wir mühten uns ab, ihn zu befreien, als die Feuerwehrleute riefen, wir müßten den Keller schnellstens verlassen, weil die Reste des Hauses einzustürzen drohten. Wir mußten den hilflosen Mann sich selbst überlassen. Gerade waren wir im Freien, als das Gebäude tatsächlich in einer riesigen Staubwolke zusammenbrach.

»Wir werden die Städte ausradieren«, hatte Adolf Hitler den Briten angekündigt. Die Folgen mußten wir tragen. Meine Generation verlor ihre Jugend.

Taghell war die Nacht

Ich wurde am 12. September 1926 als viertes von 13 Kindern des praktischen Arztes Dr. Otto Walter und seiner Frau Wally in Schöneberg geboren. Man hat mich im Februar 1943 mit 16 Jahren als Luftwaffenhelfer zur Flak nach Groß-Ziethen eingezogen, ein Jahr später zum Arbeitsdienst nach Ostpreußen sowie im September 1944 zur Wehrmacht. Am 10. April 1945 wurde ich bei den Kämpfen an der Weser schwer verwundet. Die beschriebenen Bombenangriffe spielten sich sowohl im März 1943 als auch im September 1943 und endgültig schließlich im Februar 1945 in Tempelhof, Albrechtstraße 49/50, ab. Das im September 1943 bezogene Ausweichquartier, eine Hochparterre-Etage in der gleichen Straße, mußte unsere durch Kinderlandverschickung sowie Dienstverpflichtung etc. inzwischen arg ausgedünnte Familie nach Bombenzerstörung im März 1944 wiederum verlassen. Im nächsten Domizil in der Königin-Luise-Straße in Dahlem sind wir im April 1945 zwar ebenfalls schwer »angebombt« worden, man konnte aber wohnen bleiben. Unser Vater arbeitete als Chef eines Lazarettzuges die sechs Kriegsjahre hindurch in allen Bereichen des betroffenen Europa und geriet am 26. April 1945 in russische Kriegsgefangenschaft. Den Krieg haben wir alle überlebt. Nach dem Abitur in Berlin habe ich in Würzburg Medizin studiert, und nach entsprechender Ausbildung in verschiedenen Krankenhäusern West-Berlins hat man mich zum Leitenden Chirurgen einer Krankenhausabteilung einer Kreisstadt in Westdeutschland ernannt. Seit 1955 verheiratet, habe ich fünf Kinder und lebe seit Ende 1990 als Rentner wieder in Berlin.

Ulrich Walter

1943. Inzwischen waren gut zwei Wochen vergangen, seit wir unsere Stellung in Groß-Ziethen bezogen hatten. Wir Luftwaffenhelfer, ich war damals 17 Jahre alt, bekamen damals mindestens einen Nachmittag in der Woche frei und hatten manchmal auch Urlaub bis zum Wecken, das heißt, wir konnten außerhalb übernachten. Am Nachmittag des 1. März bin ich in bereits gewohnter

Weise die beinahe dreißig Minuten, die man auf den Feldwegen bis zur Haltestelle der Straßenbahn zurücklegen mußte, durch die noch weitgehend unerweckte Natur gelaufen. Meist hatte man einen oder mehrere Begleiter, so daß die Zeit nicht lang wurde. Am späten Abend, ich wollte zu Hause übernachten, gab es Fliegeralarm. Mutter zog mit den Kindern in den Bunker, während Dieter und ich den Graben aufgesucht haben. Bald begann der Feuerzauber über und in der Stadt, und auch im Süden tobte das Inferno in ungewohnter Intensität. Als die gewaltige Geräuschkulisse, einem Gewitter gleich, eine andere Richtung genommen hatte und etwas leiser zu werden versprach, schwärmten Dieter und ich durch den Garten, um einige Stabbrandbomben, die sich im Efeu entzündet hatten, mit Spaten und Sand zu ersticken. Martha, unsere Haushälterin, sollte sich derweil im Haus umsehen. Um ihr dabei zu helfen, suchten wir ebenfalls gerade die Zimmer ab, als sich das Gewitter in noch stärkerem Maß wieder zu nähern begann. Wir wollten zurück in den Graben und flüchteten aus dem Haus. Im Laufschritt erreichten wir unseren Unterstand und ließen uns außer Atem auf dem Bänkchen nieder, während der Orkan über uns immer lauter wurde. Hier unten fühlten wir uns sicher. Vater hatte gemeint, nur ein Volltreffer wäre von Übel, doch davon würden wir nichts mehr spüren. Trotz Blitz und Donner ließ sich auf einmal ein unbestimmtes, sehr schnell anwachsendes Gurgeln und Wuffeln vernehmen. Ein gewaltiger Explosionsdonner, der mit einer nie gekannten Druckwelle einherging, die mich ameisenwinzig werden ließ. Eine Mordsbombe mußte ganz in der Nähe eingeschlagen sein. Ich spürte Sand im Mund, in den Augen, im Hals und einfach überall. In der Finsternis um mich tastend, stellte ich fest, daß ich noch am Leben war und rief in das Dunkel des offenbar nicht verschütteten Grabens nach Dieter. Das Toben des »Unwetters« war inzwischen weitergezogen. Auch Dieter war heil geblieben, und wir konnten Martha aus dem Keller vernehmen. Die Druckwelle hatte sie die Wendeltreppe hinunter bis in den Keller geschleudert, wo sie zunächst liegenblieb.

Wie aber hatte der Luftdruck unser Haus zugerichtet! Sämtliche Türen und Fenster waren mitsamt den Rahmen herausgeflogen, in den Garten oder in die Räume. Physikalische Gesetzmäßigkeiten, welche die unterschiedlichen Flugrichtungen der Trümmer hätten erklären können, interessierten in diesem Moment nur am Rande. Die doppelflügelige, mächtige eichene Eingangstür hatte es nach innen geschleudert, der große Eingangsspiegel war unter ihr in tausend Splitter zerschellt. Nur das Flachdach und die Steinwände des Hauses waren heil geblieben. Alles, was nicht niet- und nagelfest gewesen ist, war an die Wände oder auf den Boden geschleudert worden. Zwischen umgestürzten Glasvitrinen fanden sich die durch den Raum gesegelten Kronleuchter, Reste von Vasen und Kristallschalen sowie Berge von zertrümmertem Porzellangeschirr. Überall knirschte Glas unter unseren Schritten. So ähnlich hatte ich mir stets die Burgen und Schlösser vorgestellt, nachdem dort, wie in alten Geschichten beschrieben, die Vandalen oder Hunnen gehaust hatten.

Nach der Entwarnung kam Mutter mit den anderen aus dem Bunker, betrachtet das Tohuwabohu, freute sich mit uns, daß wir gottlob alle heil geblieben waren. Wir konnten von Glück sagen, daß die Brandbombe das Haus verfehlt hatte. Auf unserem Kontrollgang durch Park und Garten haben wir auch den riesigen Trichter, den die Bombe in den Hang gerissen hatte, entdeckt. Sie war keine hundert Meter vom Haus entfernt detoniert, wobei zwei Drittel der Wucht des Explosionsdrucks ins Freie über den Teich und die Parkbäume hinweg in Richtung Dorfkirche relativ harmlos verpufft sein dürften. Trotzdem hatten die Kirche selbst und die in ihrer Nähe stehenden Häuser sämtliche Fensterscheiben zum Teich hin eingebüßt.

Den Rest der Nacht verbrachte ich zwischen den Trümmern in der Diele, um Wache zu halten, da jedermann hätte von allen Seiten einsteigen können. Dabei bin ich wohl eingeschlafen und wurde nach einer Weile durch glasknirschende Schritte wieder geweckt. Mein Bruder Gerdi war eingetroffen. Er studierte seinerzeit in Berlin, mußte aber, regelrecht kaserniert, in der Militärärztlichen Akademie in der Scharnhorststraße im Norden wohnen. Durch die brennende Stadt war er mit dem Fahrrad auf den zum Teil verwüsteten, von Trümmern übersäten Straßen nach Hause gekommen, um nach uns zu sehen. Zuvor hatte man ihn noch zu Lösch- und Aufräumungsarbeiten in Stadtmitte befohlen. Die Hedwigskirche, in welcher unser Dompropst Lichtenberg noch bis zu seiner Verhaftung im Herbst 1941 seine mutigen Gebete für die Verfolgten und Entrechteten laut von der Kanzel gesprochen hatte, stand in hellen Flammen. Die hohe Kuppel, noch zu den Zeiten des Alten Fritz errichtet, brach unter einer gewaltigen Feuerlohe in sich zusammen. Gerdi berichtete, es habe ausgesehen wie eine riesige Bessemer Birne. Minuten später wäre ein Wehrmachts-Kübelwagen angekommen, aus dem der Propagandaminister Dr. Goebbels stieg, um sich zu informieren. Den soll man in jener Zeit übrigens häufig an den »Brennpunkten« der Stadt angetroffen haben. Von Goebbels wird auch erzählt, er sei der Meinung gewesen, man solle die Leute ruhig schimpfen lassen. Meckern sei »der Stuhlgang der Seele«. Wir saßen noch lange in unserem zertrümmerten Musikzimmer und redeten. Nach provisorischem Auf- und Beiseiteräumen der gröbsten Unordnung ist eine Flasche geleert worden, wobei Mutter eine ihrer kleinen Zigarren gebraucht hat. Am Morgen danach mußte ich in die Stellung zurück und meinen Dienst versehen, als sei nichts geschehen.

Ein halbes Jahr später. Am Dienstag, dem 31. August 1943, notierte meine Schwester Maria, damals fast 16jährig, in ihrem Tagebuch:

»Zwei Sprengbomben ins Gartenhaus Blumenthalstraße 22/23, neun Tote im Keller. Uns fliegen die Zeltplanen im Schützengraben um die Ohren, und wir sind sehr kleinlaut geworden und warten mit Angst auf die nächsten Einschläge. Darüber vergessen wir, uns draußen umzusehen, bis wir durch unser tapferes Schneiderlein (Luftschutzwart) rausgerufen werden. Brandbomben sind auf unsere Villa gefallen, durch den Fahrstuhlschacht ins Eßzimmer und das frisch geteerte Dach darüber. Wir versuchen zu löschen. Leider unmöglich. Badewanne ist fast leer, nur Fensterkreuze und Glasscherben, kaum Wasser. Die Türen sind verklemmt durch den nahen Bombeneinschlag. Mit dem Beil verschaffen wir uns Zutritt zu den Schlafzimmern. Während wir noch versuchen, das Dach mit Wasser zu begießen, wirft Mutter ihre Daunenbetten übern Balkon. Feuerwehr zu bekommen ist aussichtslos. Tempelhof ein wildes Flammenmeer. Alle Sachen aus dem Keller in den Garten geschleppt. Enormer Funkenregen. Die Villa ist in zwei Stunden eine ungeheure Flammensäule. Weihnachtsbäume und rote und grüne Magnesiumbomben im Wintergarten, wild romantisch. Mäxchen D. romantisiert am großen Teich vom alten Park, Tante Ohlert rezitiert die Stelle aus der Glocke. Mir kommt alles unendlich komisch vor. Mutter läßt uns nicht mehr ins Haus. Luftschutzkeller brennt auch schon. Turm stürzt ein. Wir schlafen draußen auf Luftmatratzen. Morgens graues Erwachen. Lösch- und Bergungsarbeiten in 22/23, neun Tote. Unser Haus brennt immer noch. Bekanntschaft zweier Monsieurs Francais!«

Dieter berichtete später, daß er, obwohl Mutter ihm wiederholt und verzweifelt zugeschrien hätte, er solle den Keller auf der Stelle verlassen, erst folgte, als ein Atmen nicht mehr möglich gewesen sei. Kaum aus dem Keller gekommen und dem Inferno entronnen, habe ihm Mutter vor den Augen der Herumstehenden eine schallende Ohrfeige verpaßt. Von der Heftigkeit ihrer Reaktion sei auch Mutter selbst überrascht gewesen. Er jedenfalls könne sich nicht erinnern, je eine strammere Schelle von seiner Mutter eingefangen zu haben.

Max D., ein in der Nähe wohnender und seit langem mit Vater befreundeter Kollege, spazierte nach der Entwarnung mit seinem Hund im Park und rezitierte bei Betrachtung unseres in Flammen stehenden Hauses, in dem er selbst viele Male gesessen hatte, eine bekannte Ballade über den von Nero entfesselten Feuersturm des brennenden Rom. Die zu Besuch weilende Tante Ohlert erinnerte sich der »Glocke«: »Taghell ist die Nacht gelichtet.« Bei meinem ersten Besichtigungsrundgang durch die backofenwarmen, erhaltenen Kellerräume am Nachmittag des 2. September konnte ich bald feststellen, daß wertvolle Möbel oder andere Pretiosen nicht hatten geborgen werden können. Einige noch zu verwertende Sachen, viele waren es nicht, wurden zusammengetragen und in einen der Gewölbekellerräume gestellt.

Siebzehn Monate später, im Februar 1945, fand eine Sprengbombe ihr Ziel genau in diesem Kellerraum. Damit war das Schicksal der Hausruine endgültig besiegelt. Von den Eltern habe ich nie eine Klage gehört, daß die Früchte zwanzigjähriger gemeinsamer harter und entbehrungsreicher Arbeit in nur einigen Sekunden vernichtet worden waren. Ihr Dank an den Himmel für den gewährten Schutz der Familie überwog alles andere.

205

Verbrannt

Ich wurde am 7. Juli 1932 in Berlin geboren. Ich war vom August 1940 bis August 1941 zur Kur (Tbc) in Davos, von Februar bis September 1944 evakuiert in Hansfelde, Kreis Deutschkrone. Zur Grundschule ging ich in Adlershof und wohnte dort bis 1954. Ab 1954 lebte ich in West-Berlin. Ab 1947 arbeitete ich bei der AEG in der Schlegelstraße (später VEM) als Lehrling; ab 1954 dann wieder bei der AEG am Hohenzollerndamm als Ingenieur. Ab Januar 1994 begann mein Ruhestand. Mit meiner zweiten Frau bin ich seit 1992 verheiratet. Seit längerer Zeit schreibe ich bereits an meinen Erinnerungen.

Erhard Weiner

Die Luftangriffe erlebte ich im Haus meiner Eltern in Berlin-Adlershof, Handjerystrasse 45. Die Schlafzimmerfenster wurden nachts, auch im Winter, einen Spalt breit offengehalten, um die Sirenen hören zu können. Etwa sechshundert Meter von der Wohnung entfernt gab es einen Bunker. Dorthin rannte ich manchmal, wenn dazu noch Zeit war. In einem Beutel, den ich über der Schulter trug, waren eine Gasmaske und eine Spezialbrille gegen Aschestaub und grelles Licht sowie ein Ersatzausweis. Mit einer Fußbank unterm Arm rannte ich los, orientierte mich an Bäumen, gegen den Himmel blickend, Laternen durften ja nicht leuchten. Einmal übersah ich den Scherbenhaufen am Rand des Bürgersteigs und fiel mit der Fußbank darüber.

Mehrere Fliegeralarme erlebte ich aber auch zu Hause im Luftschutzkeller. Dieser war natürlich nicht bombensicher, man hatte die Decke mit Holzstempeln mehrfach zusätzlich gestützt. Die ehemaligen Kellerfenster waren zugemauert und von außen mit Sand geschützt. Der Zugang zum Luftschutzkeller wurde durch zwei hintereinanderliegende Blechtüren im Abstand von einein-halb Metern geschützt. Sie bildeten eine Gasschleuse und waren durch Gummiprofile gasdicht.

Jeder Besucher brachte sich irgendein Sitzmöbel mit, um nicht stundenlang stehen zu müssen. Bei einem dieser Luftangriffe fielen Brandbomben, Phosphorkanister und eine Luftmine; die Mine ließ den Erdboden beben, der Kalk rieselte von der Decke, das Licht ging aus, Kerzen wurden angezündet. Die Luftmine kam in zehn Metern Entfernung runter, fiel in eine Häuserzeile. Eine der Stabbrandbomben fiel in unsere Wohnung in der zweiten

Etage, unter dem Flachdach gelegen, auf den Fußbodenbalken und blieb dort stecken. Ein Mitbewohner, Herr Klaus, hörte den Einschlag, rannte nach oben und löschte mittels Löschsand den Brand. Löschsandtüten und Eimer mußten in jeder Wohnung stehen. Während des Alarms mußten die Haustürschlüssel in der Haustür steckenbleiben, das hatte sich alles bewährt. Die Möbel hatten zwar Brandflecken von dem versprühten Magnesium, der Teppich war hin, die Fensterscheiben kaputt, es roch verbrannt, aber die Wohnung war noch bewohnbar.

Als es Tag wurde, ging ich die Handjerystrasse entlang in Richtung Bismarckstraße. In Abständen von einigen Metern konnte ich weitere Stabbrandbombeneinschläge auf dem Straßenpflaster sehen. An der Ecke Radickestraße standen uniformierte Luftschutzhelfer. Die Häuser zur rechten, mehr zur Zinsgutstraße hin, standen in Flammen, waren auch zusammengebrochen, wo unser Schuster seine Werkstatt hatte. Da ich meine Spezialbrille trug, schien ich für den Luftschutzhelfer geeignet zum Helfen zu sein, und er schickte mich die Radickestraße hinunter zum Brand. Ich konnte Stahlträger brennen sehen, wohl vom Phosphor. Hier also war die Luftmine eingeschlagen. Hilfe wäre Selbstmord gewesen, ich lief schnell zur Zinsgutstraße und schnell nach Hause zurück. Drei Hauseingänge weiter, Handjerystraße 51, war auch eine Stabbrandbombe in einer Wohnung steckengeblieben. Die Bewohner merkten das zu spät, so brannte die Wohnung aus.

Bei einem anderen Nachtangriff stand ich noch vor der Haustür, es war eigentlich recht ruhig. Aber dann sah ich über dem Dach des nächsten Hauses rechts eine brennende Maschine in niedriger Höhe auf mich zukommen, viermotorig. Schnell in den Luftschutzkeller! Das Flugzeug flog über das Haus hinweg, der Motorenlärm wurde weniger, nahm dann wieder zu; die Maschine kam von Köpenick zurück. Aber sie flog über das Haus weiter in Richtung Alt-Glienicke, wurde leiser, dann wieder lauter und erstarb plötzlich nach einem Bums. Etwa vierhundert Meter entfernt waren die Wiesen der Fabrik Kahlbaum. Der Pilot wollte dort sicherlich eine Notlandung versuchen. Die Maschine streifte von einem Einfamilienhaus am Glienickerweg ein Türmchen ab, fiel dann aber in das nächste kleine Haus, das vollständig zerstört wurde.

Als es wieder Tag war, sah ich mir das an. Das Feuer war gelöscht.

Ein Pilot wurde tot geborgen, verbrannt, eine kleine Leiche nur noch, und auf einen Kleinlastwagen gelegt zum Abtransport.

Unter den Linden

Ich bin Jahrgang 1927. Im Herbst 1944 Ausbildung zur MTA, 1952 Heirat; zwei Kinder. 1956 Übersiedlung aus beruflichen Gründen nach Frankfurt/Main, wo mein Mann 1963 eine Apotheke eröffnete. 1976 Tod meines Mannes durch Autounfall; 2000, nach 43 Jahren, ziehe ich zurück in meine Heimatstadt Berlin.

Helga Wiechula

Ein besonderes Erlebnis im Bombenkrieg über Berlin, 1944, bleibt mir, damals Jugendliche, immer in Erinnerung. Ich wollte mir eine Eintrittskarte für die Staatsoper kaufen und mußte etliche Stunden anstehen. Mein Vater gab mir besorgt mit auf den Weg: »Ruf jede Stunde an, ob Bomber auf Berlin fliegen«. Er konnte über Drahtfunk im Radio per Planquadrat feststellen, wo sich feindliche Flieger befanden. Nach zwei oder drei Stunden sagte er mir: »Such dir einen Luftschutzbunker, sie sind im Anflug«. Wir mußten gegenüber in die Humboldt-Uni gehen, wo sich im rechten Flügel vorn, direkt an den Linden, der Luftschutzbunker befand. Die Bomben fielen, es wackelte alles, das Licht erlosch, aber wir blieben heil, bis Entwarnung kam.

Aber wie sah es draußen aus! Die Mittelpromenade war akribisch mit Bomben belegt worden. Ein Krater am anderen. Wie nun nach Hause kommen? Kein Verkehrsmittel fuhr. Ich lief durch die Stresemannstraße mitten auf dem Damm, die Häuser links und rechts brannten, aus den Fenstern fielen Bettzeug und andere Gegenstände, die gerettet werden sollten. Wie und wann ich endlich bei meinen Eltern in Mariendorf ankam, daran habe ich keinerlei Erinnerungen mehr.

EINE BOTSCHAFT DES OBERBEFEHLHABERS DER BRITISCHEN KAMPFFLUGZEUGE AN DAS DEUTSCHE VOLK

Noch nie hat der Mann, der die Bombenangriffe auf ein Land leitet, eine Botschaft an die Bevölkerung dieses Landes gerichtet. Ich, Luftmarschall Harris, Oberbefehlshaber der britischen Kampfflugzeuge, die Deutschland angreifen, habe mich entschlossen, diese Botschaft an das deutsche Volk zu richten ...

Wir in England haben zur Genüge erfahren, was Luftangriffe bedeuten. Zehn Monate hindurch hat uns eure Luftwaffe mit Bomben belegt. Zuerst bei Tage. Als wir das abgestellt hatten, kam sie bei Nacht. Ihr hattet damals eine starke Luftwaffe. Eure Flieger schlugen sich gut. Zweiundneunzig Nächte hintereinander haben sie London gebombt; Coventry, Plymouth, Liverpool und andere britische Städte haben sie schwer angegriffen. Der Schaden, den sie anrichteten, war beträchtlich; 43 000 britische Männer, Frauen und Kinder sind dabei ums Leben gekommen; viele historische Bauten, die uns lieb und teuer waren, sind zerstört.

Damals glaubtet ihr –, denn Göring hatte es euch versprochen – daß ihr selber vor Bomben sicher seid. Und tatsächlich konnten wir nur mit wenigen Flugzeugen antworten. Jetzt sind die Rollen vertauscht. Jetzt kommen nur ab und zu ein paar deutsche Maschinen zu uns; und wir bomben Deutschland nach Noten.

Warum wir das tun? Nicht aus Rachsucht – obwohl wir Warschau, Rotterdam, Belgrad, London, Plymouth, Conventry nicht vergessen. Wir bomben Deutschland, eine Stadt nach der anderen, immer schwerer, um euch die Fortführung des Krieges unmöglich zu machen. Das ist unser Ziel. Wir werden es unerbittlich verfolgen. Stadt für

Stadt: Lübeck, Rostock, Köln, Emden, Bremen, Wilhelmshaven, Duisburg, Hamburg, – und die Liste wird immer länger. Laßt euch von den Nazis mit ins Verderben reißen, wenn ihr wollt. Das ist eure Sache.

***

Ist das Wetter gut, dann kommen wir bei Nacht. Schon jetzt fliegen tausend Bomber eine Stadt wie Köln an und zerstören innerhalb einer Stunde ein Drittel von ihr. Wir wissen das, denn wir haben die Luftaufnahmen. Ist der Himmel bewölkt, so kommen wir bei Tag und bomben eure Fabriken und Docks; Danzig, so weit entfernt es auch ist, weiß Bescheid. Wir kommen bei Tag und bei Nacht; kein Teil des Reiches ist sicher.

In Köln, im Ruhrgebiet, in Rostock, Lübeck oder Emden mag man der Ansicht sein, dass wir mit unseren Bombern schon allerhand geleistet haben. Wir sind anderer Ansicht. Was ihr bisher erlebt habt, wird nicht zu vergleichen sein mit dem, was kommt, sobald unsere Produktion von Bombenflugzeugen erst zu einem Strom anschwillt und die amerikanische sich verdoppelt und vervierfacht.

Ich möchte ganz offen darüber sprechen, ob wir einzelne militärische Ziele angreifen oder ganze Städte. Selbstverständlich bomben wir lieber eure Fabriken, Docks und Eisenbahnen; das trifft Hitlers Kriegsmaschine am schwersten. Aber die Arbeiter, die in diesen Werken beschäftigt sind, wohnen dicht um sie herum. Deshalb fallen unsere Bomben auf eure Wohnhäuser und – auf euch.

Wir bedauern, dass das notwendig ist. Die Arbeiter des Dieselmotorenwerks Humboldt-Deutz in Köln z.B., von denen eine Anzahl in der Nacht des 30. Mai umkam, mußten die Gefahren des totalen Krieges auf sich nehmen, genau wie die Seeleute unserer Handelsflotte, gegen welche die (mit Motoren von Humboldt-Deutz ausgerüsteten) U-Boote Torpedos abgefeuert hätten. Waren die Arbeiter der Flugzeugwerke von Conventry, ihre Frauen, ihre Kinder nicht auch »Zivilbevölkerung« ganz wie die

Arbeiter der Rostocker Flugzeugwerke und deren Familien? Aber Hitler hat es so gewollt!

***

Es stimmt, dass eure Abwehr unseren Bombern Verluste zufügt. Eure Führer erzählen euch zu eurem Trost, diese Verluste seien so schwer, dass wir unsere Luftangriffe bald nicht mehr würden fortsetzten können. Wer das glaubt, wird bitter enttäuscht werden. Ich, der die britischen Kampfflugzeuge befehligt, will euch sagen, wie groß unsere Verluste sind: nicht einmal 5 v. H. der Bomber, die wir über Deutschland schicken, gehen verloren. Eine solche Verlustrate kann kaum den ständigen Zuwachs verzögern, der durch die steigende Produktion unserer eigenen und der amerikanischen Fabriken sichergestellt ist.

***

Amerika greift erst jetzt in Europa ein. Die ersten Geschwader, Vorläufer einer ganzen Luftflotte, sind aus U.S.A. in England eingetroffen. Ist es euch klar, was es bedeutet, wenn die auch Deutschland angreifen? Allein aus einem einzigen amerikanischen Betrieb, den neuen Fordwerken in Willow Run, Detroit, rollt schon jetzt alle zwei Stunden ein neuer viermotoriger Bomber heraus, der vier Tonnen Bomben nach jeder deutschen Stadt tragen kann. Und Willow Run ist nur ein Betrieb unter Dutzenden. An diese Anlagen könnt ihr nicht heran. Auch eure U-Boote können die amerikanischen Bomber nicht am Herüberkommen hindern; denn die fliegen über den Atlantik.

Bald werden wir jeden Tag und jede Nacht erscheinen bei Regen, Sturm und Schnee – wir und die Amerikaner. Ich war gerade acht Monate drüben, und so weiß ich genau, was bevorsteht. Wenn ihr uns dazu zwingt, werden wir das Dritte Reich von einem Ende zum anderen heimsuchen. Ihr könnt uns nicht hindern, und ihr wisst das.

Ihr habt keine Chance. Ihr habt uns 1940 nicht schlagen können, als wir waffenlos waren und allein standen.

Eure Führer waren dann so verrückt, auch noch Rußland und Amerika anzugreifen (aber eure Führer sind eben verrückt – das weiß die ganze Welt, außer Italien). Wie könnt ihr jetzt auf einen Sieg hoffen, da wir, mit Rußland und Amerika, immer stärker werden, während euch die Kraft mehr und mehr ausgeht? Nein, ihr habt keine Chance.

***

Vergeßt eines nicht: wie weit eure Armeen auch vormarschieren, sie können nie bis nach England kommen. Sie konnten schon nicht herkommen, als wir waffenlos waren. Sie können siegen, soviel sie wollen – den Luftkrieg müßt ihr dann immer noch mit uns und den Amerikanern ausfechten. Den könnt ihr nie gewinnen – aber wir gewinnen ihn bereits.

Und nun noch ein letztes Wort:

Es steht bei euch, mit Krieg und Bomberei Schluß zu machen. Stürzt die Nazis, und ihr habt Frieden! Es ist nicht wahr, dass wir einen Rachefrieden planen. Das ist eine deutsche Propagandalüge. Aber wir werden es ganz gewiß jeder deutschen Regierung unmöglich machen, noch einmal einen totalen Krieg anzufangen. Ist das nicht ebenso euer Interesse wie das unsere?

A. T. Harris
Air Marshal
RAF.

Von diesem Flugblatt wurden im Herbst 1942 über vier Millionen Exemplare durch britische Flugzeuge und Ballons über Deutschland abgeworfen.

Die Nationalsozialistische Deutsche Arbeiterpartei, Kreisleitung Bingen, Gau Hessen-Nassau, meldet dazu am 26. August 1942:

»In der Anlage übersende ich Ihnen einige Flugblätter »Eine Botschaft des Oberbefehlshabers der britischen Kampfflugzeuge an das deutsche Volk«. Dieselben wurden in der Nacht vom 25. August abgeworfen und in der Gemarkung der Stadt Ingelheim/Rhein gefunden. Die größere Zahl der Flugblätter wurde hier vernichtet.«

Der Großangriff vom 19. Mai 1944

Eintragung über die 59. öffentliche Luftwarnung und den 198. Fliegeralarm am 19. Mai 1944 im Kriegstagebuch des Streifendienstes im Wehrmachtsstandort Groß-Berlin, die die Durchsagen des Luftwartkommandos (Wako) Berlin festhält. Bei diesem Angriff warfen 495 Bombenflugzeuge der USAAF 667,8 Tonnen Sprengbomben und 54 Tonnen Brandbomben ab.

12:15		Achtung.
12:17	1. L 50	Zahlreiche feindliche Jäger an der deutsch-holländischen Grenze, Kurs Ost.
12:24	2. L 50	Zahlreiche Jäger im Raume Cloppenburg. Zahlreiche Bomber folgen. Außerdem zahlreiche Jäger und Bomber westlich Helgoland, Kurs Ost.
12:29	3. L 37	Jagdflugzeuge westlich Nienburg, Kurs Ost.
12:34	4. L 30	Zahlreiche Jäger auf der Linie Nienburg-Minden. Zahlreiche Bomber folgen in 15 Minuten Abstand, Kurs Ost.
12:38	5. L 23	Zahlreiche Jäger im Raume Celle-Hannover, Kurs Ost.
12:45	6. L 20	Jäger im Raume Braunschweig. Bomber folgen in 20 Minuten Abstand, Kurs Ost.
12:46	7.	Zahlreiche Jäger und Bomber auch im Raume Helgoland, Kurs Ost.
12:47		Warnbefehl »L 15«.
12:49	8. L 17	Jäger im Raume Helmstedt-Haldensleben, Kurs Ost. Bomber im Raume Nienburg, Kurs Ost.
12:52	9.	Jäger jetzt verstreut auf der Linie Stendal-Helmstedt.
12:55	10. L 11	Jäger im Raume Genthin-Ziesar. Bomber im Raume Hannover.
12:58	11.	Nordwesteinflug jetzt im Raume Schleswig-Husum.
13:02		Warnbefehl »Öffentliche Luftwarnung«.
13:03	12.	Jäger auf der Linie Werder-Treuenbrietzen. Kurs Südost. Bomber im Raume Celle-Peine, Kurs Südost.
13:10	13.	Jäger im Raume Jüterbog. Bomber auf der Linie Peine-Braunschweig.
13:12	14.	Jäger im Raume Königswusterhausen-Zossen.
13:17	15.	Mehrere Bomber im Raume Stendal-Gardelegen, Kurs Ost.
13:23	16.	Fdl. Jäger über Berlin. Schwere Bomber bei Stendal, zahlr. bei Gardelegen.

13:24	17.	Zahlr. Bomber im Raume Schwerin-Boizenburg, Kurs Südost.
13:27	18.	Jäger aus dem Raume Bernau-Werneuchen mit Nordwestkurs. Bomber bei Stendal, teilweise Westkurs, zahlr. Bomber bei Ludwigslust, Kurs Südost.
13:32	19. L 13	Zahlreiche Bomber im Raume Perleberg – Kurs Südost. 13:36 Warnbefehl: Fliegeralarm!
13:37	20.	Zahlr. Bomber i. R. Pritzwalk-Perleberg – Kurs Südost.
13:40	21.	Bomber bei Havelberg – Kurs Südost.
13:42	22.	Bomber bei Neuruppin.
13:44	23.	Bomber auf der Neuruppin-Nauen, Kurs Südost.
13:46	24.	Einz. Flugzeuge über Berlin, zahlr. bei Nauen-Döberitz.
13:47	25.	Mit Anflug auf das Stadtgebiet ist zu rechnen.
13:51	26.	Bomber fliegen das Stadtgebiet von Westen an. Zahlreiche folgen.
13:52	27.	Bomber bei Oranienburg-Eberswalde.
13:53	28.	Feindtätigkeit über Berlin.
13:55	29.	Zahlr. Bomber über Berlin, weitere folgen.
13:53	30.	1. Welle fliegt ab, 2. kommt von Nordwesten.
14:02	31.	Erneute Feindtätigkeit über Berlin.
14:06	32.	2. Welle fliegt ab, neue Welle kommt von Nordwesten.
14:07	33.	Neue Welle über Berlin.
14:09	34.	Neuanfliegender Verband bei Neuruppin – Kurs Südost.
14:12	35.	Abflüge aus dem ges. Stadtgebiet, neuer Anflug bei Nauen, Kurs Südost.
14:16	36.	Neuer Verband fliegt das Stadtgebiet von Westen an.
14:18	37.	Zahlr. Bomber über Berlin, keine weiteren Anflüge.
14:26	38.	Beginnende Abflüge der letzten Wellen nach Nordosten.
14:29		Warnbefehl: Akustische Vorentwarnung.
14:30	39.	Noch wenige im Raume Zossen-Königs Wusterhausen.
14:31	40.	Nur noch wenige im Warngebiet, Abflüge nach Westen.
14:39	40.L 7	Abflüge aus dem Raume Perleberg-Lychen, Kurs Nordwest.
14:43		Warnbefehl: Luftgefahr vorbei und akustische Enwarnung.
14:41	42.	Nur noch einzelne fdl. Jäger im Westen des Warngebietes.
14:51	43. L 17	Abflüge aus dem Raume Parchim-Güstrow-Hannover.
14:54		Alles im Abflug – Luftgefahr vorbei. Ende der Luftlagemeldungen.
15:00		1. Schadensmeldung: Niederschönhausen, Kaiser-Wilhelmstr. – Nordend – Blankenfelde – Berlin O 112

	beiderseits Frankfurter Allee/Königsbergerstraße bis Bhf. Frankfurter Allee – Reinickendorf-West, Berliner Str. und Hartholzstr.
15:10	2. Schadensmeldung: Berlin-Köpenick Flemmingstr. 5 – Wedding: Müllerstraße beiderseits von Lyckstr. bis Bahnhofstr., Müllerstraße bis Bhf. Wedding.
15:23	3. Schadensmeldung: Berlin-Mitte: Alexanderplatz, Breitestraße (unleserl.) Nr. 3, Brandbomben. Elsässerstr. Berlin-Karow, Siedlungsalleen.
15:40	4. Schadensmeldung: Berlin NO 36 Liegnitzer – Boitzerstr. Lignitzerstr. Ecke Wienerstr., Prinzessinnenstr. bis Klosterdamm, Oranienstr. Ecke Adalbertstr., Schröderdamm.
15:55	5. Schadensmeldung: Oberspreestr. 187, Grünauer Str. 66-78, Karlshorst: Wienerstr., Alt-Friedrichsfelde 78 u. 93, Kisselstr. 14, Friedrichsfelde: Mahrzahner Chaussee, Lembacherstr. 15.
16:07	6. Schadensmeldung: Lichtenberg: Möllendorffstr. 9, Röderstr. 13-15 u. 60, Mahlsdorf: Mühlhofstr. 40, Bln.-Wedding, Wannsee-Bahnstr. 65, Borussenstr. 8, Berlin NW, Kirchstr., Adlershof: Kaiser-Wilhelmstr. 72, Biesdorf: Lötschbergstr. 40, Mahlsdorf: Mühlenstr.
16:19	7. Berlin-Mitte: Friedrichstr. zwischen Unter den Linden Behrenstr., Charlottenstr. 15, Friedrichstr., Alte Jacobstr. 129, Alexandrinenstr. 114-115, Naumannstr. 53, Oranienstr. 20, Glogauerstr. 19-21, Kürassierstr. 12-13.
16:37	8. Schadensmeldung: Siedlung Irrgarten, Siedlung Bodenreform, Eigenheim 2, Gägfasiedlung, keine Personenverletzte, Liegnitzerstr. 31, Siemensstr. 47.
16:43	9. Bln.-Mitte: Kupfergraben 4a-5, Kleine Gertraudenstr. 8-10, Königstr. 4, Grünstr. 16, Bodestr. 2, Berlin NO 18: Am Friedrichshain Dr. Goebbels-Siedlung, Berlin-Spandau Obstallee 1-3.
16:56	10. Schadensmeldung: Berlin-Köpenick: Kaulsdorferstr. 52, 262, 262, 268, Gerberstr. 13, Bahnhofstr. 33 und 37.

Quelle: LAB (W), Kriegstagebuch des Kommandeurs des Streifendienstes im Wehrmachtsstandort Groß-Berlin, Berlin NW 7, Prinz-Friedrich-Karl-Straße 1, Luftlagemeldungen und Warnbefehle, Band 2, Luftschutzwarnzentrale des Wako Berlin.

Übersicht über Luftalarme, öffentliche Luftwarnungen und Kurzalarme in Berlin 1939 - 45

RAF	: Royal Air Force, britische Luftstreitkräfte
USAAF	: Unites States American Air Force, amerikanische Luftstreitkräfte
SU	: Symbol für die sowjetischen Luftstreitkräfte
Fla	: Fliegeralarm
Kla	: Kurzalarm
Ölw	: öffentliche Luftwarnung
Mosq	: Mosquitoangriff

Die Angaben in Klammern nennen die Zahl der um ums Leben gekommenen ausländischen Zwangsarbeiter und Kriegsgefangenen.
Die Aufzeichnungen über die Zahlen der Toten und Verletzten beginnen ab dem 154. Fla. 1943.

Quelle: Laurenz Demps: Jahrbuch des Märkischen Museums IV, Berlin 1978 (Literaturhinweis S. 233)

Art und Nr. des Alarms	Datum	Zeitraum	Dauer	Schwerpunkt des Angriffs	Bemerkungen	Zahl der Toten	Zahl der Verwundeten
				1939			
1. Fla.	01.09.	18:55 - 19:00	0:05	keine Schäden	2 polnische Flugzeuge		
2. Fla.	09.09.	03:35 - 04:20	0:45	keine Schäden	Berlin nicht überflogen		
				1940			
3. Fla.	22.06.	01:41 - 02:16	0:35	keine Schäden	RAF, Babelsberg		
4. Fla.	14.08	01:34 - 02:22	0:48	keine Schäden	RAF, Flugblätter		
5. Fla.	20.08	00:41 - 02:20	1:39	keine Schäden	RAF, 2 Flugzeuge, westl. Außenbezirke		
6. Fla.	26.08	00:19 - 03:23	3:04	Wartenberg, Rosenthal	RAF, 29 Flugzeuge, Flugblätter		
7. Fla.	27.08	00:41 - 01:32	0:51	Berlin nicht überflogen	RAF, 1 Flugzeug		
8. Fla.	29.08	00:27 - 03:17	2:50	Kreuzberg	RAF		
9. Fla.	31.08.	01:39 - 03:15	1:36	Innenstadt, Alexandrinenstraße	RAF		
10. Fla.	01.09.	00:03 - 01:41	1:38	Charlottenburger Chaussee, Zoo, Marienfelde	RAF		
11. Fla.	02.09.	00:43 - 01:32	0:49	keine Schäden	RAF		
12. Fla.	04.09.	00:05 - 02:37	2:32	Bohnsdorf, Hermsdorf	RAF		
13. Fla.	05.09.	00:06 - 02:11	2:05	Streitstraße	RAF		
14. Fla.	06.09	00:05 - 01:25	1:20	Berlin nicht überflogen	RAF		
15. Fla.	07.09	00:13 - 03:00	2:27	Innenstadt, Kriminalgericht	RAF, Flugblattabwurf		
16. Fla.	10.09.	01:44 - 02:26	0:42	Rosenthal, Wilhelmsruh, Friedrichstraße	RAF, Flugblattabwurf		

Nr.	Datum	Uhrzeit	Ziel / Gebiet	Dauer	Bemerkung
17. Fla.	11.09.	23:54 - 01:46	Potsdamer Platz, Reichstag, Unter den Linden	1:42	RAF, Flugblattabwurf
18. Fla.	12.09.	00:42 - 02:17	Hinckeldeybrücke	1:42	RAF, Flugblattabwurf
19. Fla.	15.09.	23:29 - 23:56	Berlin nicht überflogen	0:27	
20. Fla.	16.09.	01:48 - 02:18	keine Schäden	0:30	
21. Fla.	22.09.	23:54 - 02:15	Schmöckwitz	2:21	RAF, Potsdam
22. Fla.	23.09.	23:21 - 03:10	Moabit, Tempelhof, Charlottenburg	3:49	RAF, 84 Flugzeuge
23. Fla.	24.09.	23:49 - 02:38	Plötzensee, Prenzlauer Berg, Tiergarten	2:49	
24. Fla.	25.09.	22:57 - 03:56	Mitte, Kreuzberg, Schöneberg, Weißensee	4:59	RAF
25. Fla.	29.09.	00:42 - 02:26	Berlin nur überflogen, Leuchtbomben	1:44	RAF
26. Fla.	29.09.	02:48 - 03:17	Berlin nicht überflogen	0:29	
27. Fla.	30.09.	00:47 - 02:36	Berlin nicht überflogen	1:49	
28. Fla.	30.09.	23:18 - 04:28	Pankow, Wedding, Prenzlauer Berg, Kreuzberg	5:10	RAF
29. Fla.	01.10.	22:48 - 01:02	Berlin nicht überflogen	2:14	
30. Fla.	03.10.	02:33 - 03:44	Berlin nur überflogen	1:11	
31. Fla.	07.10.	22:16 - 02:58	Moabit, Westhafen, Plötzensee, Charité	4:42	RAF
32. Fla.	12.10.	22:19 - 00:37	Tiergarten, Pankow, Lichtenberg, Kreuzberg, Neukölln	2:18	RAF
33. Fla.	14.10.	23:07 - 00:13	Berlin nicht überflogen	1:06	
34. Fla.	15.10.	01:21 - 04:54	Mitte, Pankow, Wedding, Reinickendorf, Friedrichshain	3:33	RAF, 14 Flugzeuge
35. Fla.	15.10.	22:33 - 00:20	Berlin nicht überflogen	1:47	
36. Fla.	21.10.	00:13 - 02:45	Berlin nur überflogen	2:32	
37. Fla.	21.10.	03:27 - 06:00	Schöneberg, Wilmersdorf, Steglitz	2:33	RAF
38. Fla.	24.10.	02:43 - 05:52	Wilmersdorf, Reinickendorf, Köpenick, Treptow	3:09	RAF
39. Fla.	25.10.	00:56 - 05:29	Neukölln, Zehlendorf	4:33	RAF
40. Fla.	26.10.	22:38 - 23:08	Karow	1:15	RAF, Abwurf von Leuchtbomben
41. Fla.	27.10.	03:44 - 05:17	Berlin nur überflogen	1:33	
42. Fla.	27.10.	22:41 - 23:33	Berlin nur überflogen	0:52	
43. Fla.	01.11.	21:09 - 01:00	Wedding, Pankow, Prenzlauer Berg, Lichtenberg, Köpenick, Treptow, Mitte	3:51	RAF
44. Fla.	02.11.	03:05 - 04:51	Tiergarten, Weißensee, Lichtenberg, Köpenick, Neukölln, Schöneberg	1:46	RAF
45. Fla.	03.11.	02:24 - 03:43	Berlin nicht überflogen	1:49	
46. Fla.	07.11.	04:03 - 05:27	Berlin nicht überflogen	1:24	
47. Fla.	10.11.	21:25 - 23:57	Berlin nur überflogen	2:32	
48. Fla.	13.11.	20:37 - 22:32	Biesdorf, Mahlsdorf, Mitte, Kreuzberg, Steglitz	1:55	Verletzte durch Flak
49. Fla.	14.11.	20:54 - 01:02	Tempelhof, Mitte, Kreuzberg	4:08	Verletzte durch Flak
50. Fla.	15.11.	02:53 - 04:34	Mitte, Kreuzberg, Prenzlauer Berg, Pankow, Wedding, Köpenick	1:41	RAF, 12 Flugzeuge
51. Fla.	19.11.	21:56 - 00:50	Mitte, Tempelhof, Steglitz	2:54	RAF, Potsdam
52. Fla.	20.11.	04:51 - 06:06	Wilmersdorf, Steglitz, Zehlendorf	1:15	
53. Fla.	23.11.	21:06 - 22:17	Berlin nicht überflogen	1:11	

54. Fla.	26.11.	21:37 - 22:38	1:01	Südteil der Stadt	RAF
55. Fla.	15.12.	21:26 - 22:51	1:25	Berlin nur überflogen	RAF, 1 Flugzeug
56. Fla.	16.12.	04:07 - 06:16	2:19	Spandau, Charlottenburg, Neukölln, Wilmersdorf	RAF, 45 Flugzeuge
57. Fla.	20.12.	22:16 - 01:00	2:44	Reinickendorf	RAF, 23 Flugzeuge
58. Fla.	21.12.	04:45 - 06:54	2:09	Zentrum um den Alexanderplatz	RAF, Potsdam
59. Fla.	21.12.	06:58 - 07:28	0:30	Lustgarten, Wedding	RAF

1941

60. Fla.	13.03.	00:29 - 05:29	5:00	Schöneberg, Wilmersdorf	RAF
61. Fla.	23.03.	23:06 - 04:51	5:45	Zentrum, verstreut	RAF
62. Fla.	10.04.	00:28 - 03:37	3:09	Mitte, Tiergarten, Wedding	RAF, Flugblätter
63. Fla.	18.04.	00:43 - 03:36	2:53	Tiergarten, Mitte	RAF
64. Fla.	26.04.	01:59 - 03:01	1:02	Potsdamer Bahnhof	RAF
65. Fla.	01.05.	01:03 - 02:44	1:41	Berlin nicht überflogen	RAF, Hamburg, Bremen, Posen
66. Fla.	09.05.	01:04 - 03:41	2:37	Berlin nur überflogen	RAF, 1 Flugzeug
67. Fla.	10.05.	01:45 - 02:33	0:48	Stadtmitte	RAF, 1 Flugzeug, Flugblätter
68. Fla.	11.05.	01:26 - 02:45	1:19	Berlin nur überflogen	RAF, Hamburg
69. Fla.	16.05.	00:52 - 02:33	1:41	Berlin nur überflogen	
70. Fla.	03.06.	01:30 - 03:02	1:32	Priesterweg, Eichborndamm	
71. Fla.	21.07.	01:52 - 03:15	1:23	Ohne Schwerpunkt	RAF, Abwurf von Lebensmittelkarten
72. Fla.	03.08.	00:53 - 03:25	2:32	Köpenick, Kaulsdorf	RAF, Flugblätter »Luftpost Nr.10«
73. Fla.	07.08.	23:58 - 02:11	1:45	Unter den Linden, Gesundbrunnen, Stettiner Bahnhof	SU, Flugblätter mit einer Rede Stalins
74. Fla.	08.08.	00:21 - 02:06	2:13	Berlin nicht überflogen	SU, Störangriff
75. Fla.	11.08.	00:33 - 02:04	1:31	Berlin nicht überflogen	SU, Störangriff
76. Fla.	13.08.	00:14 - 01:57	1:23	Berlin nur überflogen	RAF, Ruhrgebiet
77. Fla.	13.08.	00:14 - 02:39	2:25	Pankow, Treptow, Tempelhof	RAF, »Flugblatt Nr. 12«
78. Fla.	15.08.	00:30 - 02:56	2:21	Berlin nur überflogen	SU?
79. Fla.	15.08.	23:58 - 01:37	1:39	Berlin nur überflogen	SU, Flugblatt »Deutscher Soldat«
80. Fla.	19.08.	01:31 - 02:46	1:15	Berlin nicht überflogen	RAF, Ruhrgebiet
81. Fla.	31.08.	22:00 - 23:09	1:09	Berlin nicht überflogen	RAF, Ruhrgebiet
82. Fla.	02.09.	00:01 - 03:46	3:45	Wilmersdorf, Grunewald, Mitte, Tiergarten, Pankow	RAF, Flugblätter »Luftpost Nr. 15«
83. Fla.	04.09.	21:35 - 23:15	1:40	Berlin nur überflogen	RAF
84. Fla.	07.09.	23:29 - 03:47	4:18	Potsdamer Bahnhof, Pariser Platz, Nordteil der Stadt	Stettin
85. Fla.	20.09.	03:01 - 04:48	1:47	Berlin nicht überflogen	Flugblätter »Hitler kann nicht gewinnen«
86. Fla.	20.09.	23:15 - 01:47	2:31	Friedrichshain, Treptow, Tiergarten, Neukölln	Hamburg, Stettin
87. Fla.	30.09.	00:05 - 00:50	0:45	Berlin nicht überflogen	Hamburg
88. Fla.	01.10.	00:01 - 01:22	1:21	Berlin nur überflogen	RAF
89. Fla.	07.11.	21:10 - 23:26	2:16	Tiergarten, Reinickendorf	RAF, Flugblätter
90. Fla.	08.11.	02:30 - 04:29	1:59	Elberfelder Straße, Jagowstraße, Spandau	RAF, Flugblätter

1942

Einheit	Datum	Zeit	Dauer	Ort/Bemerkung	Angreifer
91. Fla.	16.01.	12:30 - 13:05	0:35	Berlin nur überflogen	1 verirrtes deutsches Flugzeug
92. Fla.	26.01.	21:31 - 22:41	1:10	Berlin nicht überflogen	Hamburg
93. Fla.	24.04.	01:58 - 02:33	0:35	Berlin nicht überflogen	Rostock
94. Fla.	16.08.	14:11 - 14:50	0:39	Berlin nicht überflogen	RAF
95. Fla.	27.08.	00:35 - 01:51	1:16	Zehlendorf, Kreuzberg	SU
96. Fla.	29.08.	23:28 - 01:23	1:55	Kreuzberg, Tempelhof, Lichtenberg, Tiergarten, Treptow	SU
97. Fla.	09.09.	22:56 - 00:45	1:49	Mahlsdorf, Weißensee	SU, Flugblätter
98. Fla.	09.11.	20:49 - 21:20	0:31	keine Angaben	RAF, 33 Flugzeuge, Flugblätter

1943

Einheit	Datum	Zeit	Dauer	Ort/Bemerkung	Angreifer
99. Fla.	16.01.	19:33 - 21:48	2:15	Südliche und westliche Stadtteile	RAF, 145 Flugzeuge, Flugblätter
100. Fla.	17.01.	19:32 - 22:21	2:49	Dahlem, Tempelhof, Tegel	RAF, 111 Flugzeuge
1. Ölw.	30.01.	11:05 - 11:36	0:31	keine Angaben	RAF, 3 Flugzeuge, Mosquitoangriff
2. Ölw.	30.01.	15:49 - 16:26	0:37	keine Angaben	RAF, 3 Flugzeuge, Mosquitoangriff
101. Fla.	01.03.	21:39 - 23:50	2:13	Treffer im gesamten Stadtgebiet ohne Schwerpunkt	RAF, 251 Flugz., »Wohnblockknacker«
102. Fla.	27.03.	22:08 - 00:13	2:05	Steglitz, Wilmersdorf, Stadtzentrum	RAF, 329 Flugzeuge, Flugblätter
103. Fla.	30.03.	01:20 - 03:22	2:02	Planloser Bombenangriff, schwere Treffer am Wedding	RAF, 213 Flugzeuge
3. Ölw.	03.04.	17:00 - 17:28	0:28	Berlin nur überflogen	RAF, 1 Flugzeug, Mosquitoangriff
4. Ölw.	09.04.	11:41 - 12:33	0:52	keine Angaben	RAF, 4 Flugzeuge, Mosquitoangriff
104. Fla.	21.04.	00:24 - 02:01	1:27	keine Angaben	RAF, 10 Flugzeuge, Angriff auf Stettin
105. Fla.	14.05.	00:24 - 01:37	2:13	Lichtenberg, Weißensee	RAF, Hauptangriff Ruhrgebiet
106. Fla.	16.05.	01:49 - 02:27	1:38	Berlin nicht überflogen	RAF, 2 Flugz. Ruhrgebiet/Mohnetalsperre
107. Fla.	17.05.	01:12 - 01:54	0:41	Berlin nur überflogen	RAF, 2 Flugzeuge, Mosquitoangriff
108. Fla.	20.05.	00:24 - 01:09	0:45	Berlin nicht überflogen	RAF, 2 Flugzeuge,
5. Ölw.	20.05.	12:18 - 12:54	0:36	Berlin nicht überflogen	Mosquitoangriff Oranienburg
6. Ölw.	20.05.	13:54 - 14:26	0:32	Berlin nicht überflogen	
109. Fla.	21.05.	00:14 - 01:55	1:41	Berlin nur überflogen, Flakschäden	RAF, 2 Flugzeuge, Mosquitoangriff
110. Fla.	22.05.	00:02 - 01:15	1:13	Berlin nicht überflogen	RAF, 3 Flugzeuge
111. Fla.	14.06.	01:06 - 02:08	1:02	Berlin nur überflogen	RAF, 5 Flugzeuge, Mosquitoangriff
112. Fla.	16.06.	01:45 - 02:19	0:34	Berlin nicht überflogen	RAF, 6 Flugzeuge, Mosq., Dessau
113. Fla.	17.06.	02:07 - 02:32	0:25	Berlin nur überflogen, Flakschäden	RAF, 3 Flugzeuge, Mosq., Ruhrgebiet
114. Fla	18.06.	02:03 - 02:51	0:48	Berlin nur überflogen, Flakschäden	RAF, 2 Flugzeuge, Mosquitoangriff
115. Fla.	21.06.	02:00 - 02:50	0:50	Berlin nur überflogen	RAF, 4 Flugz., Mosq., Friedrichshafen
116. Fla.	23.06.	02:00 - 02:40	0:40	Berlin nur überflogen	RAF, 4 Flugz., Mosq., Oberhausen
117. Fla.	15.07.	01:03 - 02:09	1:06	Köpenick, Wedding, Reinickendorf	RAF, 7 Flugzeuge, Mosquitoangriff
118. Fla.	16.07.	01:35 - 02:27	0:52	Berlin nicht überflogen	
7. Ölw.	26.07.	12:29 - 12:59	0:30	Berlin nicht überflogen	Hamburg, Hannover

	Datum	Zeit	Gebiet	Dauer	Bemerkungen
8. Ölw.	28.07.	10:58 -	Berlin nicht überflogen	0:13	Oschersleben, Kassel
119. Fla.	28.07.	11:11 - 11:40	Berlin nicht überflogen	0:29	
120. Fla.	30.07.	01:04 -	Berlin nicht überflogen	0:35	
121. Fla.	12.08.	23:47 - 00:28	Friedrichshain	0:41	
122. Fla.	15.08.	02:02 - 02:45	Berlin nicht überflogen	0:43	RAF, 6 Flugzeuge, Mosquitoangriff
123. Fla.	15.08.	23:47 - 01:06	Lichtenberg, Friedrichshain	0:19	RAF, 4 Flugzeuge, Mosquitoangriff
9. Ölw.	16.08.	09:12 - 09:34	Berlin nicht überflogen	0:22	RAF, 5 Flugzeuge, Mosquitoangriff
124. Fla.	17.08.	23:43 - 02:22	Ablenkungsangriff auf Berlin	2:39	RAF, 8 Flugz., Mosq., Peenemünde
125. Fla.	19.08.	23:49 - 00:58	Wedding	1:09	RAF, 7 Flugzeuge, Mosquitoangriff
126. Fla.	23.08.	23:41 - 02:35	Mitte, Kreuzberg, Tiergarten, Friedrichshain, Spandau, Tegel, Köpenick, Weißensee, Pankow	2:54	RAF, 625 Flugzeuge, Flugblätter und gefälschte Lebnsmittelkarten
127. Fla.	24.08.	23:22 - 00:21	Flakschäden, Berlin nur überflogen	0:59	RAF, 7 Flugzeuge, Mosquitoangriff
128. Fla.	24.08.	23:24 - 00:23	Berlin nur überflogen	0:59	RAF, 5 Flugzeuge, Mosquitoangriff
129. Fla.	31.08.	23:52 - 00:20	Gesamtes Stadtgebiet	0:28	RAF, 512 Flugzeuge
10. Ölw.	01.09.	09:55 - 10:34	Berlin nicht überflogen	0:39	
130. Fla.	03.09.	23:23 - 01:58	Mitte, Wedding, Kreuzberg, Charlottenburg, Friedrichshain	2:35	RAF, 295 Flugzeuge, Flugblätter
131. Fla.	14.09.	22:32 - 23:45	Berlin nur überflogen	1:13	RAF, 4 Flugzeuge, Mosquitoangriff
132. Fla.	15.09.	23:00 - 00:17	Berlin nur überflogen, Flakschäden	1:17	RAF, 7 Flugzeuge, Mosquitoangriff
133. Fla.	16.09.	22:57 - 23:53	Berlin nur überflogen	0:56	RAF, 4 Flugzeuge, Mosquitoangriff
134. Fla.	18.09.	02:04 - 02:47	Berlin nur überflogen, keine Schäden	0:53	RAF, 6 Flugzeuge, Mosquitoangriff
135. Fla.	21.09.	03:20 - 04:20	Lichtenberg	1:00	RAF, 8 Flugzeuge, Mosquitoangriff
136. Fla.	22.09.	22:18 - 23:52	Berlin nur überflogen, Flakschäden	1:34	
11. Ölw.	25.09.	11:45 -	Berlin nicht überflogen	0:07	
137. Fla.	25.09.	11:52 - 12:53	keine Angaben	1:01	
138. Fla.	27.09.	22:34 - 23:40	Berlin nicht überflogen	1:06	
139. Fla.	03.10.	22:06 - 22:23	Berlin nicht überflogen	0:17	
12. Ölw.	04.10.	10:26 - 10:38	Berlin nicht überflogen	0:12	RAF, 1 Flugzeug
140. Fla.	09.10.	01:03 -	Berlin nur überflogen	0:50	RAF, 6 Flugzeuge, Mosquitoangriff
141. Fla.	09.10.	11:32 - 12:10	Berlin nur überflogen	0:38	
142. Fla.	09.10.	20:43 - 21:46	Berlin nicht überflogen	1:03	RAF, 5 Flugzeuge, Mosquitoangriff
143. Fla.	15.10.	02:12 - 02:35	Spandau, Pankow	0:23	
144. Fla.	17.10.	21:20 - 22:08	Berlin nicht überflogen	0:48	RAF, 6 Flugzeuge, Mosquitoangriff
145. Fla.	18.10.	20:36 - 21:02	Berlin nur überflogen	0:26	RAF, 7 Flugzeuge, Mosquitoangriff
146. Fla.	20.10.	19:51 - 21:55	Berlin nur überflogen	1:04	RAF, 9 Flugzeuge, Mosquitoangriff
13. Ölw	24.10.	10:10 - 10:25	Charlottenburg	0:15	
14. Ölw	24.10.	11:44 - 11:50	Berlin nicht überflogen	0:06	
147. Fla.	05.10.	19:58 - 20:09	Berlin nicht überflogen	0:11	
148. Fla.	11.11.	19:42 - 20:21	Berlin nur überflogen, Flakschäden	0:39	
149. Fla.	13.11.	19:22 - 20:12	Berlin nur überflogen	0:30	RAF, Mosquitoangriff
150. Fla.	17.11.	21:23 - 22:29	Berlin nur überflogen	1:06	RAF, Mosquitoangriff

Nr.	Datum	Zeit	Dauer	Gebiet	Angreifer		
151. Fla.	18.11.	20:11-22:23	1:12	Schwerpunkt Innenstadt, Bomben im ganzen Stadtgebiet	RAF, 402 Flugzeuge	3758 (183)	9907 (147)
152. Fla.	22.11.	19:30-21:12	1:42	Innenstadt bis Alexanderplatz als Schwerpunkt	RAF, 670 Flugzeuge		
153. Fla.	22.11.	22:09-22:30	0:21	Berlin nur überflogen	RAF, Aufklärungsflugzeuge		
154. Fla.	23.11.	19:26-21:19	1:53	Innenstadt und gesamtes Stadtgebiet			
155. Fla.	24.11.	20:43-21:37	0:54	Berlin nur überflogen	RAF, 4 Flugzeuge, Mosquitoangriff		
156. Fla.	25.11.	20:21-21:07	0:46	Berlin nur überflogen	RAF, 3 Flugzeuge, Mosquitoangriff	keine	Angaben
157. Fla.	26.11.	20:52-22:30	1:38	Norden der Stadt	RAF, 407 Flugzeuge, Mosquitoangriff		
15. Ölw.	28.11.	12:27-13:00	0:33	Berlin nicht überflogen			
16. Ölw.	01.12.	11:31-12:12	0:41	Berlin nicht überflogen			
158. Fla.	02.12.	19:27-21:31	2:04	Innenstadt	RAF, 401 Flugzeuge	99 (3)	151 (6)
17. Ölw.	03.12.	17:37-17:55	0:18	Berlin nicht überflogen			
159. Fla.	04.12.	03:04-04:29	1:25	Berlin nur überflogen	RAF, 9 Flugzeuge, Mosquitoangriff		
160. Fla.	16.12.	19:24-21:04	1:40	Mitte, Charlottenburg, Spandau, Wilmersdorf, Kreuzberg	RAF, 450 Flugzeuge	628 (121)	698 (159)
161. Fla.	24.12.	03:29-05:09	1:40	Östliche Teile der Stadt	RAF, 338 Flugzeuge	211 (16)	326 (23)
162. Fla.	29.12.	19:23-20:23	1:00	Neukölln, Tempelhof	RAF, 656 Flugzeuge	260 (25)	509 (107)

1944

Nr.	Datum	Zeit	Dauer	Gebiet	Angreifer		
163. Fla.	02.01.	02:30-03:45	1:15	Süden und Südosten der Stadt	RAF, 386 Flugzeuge	55 (1)	175 (8)
164. Fla.	03.01.	01:59-03:21	1:22	Süden und Südosten der Stadt	RAF, 314 Flugzeuge	143 (4)	204 (-)
18. Ölw.	04.01.	23:03-23:33	0:30	Berlin nicht überflogen	RAF, 8 Flugzeuge, Mosquitoangriff	keine	Angaben
19. Ölw.	05.01.	01:40-01:53	0:13	Berlin nicht überflogen		keine	Angaben
165. Fla.	06.01.	03:21-04:28	1:07	Einige Bomben in den westlichen Stadtteilen	RAF, 10 Flugzeuge, Mosq., Stettin	keine	Angaben
20. Ölw.	11.01.	03:49-04:20	0:31	Berlin nicht überflogen (Buckow-West)	RAF, 8 Flugzeuge, Mosquitoangriff Halberstadt	keine	Angaben
166. Fla.	11.01.	11:51-12:45	0:54	Berlin nicht überflogen		keine	Angaben
167. Fla.	14.01.	19:03-20:17	1:14	Abwurf von Leuchtbomben	RAF, 5 Flugzeuge, Mosquitoangriff	keine	Angaben
21. Ölw.	20.01.	18:56-	0:08	Östliche Teile der Stadt	RAF, 697 Flugzeuge	keine	Angaben
168. Fla.	20.01.	19:04-20:25	1:21	keine Angaben		306 (29)	558 (55)
169. Fla.	21.01.	22:28-23:32	1:04	Vor Erreichen der Stadt abgedreht	RAF,31Flugz.,Ziel: Magdeburg,Dessau	keine	Angaben
22. Ölw.	24.01.	11:45-	0:29	Berlin nur überflogen		keine	Angaben
170. Fla.	24.01.	12:14-12:29	0:15	Berlin nur überflogen			
171. Fla.	27.01.	19:58-21:20	1:22	Köpenick, Treptow, Neukölln	RAF, 481 Flugzeuge	413 (32)	426 (79)
23. Ölw.	28.01.	21:42-22:05	0:23	keine Angaben		keine	Angaben
24. Ölw.	29.01.	02:50-	0:06	Verstreut auf 16 Stadtbezirke	RAF, 596 Flugzeuge	keine	860 (5)
172. Fla.	29.01.	02:56-04:20	1:24	keine Angaben		531 (17)	
173. Fla.	30.01.	12:06-12:58	0:52	Berlin nicht überflogen, vor dem Stadtgebiet abgedreht	RAF	keine	Angaben
174. Fla.	30.01.	19:47-21:07	1:10	Charlottenburg, Tiergarten, Wilmersdorf, Köpenick, Schöneweide, Treptow	RAF, 489 Flugzeuge	582 (1)	908 (2)
25. Ölw.	01.02.	19:46-20:39	0:53	Berlin nur überflogen	RAF, 11 Flugz., Mosquitoangriff	keine	Angaben
26. Ölw.	05.02.	20:20-21:05	0:45	Wilmersdorf, Charlottenburg	RAF, 15 Flugz., Mosquitoangriff		

Nr.	Datum	Zeit	Dauer	Beschreibung	Angreifer	Angaben
27. Ölw.	06.01.	14:41 - 14:51	0:10	Vor Erreichen der Stadt abgedreht	RAF, Mosquitoangriff	
28. Ölw.	08.02.	13:55 - 14:41	0:45	Berlin nicht überflogen		
29. Ölw.	08.02.	20:45 - 21:03	0:21	Störflugzeuge, die vor Berlin abdrehten	1 Aufklärer	
30. Ölw.	09.02.	13:46 - 13:53	0:07	Berlin nur überflogen		
175. Fla.	10.02.	12:00 - 12:27	0:27	Berlin nicht überflogen		
176. Fla.	11.02.	03:49 - 04:35	0:46	Berlin nur überflogen	RAF, 13 Flugzeuge, Mosquitoangriff	
30. Ölw.	11.02.	21:22 - 21:43	0:21	Berlin nicht überflogen		
31. Ölw.	14.02.	14:10 - 14:39	0:29	Berlin nicht überflogen		
32. Ölw.	15.02.	20:23 -	0:28	Mitte, Tiergarten, Wedding, Prenzlauer Berg, Pankow, Friedrichshain, Charlottenburg, Treptow, Lichtenberg, Zehlendorf, Wilmersdorf	RAF, 806 Flugzeuge	keine 169 (x)
177. Fla.	15.02.	20:51 - 22:15	1:24			Angaben 512 (x)
34. Ölw.	19.02.	15:20 - 15:48	0:28	Berlin nur überflogen	1 Aufklärer	
178. Fla.	20.02.	02:39 - 04:35	1:56	Berlin nur überflogen		
35. Ölw.	20.02.	13:20 -	0:24	Berlin nicht angegriffen, keine Bombenabwürfe gemeldet	RAF, 15 Flugzeuge, Mosquitoangriff, Leipzig	
179. Fla.	20.02.	13:29 - 14:04	0:35	Bombenabwürfe gemeldet	USAAF-Erkundungsflug, Angriff abgebrochen	
36. Ölw.	03.03.	12:00 - 12:28	0:28	Berlin nur überflogen	RAF, 10 Flugzeuge, Moquitoangriff	
37. Ölw.	04.03.	04:03 - 04:35	0:32	Berlin nur überflogen, keine Bombenabwürfe gemeldet	USAAF, 29 Flugzeuge, Erkner und Genshagen	
38. Ölw.	04.03.	13:05 -	0:04	Südliches Vorfeld von Berlin	keine Angaben	keine
180. Fla.	04.03.	13:09 - 13:50	0:41	keine Angaben		
39. Ölw.	05.03.	03:50 - 04:21	0:31	West- und Südrand Berlins, in der Stadt keine Bombenabwürfe gemeldet	RAF, Mosquitoangriff	keine Angaben
40. Ölw.	06.03.	12:43 -	1:18	Spandau, Zehlendorf, Steglitz, sowie vor allem die östlichen Stadtbezirke	USAAF, 509 Flugzeuge, Flugblätter	keine 86 (x)
181. Fla.	06.03.	14:01 - 14:07	0:06			
41. Ölw.	06.03.	21:19 - 21:40	0:21	Berlin nur überflogen		
42. Ölw.	08.03.	02:51 - 03:00	0:09	Berlin nur überflogen	1 Flugzeug, Aufklärer	
182. Fla.	08.03.	13:23 - 15:50	1:47	Östliche und südliche Außenbezirke	USAAF, 349 Flugz., Angriff auf Erkner	keine 76 (30)
183. Fla.	09.03.	12:45 - 14:34	1:09	Lichtenberg, Zehlendorf, Lichterfelde	USAAF, 331 Flugzeuge, Flugzeuge	173 (8)
43. Ölw.	19.03.	22:20 - 22:50	0:30	Lichtenberg	RAF, 9 Flugzeuge, Mosquitoangriff	1
184. Fla.	22.03.	12:43 - 13:54	1:11	Zentrum und Nordosten Berlins	USAAF, 589 Flugzeuge	70 (3)
185. Fla.	22.03.	21:43 - 22:23	0:40	Wilmersdorf, Schmargendorf	RAF, 11 Flugz., Mosq., Hann., Frankfurt/M.	
186. Fla.	24.03.	21:48 - 23:12	1:24	Mitte, Kreuzberg, Wedding, Tempelhof	RAF, 726 Flugzeuge	47 (x)
44. Ölw.	25.03.	10:44 - 11:09	0:25	Berlin nur überflogen	Aufklärer	155 (x)
45. Ölw.	28.03.	21:28 - 22:50	1:22	Neukölln	RAF, Mosquitoangriff	keine Angaben
187. Fla.	29.03.	13:37 - 13:58	0:21	Berlin nicht überflogen	Braunschweig	
46. Ölw.	03.04.	10:02 - 10:42	0:40	Berlin nicht überflogen	RAF, 2 Flugzeuge	
188. Fla.	05.04.	14:49 - 15:31	0:42	Berlin nicht überflogen, vor der Stadt abgedreht	RAF, Mosquitoangriff	
47. Ölw.	08.04.	09:52 - 10:26	0:34	Berlin nur überflogen	Aufklärer	
48. Ölw.	08.04.	11:50 - 12:18	0:28	Berlin nur überflogen	Aufklärer	
189. Fla.	08.04.	13:54 - 14:28	0:34	Berlin nicht überflogen		
190. Fla.	09.04.	12:18 - 13:12	0:54	Berlin nicht überflogen	Posen	

Nr.	Datum	Uhrzeit	Dauer	über Berlin	Angreifer / Bemerkungen		
191. Fla.	11.04.	11:20 - 13:06	1:46	Berlin nicht überflogen	Stettin, Ferienwalde, Landsberg, Gatow		
49. Ölw.	11.04.	15:15 - 15:29	0:14	Berlin nicht überflogen, vor der Stadt abgedreht	RAF, Mosquitoangriff		
50. Ölw.	12.04.	14:17 - 14:46	0:29	Berlin nicht überflogen, vor der Stadt abgedreht	RAF, Mosquitoangriff		
51. Ölw.	12.04.	23:50 - 00:40	0:50	Berlin nur überflogen	Aufklärer		
52. Ölw.	13.04.	23:17 - 00:14	0:57	Vereinzelte Bombenabwürfe	RAF, Mosquitoangriff	1 (x)	1 (x)
53. Ölw.	15.04.	13:41 - 14:15	0:34	Berlin nur überflogen	RAF, Mosquitoangriff		
192. Fla.	18.04.	14:22 - 15:18	0:56	Berlin nur überflogen	USAAF, 280 Flugzeuge, Oranienburg		
54. Ölw.	18.04.	23:37 - 00:14	0:37	Ostrand Berlins überflogen	RAF, Mosquitoangriff	keine Angaben	
55. Ölw.	20.04.	23:47 - 00:17	0:30	Siemensstadt (3 Bomben)	RAF, Mosquitoangriff	keine Angaben	
193. Fla.	29.04.	11:11 - 12:08	0:57	Bombenteppich vom Halleschen Tor bis zum Norden	USAAF, 618 Flugzeuge, Flugblätter	335 (34)	510 (28)
194. Fla.	07.05.	10:34 - 11:44	1:10	Innenstadt, Regierungsviertel	USAAF, 610 Flugzeuge	169 (58)	284 (21)
195. Fla.	08.05.	10:38 - 11:36	0:58	Tiergarten bis Unter den Linden	USAAF, 386 Flugzeuge	135 (x)	220 (x)
56. Ölw.	16.05.	00:30 - 01:01	0:31	Pankow, Reinickendorf, Weißensee, Bernau, Biesenthal, Wittenau	RAF	13 (x)	175 (x)
57. Ölw.	13.05.	14:18 -	0:27	Berlin nicht überflogen	Ostseeraum, Frankfurt/Oder, Mitteldeutschland	keine Angaben	
196. Fla.	13.05.	14:45 - 15:36	0:51	keine Angaben	RAF, Mosquitoangriff	keine Angaben	
58. Ölw.	17.05.	00:56 -	0:13	Baumschulenweg, Schöneberg, Charlottenburg, Wilmersdorf		keine Angaben	
197. Fla.	17.05.	01:09 - 01:28	0:19	Mitte, Tiergarten, Wedding, Prenzlauer Berg, Lichtenberg	USAAF, 495 Flugzeuge	95 (12)	247 (13)
59. Ölw.	19.05.	13:02 -	0:19	Berlin nicht überflogen	Bahnanlagen im Raum Berlin	keine Angaben	
198. Fla.	19.05.	13:36 - 14:43	1:07	Berlin nicht überflogen	Kiel, Schleswig-Holstein, Mecklenburg, Braunschweig	4 (x)	14 (x)
60. Ölw.	21.05.	12:24 - 13:59	1:25	Berlin nicht überflogen	RAF, Mosquitoangriff	keine Angaben	
61. Ölw.	22.05.	12:54 - 14:15	1:21	Wilmersdorf, Steglitz, Schöneberg	USAAF, 664 Flugzeuge	182 (16)	697 (25)
62. Ölw.	23.05.	01:33 - 02:02	0:29	keine Angaben	Aufklärer (?)	keine Angaben	
63. Ölw.	24.05.	00:45 -	0:04	Mitte (Bombenteppich)	RAF, Mosquitoangriff, Raum Dresden, Senftenberg	keine Angaben	
199. Fla.	24.05.	00:49 - 01:21	0:32	Friedrichshain, Tempelhof, Kreuzberg, Weißensee, Lichtenberg	Bombenabwurf in Posen (Poznań), Leipzig, Cottbus	4 (x)	22 (x)
64. Ölw.	24.05.	10:30 -	0:18	Berlin nur überflogen	RAF, 3 Flugzeuge, Mosquitoangriff, Dessau-Leipzig	keine Angaben	
200. Fla.	24.05.	10:48 - 11:34	0:46	Treptow, Neukölln, Pankow, Tiergarten	Mitteldeutschland	keine Angaben	
65. Ölw.	24.05.	12:10 - 12:19	0:09	Ohne Schwerpunktbildung	Jagdflugzeuge (?)	98 (x)	354 (x)
66. Ölw.	25.05.	00:14 - 01:29	0:45	keine Angaben			
67. Ölw.	28.05.	00:58 -	0:01	Berlin nicht überflogen			
201. Fla.	28.05.	00:59 - 01:33	0:34	keine Angaben			
68. Ölw.	28.05.	13:18 -	0:35	Berlin nicht überflogen			
202. Fla.	28.05.	13:53 - 14:50	0:57	Berlin nicht überflogen			
203. Fla.	29.05.	11:58 - 13:53	1:55	Berlin nicht überflogen			
69. Ölw.	30.05.	01:21 - 01:35	0:14	Berlin in 800 m überflogen			
204. Fla.	30.05.	11:15 - 11:44	0:29	Neukölln, Friedrichshain, Treptow, Köpenick, Lichtenberg			
70. Ölw.	31.05.	18:56 - 19:15	0:19				
71. Ölw.	10.06.	01:08 -	0:12				
205. Fla.	10.06.	01:20 - 01:55	0:35				

Nr.	Datum	Zeit	Dauer	Gebiet	Angreifer		
206. Fla.	11.06.	01:10 - 01:51	0:41	Mitte, Charlottenburg, Zehlendorf, Weißensee, Pankow	RAF, Mosquitoangriff	47 (x)	104 (x)
207. Fla.	12.06.	01:03 - 01:49	0:46	Kreuzberg, Wilmersdorf, Steglitz, Neukölln, Treptow	RAF, Mosquitoangriff	33 (23)	99 (17)
208. Fla.	17.06.	01:14 - 01:56	0:42	Wedding, Reinickendorf, Pankow	RAF, Mosquitoangriff	- (-)	6 (x)
209. Fla.	18.06.	01:06 - 08:36	7:32	kein Bombenabwurf im Stadtgebiet	RAF, Mosquitoangriff		
210. Fla.	20.06.	01:59 - 09:22	7:23	Karow, Mitte, Lichtenberg, Kreuzberg, Friedrichshain	Magdeburg, Stettin		
211. Fla.	21.06.	09:25 - 11:12	1:47	Norden und Süden Berlins	USAAF, 876 Flugzeuge	474 (x)	756 (x)
72. Ölw.	21.06.	12:06 - 12:16	0:10	Berlin nur überflogen			
212. Fla.	22.06.	10:11 - 10:49	0:38	Mitte, Tiergarten, Kreuzberg, Neukölln, Treptow, Charlottenburg	RAF, Mosquitoangriff	39 (x)	102 (x)
213. Fla.	25.06.	01:21 - 01:56	0:35	Ohne Schwerpunkt	RAF, Mosquitoangriff	1 (x)	10 (x)
73. Ölw.	27.06.	01:50 - 02:02	0:12	Berlin nicht überflogen	RAF, Mosquitoangriff		
214. Fla.	29.06.	09:27 - 09:56	0:29	Berlin nicht überflogen	Magdeburg, Wittenberg		
215. Fla.	07.07.	09:23 - 10:09	0:46	Berlin nur überflogen	Aufklärer (8), Braunschweig, Leipzig		
216. Fla.	08.07.	01:05 - 02:03	0:58	Mitte, Tiergarten, Prenzlauer Berg, Kreuzberg, Neukölln, Lichtenberg, Weißensee	RAF, Mosquitoangriff, Oschersleben	23 (x)	97 (x)
217. Fla.	11.07.	01:31 - 02:04	0:33	Prenzlauer Berg, Tiergarten, Friedrichshain, Kreuzberg, Wilmersdorf, Köpenick, Treptow	RAF, Mosquitoangriff	10 (x)	118 (x)
74. Ölw.	15.07.	01:16 - 01:25	0:09	Berlin nicht überflogen		keine	Angaben
218. Fla.	16.07.	10:16 - 10:48	0:32	Wedding, Prenzlauer Berg, Weißensee, Pankow, Reinickendorf	RAF, Mosquitoangriff	keine	Angaben
219. Fla.	18.07.	01:26 - 02:07	0:41	Mitte, Friedrichshain, Kreuzberg, Spandau, Reinickendorf	RAF, Mosquitoangriff	keine	Angaben
220. Fla.	19.07.	01:42 - 02:29	0:47	Mitte, Kreuzberg, Prenzlauer Berg, Pankow, Zehlendorf, Schöneberg	RAF, Mosquitoangriff	keine	Angaben
221. Fla.	22.07.	00:19 - 01:18	0:59	Prenzlauer Berg, Friedrichshain, Treptow, Köpenick, Lichtenberg, Weißensee	RAF, Mosquitoangriff	keine	Angaben
75. Ölw.	22.07.	19:31 - 19:57	0:26	Berlin nur überflogen	RAF, Mosquitoangriff	keine	Angaben
222. Fla.	24.07.	00:53 - 01:40	0:47	Reinickendorf, Wedding, Mitte, Charlottenburg, Spandau	RAF, Mosquitoangriff	keine	Angaben
223. Fla.	25.07.	01:39 - 02:22	0:43	Kreuzberg, Wilmersdorf, Köpenick, Lichtenberg	RAF, Mosquitoangriff	keine	Angaben
224. Fla.	26.07.	01:11 - 01:58	0:47	Charlottenburg, Spandau, Tempelhof	RAF, Mosquitoangriff	keine	Angaben
225. Fla.	05.08.	12:28 - 12:51	0:23	Berlin nicht überflogen	Magdeburg, Brandenburg	keine	Angaben
226. Fla.	06.08.	11:46 - 13:00	1:14	Tempelhof, Treptow, Köpenick	USAAF, 45 Flugzeuge, Flugblätter	keine	Angaben
227. Fla.	11.08.	00:01 - 00:43	0:42	Steglitz, Mitte, Friedrichshain, Kreuzberg	RAF, 30 Flugzeuge, Mosquitoangriff	keine	Angaben
228. Fla.	12.08.	00:08 - 00:46	0:38	Mitte, Tiergarten, Wedding	USAAF, 12 Flugzeuge	keine	Angaben
76. Ölw.	13.08.	00:20 - 00:35	0:15	Charlottenburg, Moabit	RAF, 30 Flugz. Mosq., Braunschweig	keine	Angaben
229. Fla.	14.08.	23:39 - 00:18	0:39	Neukölln, Kreuzberg, Spandau, Treptow	RAF, Mosquitoangriff	keine	Angaben
230. Fla.	15.08.	23:40 - 00:21	0:41	Wedding, Spandau, Pankow, Reinickendorf	RAF, Mosquitoangriff	keine	Angaben
77. Ölw.	17.08.	00:28 -	0:19	Kreuzberg, Charlottenburg, Spandau	RAF, Mosquitoangriff	keine	Angaben
231. Fla.	17.08.	00:47 - 01:24	0:37	keine Angaben	Kiel, Stettin		
232. Fla.	19.08.	00:14 - 00:56	0:42	Zehlendorf, Steglitz, Schöneberg, Reinickendorf	RAF, Mosquitoangriff, Bremen	keine	Angaben
233. Fla.	24.08.	11:25 - 12:47	1:22	Berlin nicht überflogen	USAAF, Mosq., Magdeburg, Brandenbrg.		

Einheit	Datum	Zeit	Dauer	Überflogene Gebiete	Angreifer		
234. Fla.	25.08.	12:39 - 13:26	0:47	Berlin nicht überflogen		keine	Angaben
235. Fla.	25.08.	23:58 - 00:51	0:53	Wedding, Friedrichshain, Charlottenburg, Spandau	RAF, Mosquitoangriff	keine	Angaben
236. Fla.	26.08.	23:11 - 23:55	0:44	Wilmersdorf, Pankow, Reinickendorf	RAF, Mosquitoangriff	keine	Angaben
78. Ölw.	27.08.	23:49 - 00:16	0:27	Berlin nicht überflogen	RAF, Mosquitoangriff	keine	Angaben
237. Fla.	30.08.	01:20 - 02:03	0:43	Mitte, Prenzlauer Berg, Friedrichshain, Kreuzberg, Lichtenberg	RAF, Mosquitoangriff Mönchengladbach	keine	Angaben
238. Fla.	09.09.	23:02 - 23:14	0:12	Berlin nicht überflogen		keine	Angaben
239. Fla.	10.09.	23:08 - 23:57	0:49	Wedding, Spandau, Steglitz, Tempelhof, Neukölln, Lichtenberg	RAF, Mosquitoangriff	keine	Angaben
240. Fla.	11.09.	22:38 - 23:51	1:13	Mitte, Kreuzberg, Charlottenburg, Spandau	RAF, Mosquitoangriff	keine	Angaben
241. Fla.	12.09.	10:46 - 12:10	1:24	Berlin nur überflogen, in Mitte Absturz eines Flugzeuges	Angriff mit Bordwaffen aus Jagdflugzeugen, Darmstadt	keine	Angaben
242. Fla.	12.09.	22:26 - 23:33	1:07	Mitte, Tiergarten, Wedding, Kreuzberg		keine	Angaben
243. Fla.	13.09.	22:43 - 23:25	0:42	Wedding, Prenzlauer Berg, Friedrichshain, Weißensee, Charlottenburg, Neukölln	RAF, Mosquitoangriff	keine	Angaben
244. Fla.	16.09.	00:44 - 02:33	1:49	Schöneberg, Wilmersdorf, Friedenau, Treptow	RAF	keine	Angaben
79. Ölw.	18.09.	22:33 -	0:02	Prenzlauer Berg, Friedrichshain	RAF, Mosquitoangriff	keine	Angaben
245. Fla.	18.09.	22:35 - 23:18	0:43	keine Angaben	Bremerhaven	keine	Angaben
246. Fla.	28.09.	12:58 - 13:16	0:18	Berlin nicht überflogen	Kaiserslautern	keine	Angaben
247. Fla.	05.10.	20:04 - 21:05	1:01	Prenzlauer Berg, Friedrichshain, Kreuzberg, Steglitz, Schöneberg, Neukölln	RAF, Mosquitoangriff	keine	Angaben
248. Fla.	06.10.	11:40 - 13:01	1:21	Spandau, Tegel, Charlottenburg, Reinickendorf	USAAF, 375 Flugzeuge	keine	Angaben
249. Fla.	06.10.	19:53 - 20:41	0:48	Mitte, Prenzlauer Berg, Friedrichshain, Kreuzberg, Spandau		keine	Angaben
250. Fla.	07.10.	12:34 - 13:05	0:31	Berlin nicht überflogen		keine	Angaben
251. Fla.	12.10.	03:45 - 04:29	0:44	Köpenick, Tempelhof, Grünau	RAF, Mosquitoangriff	keine	Angaben
252. Fla.	15.10.	02:58 - 03:25	0:27	Mitte, Tiergarten, Friedrichshain, Neukölln, Lichtenberg, Weißensee	RAF, Mosquitoangriff	keine	Angaben
80. Ölw.	16.10.	12:41 - 12:49	0:08	Berlin nicht überflogen		keine	Angaben
81. Ölw.	23.10.	18:58 -	0:10	Tiergarten, Wedding, Charlottenburg, Spandau, Reinickendorf	RAF	81 (x)	53 (x)
253. Fla.	23.10.	19:08 - 19:48	0:40	Berlin nicht überflogen, vor der Stadt abgedreht	RAF		
254. Fla.	26.10.	18:55 - 19:22	0:27	Tiergarten, Charlottenburg, Spandau, Pankow	RAF	- (-)	7 (x)
255. Fla.	27.10.	22:40 - 23:27	0:47	Mitte, Neukölln, Lichtenberg, Pankow	RAF	- (-)	- (-)
256. Fla.	28.10.	00:37 - 01:30	0:53	Lichtenberg, Reinickendorf	RAF	1 (x)	10 (x)
257. Fla.	30.10.	19:28 - 20:18	0:50	Mitte, Friedrichshain, Lichtenberg	RAF		
258. Fla.	30.10.	21:51 - 22:53	1:02	Köpenick, Lichtenberg, Weißensee	RAF, Mosquitoangriff	- (x)	- (x)
259. Fla.	01.11.	19:30 - 20:20	0:50	Berlin nicht überflogen			
82. Ölw.	02.11.	19:43 -	0:06	keine Angaben		4 (x)	9 (x)
260. Fla.	02.11.	19:49 - 20:20	0:31	Prenzlauer Berg, Kreuzberg, Wilmersdorf, Treptow, Köpenick, Lichtenberg, Kaulsdorf	RAF		
261. Fla.	04.11.	01:29 - 02:24	0:55	Reinickendorf, Moabit, Norden der Stadt bis Oranienburg	RAF		
262. Fla.	15.11.	19:15 - 20:09	0:54	Mitte, Tiergarten, Friedrichshain, Kreuzberg, Charlottenburg, Lichtenberg	RAF	13 (x)	14 (x)
263. Fla.	24.11.	18:57 - 19:42	0:45		RAF, Mosquitoangriff	92 (x)	25 (x)

Nr.	Datum	Zeit	Dauer	Ort / Bemerkung	Angreifer		
264. Fla.	27.11.	18:43 - 19:35	0:52	Kreuzberg, Wilmersdorf, Schöneberg, Steglitz	RAF	1 (x)	- (-)
83. Öw.	02.12.	21:28 - 22:06	0:38	Berlin nur überflogen	1 Flugzeug		
265. Fla.	05.12.	10:28 - 11:38	1:10	Siemensstadt, Pankow, Weißensee, Spandau, Neukölln	USAAF, 427 Flugz., 8 Fallschirmspringer	326 (80)	273 (30)
266. Fla.	06.12.	20:11 - 21:00	0:49	Mitte, Tiergarten, Kreuzberg, Steglitz, Köpenick, Pankow	RAF	1 (x)	18 (x)
267. Fla.	09.12.	21:36 - 22:24	0:48	Tiergarten, Wedding, Mitte, Charlottenburg, Spandau	RAF, Mosquitoangriff	1 (x)	2 (x)
84. Öw.	13.12.	13:53 - 14:20	0:27	Berlin nur überflogen	RAF, Mosquitoangriff		
85. Öw.	18.12.	11:58 - 12:20	0:22	Berlin nur überflogen	RAF		
86. Öw.	18.12.	21:47 - 22:04	0:17	Berlin nicht überflogen	RAF		
268. Fla.	21.12.	21:43 - 22:13	0:30	Ablenkungsangriff, Berlin nicht angegriffen	RAF, 10 Flugzeuge, Stettin (Szczecin)		
87. Öw.	28.12.	13:15 - 13:27	0:12	Berlin nicht überflogen, vor der Stadt abgedreht			
269. Fla.	31.12.	18:30 - 19:22	0:52	Charlottenburg, Wedding, Prenzlauer Berg, Spandau	RAF	10 (x)	41 (x)

1945

Nr.	Datum	Zeit	Dauer	Ort / Bemerkung	Angreifer		
270. Fla.	01.01.	12:15 - 13:09	0:54	Berlin nicht überflogen, vor der Stadt abgedreht	RAF		
271. Fla.	02.01.	18:31 - 19:18	0:47	Süden und Südosten Berlins	RAF, 169 Flugzeuge, Mosquitoangriff	31 (x)	33 (x)
272. Fla.	04.01.	19:13 - 20:10	0:57	Wedding, Pankow, Reinickendorf	RAF	- (-)	- (-)
273. Fla.	04.01.	23:23 - 00:18	0:55	Mitte, Kreuzberg, Charlottenburg, Wedding, Zehlendorf	RAF	12 (x)	23 (x)
88. Öw.	05.01.	12:19 - 12:45	0:26	Berlin nicht überflogen			
274. Fla.	05.01.	19:45 - 20:04	0:49	aufgelockerter Angriff, mehrere Bezirke	RAF, Mosquitoangriff	15 (x)	36 (x)
275. Fla.	05.01.	21:51 - 22:47	0:56	mehrere Bezirke	RAF, Mosquitoangriff	keine Angaben	
89. Öw.	06.01.	20:07 - 20:31	0:24	Berlin nicht überflogen	Stettin		
90. Öw.	13.01.	22:03 -	0:14	Berlin nicht überflogen			
276. Fla.	13.01.	22:17 - 22:43	0:26	keine Angaben			
91. Öw.	14.01.	12:24 -	0:06	Berlin nicht überflogen			
277. Fla.	14.01.	12:30 - 13:57	1:27	keine Angaben			
278. Fla.	14.01.	20:05 - 21:16	1:11	ohne Schwerpunkte, mehrere Stadtbezirke	RAF, Mosquitoangriff	13 (x)	22 (x)
279. Fla.	15.01.	23:21 - 00:34	1:13	ohne Schwerpunktbildung, mehrere Stadtbezirke	RAF	keine Angaben	
92. Öw.	15.01.	14:20 - 14:29	0:09	Berlin nicht überflogen	Leuna-Werke		
93. Öw.	16.01.	11:04 -	0:38	Berlin nicht überflogen	Treuenbrietzen		
280. Fla.	16.01.	11:42 - 12:17	0:35	keine Angaben			
281. Fla.	16.01.	21:26 - 22:30	1:04	Berlin nicht überflogen	Raum Leipzig, Gera, Wittenberg		
94. Öw.	18.01.	04:57 -	0:02	Berlin nicht überflogen	Magdeburg, Dessau		
282. Fla.	18.01.	04:59 - 05:21	0:22	keine Angaben			
95. Öw.	27.01.	19:36 - 21:06	1:30	Ohne Schwerpunktbildung, mehrere Stadtbezirke	RAF, 7 Flugzeuge, Mosquitoangriff		
283. Fla.	28.01.	20:04 - 21:25	1:21	Schwerpunkt im Zentrum,	RAF, Mosquitoangriff	4 (x)	17 (x)
96. Öw.	29.01.	19:07 -	0:01	mehrere Stadtbezirke	RAF	keine Angaben	
284. Fla.	29.01.	19:08 - 19:57	0:49	Schwerpunkt Südosten, Tempelhof,		7 (x)	45 (x)
97. Öw.	01.02.	20:06 -	0:01	Treptow, Köpenick	RAF	keine Angaben	
285. Fla.	01.02.	20:07 - 21:29	1:22			33 (x)	63 (x)

	Datum	Zeit	Dauer	Beschreibung	Angreifer		
286. Fla.	02.02.	03:38-04:31	0:53	Treptow, Köpenick	RAF, Mosquitoangriff	keine	Angaben
287. Fla.	02.02.	19:50-20:33	0:43	Berlin nicht überflogen		keine	Angaben
98. Ölw.	03.02.	10:27-	0:12	Schwerpunkt innerhalb des Stadtbahnringes, Mitte,	USAAF, 937 Flugzeuge	keine (x)	2541 (x)
288. Fla.	03.02.	10:39-12:16	1:37	Kreuzberg, Wedding, Zeitungsviertel			1688 (x)
289. Fla.	04.02.	19:59-20:14	0:15	Berlin nicht überflogen			
290. Fla.	06.02.	03:55-04:33	0:38	Pankow, Reinickendorf	RAF, 63 Flugzeuge, Mosquitoangriff Magdeburg, Halle, Leipzig, Nordhausen	keine	Angaben
99. Ölw.	06.02.	10:48-11:08	0:20	Berlin nicht überflogen	Magdeburg, Dessau		
291. Fla.	07.02.	19:47-20:07	0:20	Berlin nicht überflogen			
292. Fla.	08.02.	20:35-21:33	0:58	Berlin nicht überflogen			
100. Ölw.	08.02.	22:48-	0:05	Prenzlauer Berg, Friedrichshain,	RAF, Mosquitoangriff,	keine	Angaben
293. Fla.	08.02.	22:43-23:40	0:57	Neukölln, Pankow, ohne Schwerpunkt, geringe Schäden	Stettin	10 (x)	15 (x)
101. Ölw.	09.02.	12:00-	0:10	Berlin nicht überflogen			
294. Fla.	09.02.	12:10-12:45	0:35	keine Angaben			
102. Ölw.	13.02.	20:45-	0:38	Berlin nicht überflogen	Brandenburg, Potsdam, Dresden		
295. Fla.	13.02.	21:32-22:27	0:55	keine Angaben			
103. Ölw.	14.02.	11:08-11:14	0:06	Berlin nicht überflogen	SU, 10 Flugzeuge, im westlichen Vorfeld der Stadt		
296. Fla.	14.02.	12:31-13:04	0:33	keine Angaben	RAF, Mosquitoangriff	keine	Angaben
104. Ölw.	14.02.	13:20-13:46	0:26	Verstreuter Bombenabwurf im Süden und Südosten Berlins	RAF, Mosquitoangriff	1 (x)	12 (x)
297. Fla.	14.02.	20:46-22:03	1:17	Kreuzberg, Schöneberg, Neukölln, Treptow, Köpenick, Tempelhof			
105. Ölw.	15.02.	0:12-0:44	0:32	Berlin nicht überflogen	Chemnitz		
106. Ölw.	15.02.	10:55-	0:57	Berlin nicht überflogen	Magdeburg, Cottbus, Görlitz, Frankfurt/Oder, Brandenburg		
298. Fla.	15.02.	11:53-12:30	0:37	keine Angaben	RAF, Mosquitoangriff	keine	Angaben
107. Ölw.	18.02.	19:25-	0:05	Prenzlauer Berg, Hermsdorf,		keine	Angaben
299. Fla.	18.02.	19:30-20:20	0:50	Bernau, Zentrum	RAF, Mosquitoangriff	keine	Angaben
108. Ölw.	20.02.	19:50-	0:05	verstreut im Stadtgebiet			
300. Fla.	20.02.	19:55-20:40	0:45	keine Angaben		keine	Angaben
301. Fla.	21.02.	21:20-22:02	0:42	verstreut im Stadtgebiet	RAF, Mosquitoangriff		
109. Ölw.	21.02.	14:30-14:54	0:21	Berlin nur überflogen	USAAF, Aufklärer		
110. Ölw.	21:23	15:23-15:33	0:10	Berlin nur überflogen	USAAF, Aufklärer		
302. Fla.	21.02.	20:34-21:20	0:46	Westen Berlins	RAF, 66 Flugzeuge, Mosquitoangriff	keine	Angaben
303. Fla.	21.02.	23:44-00:45	1:01	Westen Berlins	RAF, 77 Flugzeuge, Mosquitoangriff	1 (x)	15 (x)
111. Ölw.	22.02.	11:29-	0:39	Stadtzentrum	USAAF, 437 Flugzeuge, Flugblätter	keine	Angaben
304. Fla.	22.02.	12:18-13:06	0:48	keine Angaben			
305. Fla.	22.02.	19:50-20:48	0:58	Zentrum, Norden und Nordosten Berlins	RAF, 72 Flugzeuge, Mosquitoangriff	17 (x)	6 (x)
112. Ölw.	22.02.	21:09-21:28	0:19	Berlin nur überflogen	1 Flugzeug		
306. Fla.	23.02.	19:49-20:51	1:02	Wedding, Prenzlauer Berg, Treptow, Friedrichshain, Köpenick, Lichtenberg, Weißensee	RAF	4 (x)	9 (x)
307. Fla.	24.02.	22:35-23:29	0:54	Westliche und südwestliche Stadtteile von Berlin	RAF, 68 Flugzeuge, Mosquitoangriff	9 (x)	28 (x)
308. Fla.	25.02.	20:10-20:53	0:43	Wilmersdorf, Lichtenberg, Treptow, Köpenick	RAF, 8 Flugzeuge, Mosquitoangriff	- (-)	1 (x)

Einheit	Datum	Uhrzeit	Dauer	Gebiet	Angriff		
113. Ölw.	26.02.	11:10 -	0:27	Friedrichshain, Lichtenberg, Mitte, Tiergarten, Wedding, Prenzlauer Berg, Neukölln, Treptow, Köpenick, Kreuzberg, Weißensee	USAAF, 1112, Flugblätter	keine	Angaben
309. Fla.	26.02.	11:37 - 14:07	0:30	Mitte, Kreuzberg, Tiergarten,	RAF, 36 Flugzeuge, Mosquitoangriff	636 (x)	389 (x)
310. Fla.	26.02.	19:55 - 21:00	1:05	Mitte, Oberschöneweide, Adlershof, Köpenick, Weißensee	RAF	keine	Angaben
311. Fla.	27.02.	20:35 - 21:22	0:47	Zentrum und Osten der Stadt	RAF, 91 Flugzeuge, Mosquitoangriff	keine	Angaben
312. Fla.	28.02.	02:28 - 03:15	0:47	Zentrum	RAF, 71 Flugzeuge, Mosquitoangriff	keine	Angaben
313. Fla.	28.02.	20:48 - 21:52	1:04	Zentrum und Westen Berlins	RAF, 55 Flugzeuge, Mosquitoangriff	keine	Angaben
314. Fla.	01.03.	19:52 - 22:08	2:16	Berlin nicht überflogen	Magdeburg	keine	Angaben
315. Fla.	02.03.	09:47 - 11:14	1:27	Zentrum und Westen der Stadt	RAF, 22 Flugzeuge, Mosquitoangriff	keine	Angaben
316. Fla.	02.03.	20:11 - 20:50	0:39	Berlin nur überflogen	Dresden	- (-)	- (-)
114. Ölw.	02.03.	21:18 - 21:44	0:26	Berlin nicht überflogen	Magdeburg, Brandenburg	keine	Angaben
115. Ölw.	03.03.	09:45 -	0:03	keine Angaben		keine	Angaben
317. Fla.	03.03.	09:48 - 11:12	1:24	Wilmersdorf, Tiergarten	RAF, 77 Flugzeuge, Mosquitoangriff	keine	Angaben
318. Fla.	03.03.	20:01 - 20:51	0:50	Spandau	RAF, 30 Flugzeuge, Mosquitoangriff	keine	Angaben
319. Fla.	05.03.	03:08 - 03:58	0:50	Berlin nur überflogen, keine Schäden gemeldet	Jagdflugzeuge (?)	3 (x)	10 (x)
116. Ölw.	05.03.	10:34 - 10:46	0:12	Zentrum und umliegende Stadtbezirke	RAF, 38 Flugzeuge, Mosquitoangriff	4 (x)	3 (x)
320. Fla.	05.03.	20:03 - 22:05	2:02	Steglitz, Tempelhof, Neukölln, Treptow, Spandau	RAF, Mosquitoangriff	keine	Angaben
321. Fla.	06.03.	20:04 - 21:08	1:02	Zehlendorf, Steglitz und Zentrum	RAF, 74 Flugzeuge, Mosquitoangriff	keine	Angaben
322. Fla.	07.03.	21:11 - 22:24	1:13	keine Angaben	RAF, 6 Flugzeuge, Mosquitoangriff	1 (x)	1 (x)
117. Ölw.	08.03.	00:40 - 01:19	0:39	Zentrum und umliegende Stadtbezirke		keine	Angaben
323. Fla.	08.03.	20:03 - 21:32	1:29	Lichtenberg, Mahlsdorf, Kreuzberg, Tempelhof	RAF, 39 Flugzeuge, Mosquitoangriff	15 (x)	45 (x)
324. Fla.	09.03.	20:14 - 21:14	1:00	Mitte, Wedding, Prenzlauer Berg, Friedrichshain, Kreuzberg, Tempelhof	RAF, 88 Flugzeuge, Mosquitoangriff	21 (x)	41 (x)
325. Fla.	10.03.	20:15 - 21:13	0:58	Berlin nur überflogen	RAF, 57 Flugzeuge, Mosquitoangriff	24 (x)	28 (x)
118. Ölw.	11.03.	13:24 - 14:11	0:47	Innenstadt	Hamburg, Kiel	- (-)	3 (-)
326. Fla	11.03.	20:17 - 21:21	1:04	Pankow sowie der Norden und Nordosten Berlins	RAF, 89 Flugzeuge, Mosquitoangriff	17 (x)	12 (x)
327. Fla.	12.03.	20:26 - 21:43	1:17	Mitte, Tiergarten, Wedding, Kreuzberg, Treptow, Köpenick, Lichtenberg	RAF, 80 Flugzeuge, Mosquitoangriff	7 (x)	17 (x)
328. Fla.	13.03.	20:24 - 21:35	1:11	Zentrum und umliegende Stadtbezirke	RAF, 47 Flugzeuge, Mosquitoangriff	keine	Angaben
329. Fla.	14.03.	20:39 - 20:00	1:21	Ablenkungsangriff,	RAF, 80 Flugzeuge, Mosquitoangriff	keine	Angaben
119. Ölw.	15.03.	13:27 -	0:10	Berlin nur überflogen	USAAF, 675 Flugz., Schwerpunkt des Angriffs Lager d. OKW in Zossen	keine	Angaben
330. Fla.	15.03.	13:47 - 16:12	2:25	Verstreut über das ganze Stadtgebiet	RAF, 55 Flugzeuge, Mosquitoangriff	keine	Angaben
331. Fla.	15.03.	20:52 - 21:46	0:54	keine Angaben	RAF, 675 Flugzeuge, Oranienburg	keine	Angaben
120. Ölw.	16.03.	13:48 - 14:16	0:28	Berlin nur überflogen	Aufklärer und Jagdflugzeuge	keine	Angaben
332. Fla.	16.03.	20:48 - 22:10	1:22	Pankow, Reinickendorf	RAF, 50 Flugzeuge, Mosquitoangriff	20 (x)	21 (x)
121. Ölw.	17.03.	11:32 -	0:38	Berlin nicht überflogen	DD, L, MD, Dessau, Senftenberg, Jüterbog Eberswalde, Chemnitz, Cottbus u.a.m.	keine	Angaben
333. Fla.	17.03.	12:10 - 12:47	0:37	keine Angaben		keine	Angaben
334. Fla.	17.03.	20:49 - 21:46	0:57	Wedding, Friedrichshain, Tempelhof	RAF, 36 Flugzeuge, Mosquitoangriff	10 (x)	5 (x)

Nr.	Datum	Zeit	Dauer	Ort	Angreifer		
122. Ölw.	18.03.	10:38 -	0:14	keine Angaben	USAAF, 1221 Flugzeuge, Flugblätter	336 (x)	357 (x)
335. Fla.	18.03.	10:52 - 12:45	1:53	Siemensstadt, Prenzlauer Berg, Mitte, Kreuzberg	RAF, 30 Flugzeuge, Mosquitoangriff	keine	Angaben
336. Fla.	18.03.	20:35 - 21:44	1:09	keine Angaben	RAF, 32 Flugzeuge, Mosquitoangriff	15 (x)	12 (x)
337. Fla.	20.03.	03:44 - 04:41	0:57	Wedding, Pankow, Schöneberg	HH, Brandenburg, KW, Beeskow		
123. Kla.	20.03.	15:54 - 16:53	0:59	Berlin nicht überflogen	RAF, 35 Flugzeuge, Mosquitoangriff	keine	Angaben
338. Fla.	20.03.	20:51 - 21:55	1:04	keine Angaben	Leipzig, Chemnitz, Halle, Erfurt		
124. Ölw.	21.03.	03:09 - 04:08	0:59	Berlin nicht überflogen	Brandenburg, Zossen, Dresden		
125. Ölw.	21.03.	09:00 -	0:04	Berlin nicht überflogen			
339. Fla.	21.03.	09:04 - 09:43	0:39	keine Angaben			
340. Fla.	21.03.	20:46 - 21:55	1:09	Zentrum und mehrere Stadtbezirke	RAF, 101 Flugzeuge, Mosquitoangriff	10 (x)	38 (x)
341. Fla.	22.03.	03:31 - 04:22	0:51	Mitte, Tiergarten, Treptow, Köpenick	RAF, 34 Flugzeuge, Mosquitoangriff	10 (x)	10 (x)
126. Kla.	22.03.	12:01 -	0:20	Berlin nicht überflogen	Cottbus, Senftenberg, Brandenburg,		
342. Fla.	22.03.	21:21 - 14:07	1:46	keine Angaben	Potsdam, Königs Wusterhausen	keine	Angaben
343. Fla.	22.03.	22:55 - 24:00	1:05	Mitte, Prenzlauer Berg, Weißensee	RAF, 54 Maschinen, Mosquitoangriff	1 (x)	6 (x)
127. Ölw.	23.03.	12:03 - 12:23	0:20	Berlin nur überflogen	Jagdmaschinen		
344. Fla.	23.03.	23:09 - 00:18	1:09	Mitte, Wedding, Prenzlauer Berg	RAF, 55 Flugzeuge, Mosquitoangriff	32 (x)	117 (x)
345. Fla.	24.03.	12:02 - 12:59	0:57	Steglitz, Wilmersdorf, Köpenick, Treptow	USAAF, 150 Flugzeuge	44 (x)	68 (x)
128. Ölw.	24.03.	13:21 - 13:40	0:19	Berlin nur überflogen	SU, Jagdflugzeuge		
129. Kla.	24.03.	13:45 - 13:55	0:10	Berlin nur überflogen	SU, schwerer Verband, Jagdflugzeuge		
130. Ölw.	24.03.	14:18 - 14:31	0:13	Berlin nur überflogen	SU, Jagdflugzeuge		
346. Fla.	24.03.	20:38 - 22:28	1:50	Tiergarten, Wedding, Pankow, Reinickendorf	RAF, 60 Flugzeuge, Mosquitoangriff	7 (x)	1 (x)
347. Fla.	25.03.	10:11 - 10:44	0:33	Berlin nicht überflogen	Stendal, Rathenow, Hannover		
131. Ölw.	25.03.	19:59 -	0:35	Mitte, Prenzlauer Berg	RAF, 30 Maschinen, Mosquitoangriff	keine	Angaben
348. Fla.	25.03.	20:34 - 21:45	1:11	keine Angaben			
132. Ölw.	26.03.	13:50 -	0:03	Westliche Stadtgebiet	SU, Angriff von Jagdmaschinen	keine	Angaben
349. Fla.	26.03.	13:53 - 14:10	0:17	keine Angaben		7 (x)	21 (x)
350. Fla.	26.03.	20:51 - 22:31	1:40	Weißensee, Tempelhof, Neukölln, Lichtenberg	RAF, 70 Flugzeuge, Mosquitoangriff	keine	Angaben
351. Fla.	27.03.	20:46 - 22:20	1:14	Mitte, Tiergarten, Prenzlauer Berg, Lichtenberg, Weißensee, gesamtes Stadtgebiet	RAF, 40 Flugzeuge, Mosquitoangriff	7 (x)	27 (x)
352. Fla.	28.03.	10:04 - 11:37	1:33	Gesamtes Stadtgebiet	USAAF, 500 Flugzeuge	340 (x)	62 (x)
353. Fla.	30.03.	03:23 - 04:10	0:47	Mitte, Tiergarten, Wedding, Weißensee, Charlottenburg	RAF, Mosquitoangriff	15 (x)	24 (x)
133. Ölw.	30.03.	15:55 - 16:06	0:11	Berlin nur überflogen	Jagdmaschinen, Hamburg, Bremen		
134. Ölw.	30.03.	21:12 -	0:09	Prenzlauer Berg, Pankow, Lichtenberg,	RAF, Mosquitoangriff	keine	Angaben
354. Fla.	30.03.	21:21 - 22:07	0:46	Weißensee		keine	Angaben
135. Ölw.	31.03.	08:51 -	0:35	Berlin nicht überflogen	Brandenburg		
355. Fla.	31.03.	09:26 - 10:01	0:35	keine Angaben			
136. Ölw.	02.04.	23:50 -	0:23	Mitte, Tiergarten, Wedding, Prenzlauer Berg, Frie-	RAF, Mosquitoangriff	keine	Angaben
356. Fla	03.04.	00:03 - 00:48	0:45	drichshain, Tempelhof, Lichtenberg, Weißensee		2 (x)	27 (x)
137. Kla.	03.04.	17:26 - 17:34	0:08	Berlin nur überflogen	Jagdmaschinen		
357. Fla.	03.04.	23:02 - 00:11	1:09	Pankow, Mitte, Wedding		31 (x)	26 (x)

Nr.	Datum	Zeit	Dauer	Gebiet	Angreifer / Ziel		
358. Fla.	04.04.	00:25 - 01:14	0:49	Pankow, Prenzlauer Berg, Charlottenburg, Weißensee	RAF, Mosquitoangriff		
138. Kla.	04.04.	09:07 -	0:35	Berlin nicht überflogen			
359. Fla.	04.04.	09:42 - 10:42	1:00	keine Angaben			
360. Fla.	04.04.	22:27 - 23:34	1:07	Friedrichshain, Lichtenberg, Weißensee, Pankow	RAF, Mosquitoangriff	22 (x)	11 (x)
139. Kla.	05.04.	01:20 -	0:25	Berlin nicht überflogen	Magdeburg		
361. Fla.	05.04.	01:25 - 01:46	0:21	keine Angaben			
362. Fla.	05.04.	11:34 - 11:48	0:14	Berlin nicht überflogen	Leipzig		
363. Fla.	07.04.	22:48 - 23:14	0:26	Berlin nicht überflogen	Leipzig, Halle, Bitterfeld		
364. Fla.	08.04.	11:41 - 12:48	1:07	Berlin nicht überflogen	Stendal, Rathenow, Brandenburg, Havelberg		
365. Fla.	08.04.	22:14 -	1:22	Berlin nicht überflogen	Jagdmaschinen		
366. Fla.	08.04.	23:26 - 00:05	0:39	Mitte, Wedding, Prenzlauer Berg, Friedrichshain	RAF	7 (x)	20 (x)
367. Fla.	09.04.	22:06 - 23:25	1:19	Friedrichshain, Mitte, Prenzlauer Berg, Lichtenberg	RAF	7 (x)	23 (x)
368. Fla.	10.04.	14:20 - 15:54	1:34	Mitte, Prenzlauer Berg, Friedrichshain, Kreuzberg, Weißensee	USAAF, 232 Flugzeuge		
140. Kla.	10.04.	18:00 - 18:18	0:18	Berlin nur überflogen	Jagdflugzeuge		
369. Fla.	10.04.	21:42 - 00:13	2:31	Berlin nur überflogen	RAF, Mosquitoangriff, Kiel	13 (x)	38 (x)
370. Fla.	11.04.	22:19 - 00:33	2:14	Mitte, Prenzlauer Berg, Friedrichshain, Treptow, Kreuzberg, Lichtenberg	RAF, Mosquitoangriff, Plauen	24 (x)	65 (x)
371. Fla.	12.04.	22:14 - 00:16	2:02	Tiergarten, Prenzlauer Berg, Kreuzberg	RAF	16 (x)	68 (x)
372. Fla.	13.04.	14:49 - 15:11	0:22	Berlin nicht überflogen	Perleberg, Neuruppin		
373. Fla.	13.04.	23:13 - 00:01	0:48	Berlin nicht überflogen	Perleberg		
374. Fla.	14.04.	22:09 - 23:52	1:43	Neukölln, Friedrichshain, Mitte	RAF, Mosquitoangriff, Potsdam	7 (x)	8 (x)
375. Fla	15.04.	22:29 - 00:41	2:12	Mitte, Prenzlauer Berg, Friedrichshain, Kreuzberg	RAF, Hauptangriff Potsdam	10 (x)	74 (x)
376. Fla.	16.04.	21:01 -	0:38	Berlin nur überflogen	SU		
377. Fla.	16.04.	21:39 -	0:55	Adlershof	SU	10 (x)	78 (x)
378. Fla.	16.04.	22:31 - 23:31	0:57	Prenzlauer Berg, Friedrichshain, Köpenick, Wilmersorf	SU		
379. Fla.	17.04.	21:54 - 22:03	0:09	keine Angaben	SU		
380. Fla.	14.04.	22:37 - 23:18	0:41	keine Angaben	RAF		
381. Fla	18.04.	00:40 - 01:20	0:40	keine Angaben	RAF		
382. Fla	18.04.	22:02 - 23:20	1:18	keine Angaben	SU		
383. Fla	18.04.	23:42 - 00:16	0:34	keine Angaben	RAF		
384. Fla.	18.04.	00:39 - 02:30	1:51	keine Angaben	RAF	keine	Angaben
141. Kla.	19.04.	10:40 - 11:12	0:32	Alexanderplatz bis Strausberger Platz	SU		
385. Fla.	19.04.	22:31 - 24:05	1:34	keine Angaben	RAF		
142. Kla.	20.04.	09:30 - 11:55	2:25	keine Angaben	USAAF		
386. Fla.	20.04.	21:30 - 22:25	0:55	keine Angaben	SU		
387. Fla.	20.04.	22:40 - 23:15	0:35	keine Angaben	RAF		
143. Kla.	20.04.	23:40 - 00:13	0:33	keine Angaben	SU		
388. Fla.	21.04.	00:22 - 01:10	0:48	keine Angaben	SU		
389. Fla.	21.04.	01:21 - 02:43	1:22	keine Angaben	RAF, Mosquitoangriff		

Bücher über den Luftkrieg
Eine kommentierte Bibliographie

3. Februar 1945, Die Zerstörung Kreuzbergs aus der Luft. 7,50 Euro.
Eine Dokumentation des Museums Kreuzberg, detailliert, anschaulich, Fotos. Über die Strategie des Flächenbombardements, Rüstungsbetriebe in Kreuzberg, Augenzeugen, die Reaktion in den USA.

Bahm, Karl: Berlin 1945. 10 Euro.
Text-Bild-Band über den Endkampf in der Stadt; der Vorstoß der Alliierten und der russischen Armee sowie der Kampf gegen fanatische SS-Truppen, HJ-Jungen und Hitlers Letztes Aufgebot.

Bailey, Ronald H: Der Luftkrieg in Europa. Amsterdam: Time Life Books 1981.
Der amerikanische Journalist Robert H. Bailey war lange bei der renommierten Zeitschrift »Life« tätig als Redakteur für Themen im Grenzbereich zwischen Kultur- und Zeitgeschichte. Sein Band über den Bombenkrieg in Europa ist eine solide Einführung in die Geschichte des Bombenkrieges. Sachlich ist Baileys Darstellung in allen wesentlichen Punkten korrekt, allerdings beurteilt er die militärischen Ereignisse politisch-historisch nicht immer angemessen.

Balke, Ulf: Luftkrieg über Europa. Die Einsätze des Kampfgeschwaders, 2 Bde. Augsburg 1997.
Eine enorm materialreiche, aber völlig unkritische und ausschließlich an militärtechnischen sowie taktischen Details interessierte Darstellung der Operationen eines der wichtigsten deutschen Angriffsgeschwaders im Zweiten Weltkrieg. Der Arbeitskreis für Wehrforschung fungiert als Herausgeber, was für sachliche Qualität bürgt, aber ebenso für politische Eindimensionalität.

Bergander, Götz: Dresden im Luftkrieg. Böhlau Verlag 1994. 12,95 Euro.
Der gebürtige Dresdner und Augenzeuge der Angriffe vom 13. und 14. Februar 1945 hat eine beispielhafte Detailstudie zu den Luftangriffen auf die Elbmetropole vorgelegt. Das zu Recht mehrfach neu aufgelegte und auf der Grundlage der jeweils neuesten Erkenntnisse überarbeitete Werk setzt Maßstäbe für die zeithistorische Forschung über deutsche Städte im Luftkrieg. Als Journalist versteht es Bergander, die Gratwanderung zwischen Opfererinnerungen und historisch-politischer Interpretation der Fakten zu bewältigen. Berganders Recherchen

über Strategie und Taktik der alliierten Angriffe sind jedoch auch über den Spezialfall Dresden hinaus lesenswert und wichtig.

Beevor, Antony: Berlin 1945 – Das Ende. 26 Euro.
Minutiös wird von dem englischen Historiker das Ende Berlins aus verschiedenen Perspektiven (amerikanische, russische, deutsche) beschrieben, vor allem jedoch der Horror des Krieges aus der Sicht der Zivilbevölkerung.

Berlin 1945 – Eine Dokumentation. 10 Euro.
Eine der gründlichsten überschaubaren Darstellungen, in der Biographien ebenso verarbeitet sind wie Statistiken über Luftangriffe, zerstörte Wohnungen, Protokolle der Nationalsozialisten. Sehr viele Fotos.

Beseler, Hartwig/Gutschow, Niels: Kriegsschicksale deutscher Architektur. Verluste – Schäden – Wiederaufbau. Eine Dokumentation für das Gebiet der Bundesrepublik Deutschland. 2 Bde., Neumünster. 50 Euro.
Der beste Gesamtüberblick über die Folgen des Luftkrieges für deutsche Städte und damit für die deutsche Kultur. Beseler und Gutschow treffen zwar nicht immer den angemessenen Ton, haben aber eine große Menge an Material zusammengetragen. In Einzelfällen sind Fehler nachweisbar, die aber nicht den Wert des gesamten Werkes schmälern. Auf 66 Seiten widmen sich die Autoren dem westlichen Teil Berlins. Eine Schwäche dieses Buches ist die Beschränkung auf das Gebiet der alten Bundesrepublik. Eine gesamtdeutsche Ausgabe auf Grundlage aktueller Forschungsergebnisse wäre wünschenswert.

Boog, Horst: Der angloamerikanische strategische Luftkrieg über Europa und die deutsche Luftverteidigung.
In: Militärgeschichtliches Forschungsamt (Hrsg.): Der globale Krieg. Bd. 6 der Reihe Das Deutsche Reich und der Zweite Weltkrieg. Stuttgart: DVA 1990, S. 429 - 565. 49,80 Euro.
Ders.: Strategischer Luftkrieg in Europa und Reichsluftverteidigung 1943-1944. In: Militärgesch. Forschungsamt (Hrsg.): Das Dt. Reich in der Defensive. Bd. 7 obiger Reihe, 2001. 49,80 Euro.
Ders.: Bombenkrieg, Völkerrecht und Menschlichkeit im Luftkrieg. In: H. Poeppel u.a. (Hrsg.): Die Soldaten der Wehrmacht, Herbig 1998, S. 256 ff. 9,90 Euro.
Horst Boog ist der beste Kenner und international anerkannteste deutsche Experte für den Luftkrieg 1939 - 1945. Als langjähriger Wissenschaftlicher Direktor des Militärgeschichtlichen Forschungsamtes hat er intensiv auch in britischen und

amerikanischen Archiven geforscht. Boogs Arbeiten, darunter viele in englischer
Sprache, sind immer an den Quellen orientiert, deshalb häufig schwer lesbar.
Zudem werden stellenweise zugunsten taktischer Details die politischen Rah-
menbedingungen vernachlässigt. Dennoch sind Boogs Studien unverzichtbar für
alle, die der Geschichte des Luftkrieges bis ins Details nachspüren wollen.

Chaldej, Jewgeni: Von Moskau nach Berlin. Fotos des russischen
Fotografen. 30 Euro.
Die Fotos umfassen das gesamte Werk, aber Berlin steht im Mittelpunkt: Wie die
rote Fahne auf dem Reichstag gehißt wird, der Landwehrkanal am Halleschen
Ufer im April 1945, die zerschossene Quadriga mit dem Reichstag.

Demps, Laurenz: Die Luftangriffe auf Berlin. Ein dokumentarischer
Bericht. In: Jahrbuch des Märkischen Museums IV, Berlin,
1978, S. 27 - 68.
Ders.: Die Luftangriffe auf Berlin, Teil II. In: Jahrbuch des
Märkischen Museums VII Berlin, 1978, S. 7 - 44.
Laurenz Demps ist der wichtigste Historiker der Stadt- und Baugeschichte Berlins
– als ehemaliger DDR-Bürger natürlich mit dem Schwerpunkt auf den östlichen
Stadtbezirken. Seine Studien sind grundlegend und frei von allen ideologischen Flos-
keln. Als maßgebende Faktensammlungen über den Bombenkrieg gegen Berlin sind
sie unverzichtbar. Kühl und nüchtern aus den Quellen erhoben, erschrecken die schie-
ren Zahlen in Demps' Aufstellungen bis heute. Für jede Arbeit zur Reichshauptstadt
als Ziel alliierter strategischer Luftstreitkräfte sind diese beiden leider relativ schwer
beschaffbaren (Archiv der Stiftung Stadtmuseum Berlin) Aufsätze wertvoll.

Dines, Peter John/Knoch, Peter: Erfahrungen im Bombenkrieg.
In: Wette, Wolfram (Hrsg.): Der Krieg des kleinen Mannes. Eine
Militärgeschichte von unten. Neuausgabe, München - Zürich:
Piper 1992, S. 213 - 229.
Ein knapper Aufsatz, der die Erfahrungen des Bombenkrieges vor allem mit Blick
auf die Besatzung der alliierten Bomber darstellt. 1944 hatten nur 24 Prozent
der neuaufgestellten Mannschaften statistisch eine Aussicht, ihre Dienstzeit unbe-
schadet zu überleben. Dines' und Kochs Aufsatz ist lehrreich für die notwendige
Sicht von der anderen Seite.

Eckardt, Götz (Hrsg.): Schicksale deutscher Baudenkmale im
Zweiten Weltkrieg. Dokumentation der Schäden und Totalver-
luste auf dem Gebiet der DDR. Berlin (Ost): Henschel 1980.
Diese umfassende, großformatige Dokumentation der zerstörten Gebäude auf dem

Gebiet der späteren DDR ist das Vorbild des entsprechenden Werkes für Kriegs-
schäden auf dem Gebiet der alten Bundesrepublik von Hartwig Beseler und Niels
Gutschow. In den Einleitungstexten zeigt sie sich naturgemäß teilweise von der
Wortwahl des Kalten Krieges beeinflußt, ansonsten ist die materialreiche Samm-
lung sehr hilfreich und überwiegend verläßlich.

Engeli, Christian/Ribbe, Wolfgang: Berlin in der NS-Zeit (1933 - 1945).
In: Ribbe, Wolfgang (Hrsg.): Geschichte Berlins. München, Bd. 2,
S. 927 - 1024. 89 Euro.
Die gewissermaßen »offizielle« Stadtgeschichte aus der Feder von Historikern des
Friedrich-Meinecke-Instituts der Freien Universität Berlin. Auf hohem sachli-
chen Niveau beschreiben Ribbe und seine Co-Autoren die Gesamtgeschichte der
Stadt, ein immer hilfreiches Werk, wenn auch der Abschnitt über den Luftkrieg
nur wenige Seiten umfaßt.

Evans, Richard J.: Der Geschichtsfälscher. Holocaust und historische
Wahrheit im David - Irving - Prozeß. Frankfurt, 2001. 19,90 Euro.
Der Autor trat im Londoner Prozeß um den bekennenden Neonazi und Holocaust-
Leugner David Irving als Chef-Sachverständiger der Verteidigung von Deborah
Lipstadt auf, gegen die Irving geklagt hatte. Diese in Buchform gepreßte Kurzver-
sion seines Gutachtens über die Methoden des britischen Autors ist hilfreich, um
seine Erfolge mit Büchern über den Bombenkrieg in den sechziger und siebziger
Jahren zu verstehen.

Friedrich, Jörg: Der Brand. Deutschland im Bombenkrieg 1940 -1945.
München – Berlin, 2002. 25 Euro.
Jörg Friedrichs Buch war der Sensationserfolg des Buchherbstes 2002: die erste
wirklich lesbare Darstellung der deutschen Leiden im Luftkrieg ohne jeden fal-
schen Zungenschlag des Revisionismus oder der Relativierung. Zu Recht beschrie-
ben Leser es als das längst überfällige Epos über diese existentielle Erfahrung von
Millionen Deutschen an der »Heimatfront«. Besonders eindrücklich sind Friedrichs
systematischer statt chronologischer Zugang und der genaue Blick auf einzelne
Städte und Landschaften.

Girbig, Werner: ... im Anflug auf die Reichshauptstadt. Die
Dokumentation der Bombenangriffe auf Berlin. Stuttgart: Motor-
buchverlag 1970. 12 Euro.
Girbigs Buch ist die beste, weil einzige Gesamtdarstellung der alliierten Luftan-
griffe auf Berlin im Zweiten Weltkrieg. Schon im Erscheinungsjahr gab es jedoch
viel ernstzunehmende wissenschaftliche Literatur, die der Autor nicht verwertete.

Ein weiterer Mangel besteht darin, daß Girbig auf jede wirkliche Analyse ver-
zichtet. Eine neue Gesamtdarstellung wäre dringend erforderlich.

Grass, Günter: Im Krebsgang. Göttingen, 2002. 18 Euro.
Novelle über den Untergang des Flüchtlingsschiffs Wilhelm Gustloff. Dieses Buch
eröffnete im Jahr 2002 die Debatte daüber, was den Deutschen am Ende des Kriegs
widerfuhr und wie die Vergangenheit auf die Bewußtseinsbildung heute wirkt.

Groehler, Olaf: Geschichte des Luftkrieges. Berlin (Ost) 1975.
Ders.: Bombenkrieg gegen Deutschland. Berlin 1990.
Der führende Zeithistoriker der DDR widmete einen großen Teil seiner Lebens-
arbeit dem Thema Luftkrieg gegen Deutschland. Seine vor 1989 erschienenen
Bücher sind allerdings ideologisch geprägt. Nach der Wende erwies sich seine
Kennerschaft, auch wenn Groehler stets eine extrem einseitige, kritische Position
gegenüber den Plänen des westlichen Alliierten beibehielt.

Gröschner, Annette (Hrsg.): »Ich schlug meiner Mutter die bren-
nenden Funken ab«, Berliner Schulaufsätze aus dem Jahr 1946.
Reinbek, 1997. 9,90 Euro.
Diese ergreifenden Aufsätze Berliner Schulkinder lagen bis 1996 im Ostberliner
Stadtarchiv. Schülerinnen, Schüler und Lehrer aus insgesamt 47 Schulen aus
Prenzlauer Berg schrieben auf Initiative des Schulamtes 1358 Aufsätze, die in
Auswahl vorgestellt werden. Allein sieben Berichte schildern den 3. Februar 1945.

Irving, David: Und Deutschlands Städte starben nicht, 1963.
Ders.: Der Untergang Dresdens, 1965.
Ders.: Die Tragödie der deutschen Luftwaffe. Aus den Akten und
Erinnerungen von Feldmarschall Erhard Milch, 1970.
Heute ist David Irving als gerichtsnotorischer Rechtsextremist und Auschwitz-Leug-
ner weit bekannt. Der Brite hat sogar Einreiseverbot in Deutschland, was in der
freizügigen Europäischen Union mit ihrer völligen Gleichberechtigung praktisch aller
Unionsbürger extrem ungewöhnlich ist. Die Bücher des britischen Autodidakten
enthalten teilweise krude Geschichts- und Quellenverfälschungen.

Kardorff, Ursula von: Berliner Aufzeichnungen 1942 - 1945.
München: C. H. Beck.
Die sehr geistvollen und lebensnahen Berichte einer jungen Journalistin. Der sorgfäl-
tig edierte Band gehört zu den eindrucksvollsten bislang veröffentlichten Berich-
ten über Berlin im Bombenhagel. Kardoff entwickelt in ihrem Buch geradezu
literarische Qualität.

Read, Anthony; Fisher, David: Der Fall von Berlin, 688 Seiten. 12,50 Euro.

Die beiden Briten berichten in diesem Taschenbuch chronologisch über das Ende Berlins aus persönlicher sowie politischer Perspektive und verarbeiteten dabei eine große Menge an Material. Ausführliches, brauchbares Register.

Sebald, W. G.: Luftkrieg und Literatur, Frankfurt.

Die These des deutschen, in Großbritannien lebenden und lehrenden Literaturwissenschaftlers W. G. Sebald, die westdeutsche Nachkriegsliteratur habe sich den Erfahrungen des Bombenkrieges verweigert, löste Ende der neunziger Jahre eine kurze, aber intensive Debatte in deutschen Feuilletons aus. Im Ergebnis zeigte sich, daß die These nur zutraf, wenn man Sebalds sehr eigene Definitionen übernahm. Trotzdem lesenswert und sehr anregend.

Shirer, William L.: Berliner Tagebuch. 12,50 Euro.

Shirer war 1934 bis 1941 als amerikanischer Rundfunkkorrespondent in Berlin und schildert das politische und private Leben in Berlin.

Stimann, Hans (Hrsg.): Die gezeichnete Stadt. 128 Euro. 22 Papierpläne (99 x 45 cm), 1 Folienplan, 6 Registerblätter; Begleitband 128 Seiten mit 187 s/w Abbildungen.

Die 22 Schwarz- und Parzellenpläne Berlins von 1940, 1953, 1989, 2000 und 2010 zeigen die Stadtstruktur Berlins. Schwarzpläne stellen den Baubestand nur als ausgefüllte Fläche dar, ohne Hinweis auf Baustil des Gebäudes. Die Zerstörung Berlins im Krieg aber auch in der Phase des Wiederaufbaus, als neue Verkehrsachsen geschlagen wurden und historischen Bestand wegrafften, werden anschaulich dargestellt. Im Begleitband eine einmalige Dokumentation der Abrisse nach dem Krieg.

Studnitz, Hans-Georg von: Als Berlin brannte. Diarium der Jahre 1943 bis 1945. Stuttgart: Kohlhammer o. J.

Die eindringlichen Aufzeichnungen eines Zeitzeugen, der allerdings als Mitarbeiter des Auswärtigen Amtes zu den priviligierten Kreisen der Gesellschaft im Zweiten Weltkrieg zählte. Von Studnitz hatte unter deutlich geringeren Schwierigkeiten zu leiden als andere Berliner. Dennoch sind seine Schilderungen der Bombenfolgen eine Bereicherung für jeden, der sich mit diesem Thema beschäftigt.

Le Tissier, Tony: Berlin Then and Now, 472 Seiten Großformat, englische Ausgabe. 89,90 Euro.

Die umfangreichste und am reichhaltigsten bebilderte Dokumentation über den Aufstieg (kurz) und das vorläufige Ende (ausführlich) Berlins, bis hin zum Fall der Mauer und dem Abzug der Alliierten. In seiner Foto- und Materialfülle nicht zu vergleichen mit allen anderen Werken. Der Autor lebte seit 1976 in Berlin, war Protokollchef der Britischen Militärregierung und letzter Gouverneur des Alliierten Gefängnisses von Spandau.

Le Tissier, Tony: Der Kampf um Berlin 1945, Von den Seelower Höhen zur Reichskanzlei. 10,95 Euro.
Dieses Ullstein-Taschenbuch des britischen Militärhistorikers schildert den Vormarsch der Roten Armee auf Berlin.

Venghaus, Wolfgang: Berlin 1945, 676 Seiten. 49 Euro.
Minutiöse Quellensammlung des ehemaligen SS-Offiziers der Zeit vom 16. April bis 2. Mai 1945 mit einem Schwerpunkt zum Ausbruchsversuch an der Weidendammer Brücke. Zahlreiche Bilder, Tabellen, Karten und Biographien.

Wassiltschikow, Marie: Die Berliner Tagebücher 1940 bis 1945. 9 Euro.
Die Eltern flohen aus dem Rußland Lenins, sie kam mit 23 Jahren nach Berlin und arbeitet im Auswärtigen Amt. Ihre Aufzeichnungen wurden von der New York Times Book Review in die Riege der besten Bücher des Jahres aufgenommen. Ausführliche Schilderungen der Luftangriffe.

Karten

Berliner Stadtplan von 1946. 6,50 Euro.
Noch ehe die Straßenumbenennungen, von Bezirken und einer Kommission angeregt, durch den Magistrat bestätigt wurden, druckte der Verlag Schwarz diese Karte, auf der 291 Neubenennungen eingetragen sind. Die meisten wurden später in der Zeit des Kalten Kriegs nicht realisiert.

Luftbildplan Berlin 1943, Bien & Giersch. 7,50 Euro.
Luftbildplan Berlin 1945, Bien & Giersch. 7,50 Euro
Luftbildplan Berlin 1953, Bien & Giersch. 7,50 Euro.
Vom Knie (Ernst-Reuter-Platz) bis Ostbahnhof. Berlin war zu dieser Zeit (1943) noch nicht zerstört. Gut zu erkennen sind der Flak-Bunker am Zoo, der Sportpalast, die Krolloper, das Stadtschloß und Schloß Monbijou. Die hervorragenden Fotos 1945 stammen von amerikanischen Aufklärungsflugzeugen. 1953: Das Ausmaß der Bombardierung wird auf einen Blick deutlich. Die Schweizer Botschaft liegt einsam im Spreebogen. Im Tiergarten lassen sich die wenigen Bäume zählen. SFK/WG